삼국사기 사료비판론

저자 약력
서울대학교 인문대학 국사학과 졸업.
서울대학교 대학원 국사학과 석사, 박사 졸업(문학박사).
현재 대구가톨릭대학교 사범대학 역사교육과 교수.
주요 저서:『신라상고사연구』(2000, 서울대출판부),『아! 그렇구나 우리 역사 4-백제』(2005, 여유당),『미래를 여는 한국의 역사 1』(2011, 웅진지식하우스:공저) 외 다수.

삼국사기 사료비판론

2011년 12월 30일 1판 1쇄 발행

글쓴이 · 강종훈
펴낸이 · 조영준

펴낸곳 · 여유당출판사 출판등록 · 395-2004-00068
주소 · 서울시 마포구 서교동 451-48 2층
전화 · 02-326-2345 팩스 · 02-326-2335
이메일 · yybooks@hanmail.net
블로그 · http//blog.naver.com/yeoyoubooks

ISBN 978-89-92351-34-8 93900

이 도서의 국립중앙도서관 출판시도서목록(CIP)은 e-CIP 홈페이지(http://www.nl.go.kr/ecip)와 국가자료공동목록시스템(http://www.nl.go.kr/kolisnet)에서 이용하실 수 있습니다.(CIP제어번호:CIP2011005818)

■ 이 책은 대구가톨릭대학교 2010학년도 교내 연구비 지원을 받아 간행되었습니다.

삼국사기 사료비판론

강종훈 著

여유당

책머리에

지금으로부터 11년 전인 2000년 여름, 필자는 『신라상고사연구』라는 책을 첫 저서로 낸 바 있다. 엊그제 일처럼 느껴지는데 벌써 강산이 한 번 바뀌고도 남는 시간이 흘렀다. 그 사이에 대학에 몸담고 있으면서 매년 몇 편씩 글을 써왔다. 평소 생각하던 주제를 가지고 자발적으로 쓴 것들도 있지만, 학회 등에서 요청을 받아 기획 의도에 맞추어 쓴 것들도 있다. 그러다 보니 다방면의 주제를 건드리게 되었고, 그로 인해 연구가 일관성을 갖지 못한 채 산만해져 버렸음을 스스로 인정하지 않을 수 없다. 그래도 그간의 연구목록을 훑어보면, 하나의 주제로 묶을 수 있는 글들이 제법 쌓였음을 발견하게 된다. 바로 『삼국사기』를 대상으로 그 사료적 가치를 논한 글들이 그것이다.

석사 과정을 밟을 때부터 필자는 『삼국사기』의 사료적 가치에 대해 많은 고민을 해왔다. 삼국시대사 연구에 있어 가장 핵심이 되는 자료가 『삼국사기』라는 것은 두말할 나위가 없으나, 그 사료적 가치를 둘러싸고 많은 논란이 있었고 실제로 신빙성에 의문이 가는 기사들이 적지 않기 때문이다. 『삼국사기』를 사료로 활용하려 할 때 신중함과 함께 비판적 시각이 필요하다는 것은 학계에서 공감대가 형성된 지 이미 오래이다.

그러나 『삼국사기』가 그처럼 하자 투성이의 사료라면, 관련 문제들을 하나씩 해결하고 활용의 길을 열어놓는 것이 또한 학자의 사명일 것이다. 필자는 이러한 견지에서 연구 생활의 초창기부터 지금까지 『삼국사기』에 실린 기사들을 철저히 비판적인 안목으로 다루고자 했고, 그 모순과 오류를 해명하기 위해 많은 노력을 기울여 왔다. 그 결과, 충분하지는 않지만 필자 나름의 이해 체계를 세울 수 있게 되었으니, 이 책은 바로 그 과정에서 나온 성과들을 담은 책이다.

출판을 계획하면서 그동안 썼던 글들을 하나씩 읽어보니, 여러 가지로 부족함이 많음을 새삼 깨닫게 된다. 그렇지만 한편으로 그것이 현재 필자가 지닌 실제 모습이자 한계라는 생각도 해 본다.

작가 이문열이 쓴 소설 「금시조」의 주인공 고죽의 실제 모델인 죽농(竹農) 서동균(徐東均)은 말년에 자신의 작품들 가운데 마음에 들지 않은 것들을 모조리 불태웠다고 한다. 필자로서도 내보이기 부끄러운 글들이 있으나, 서예 작품과는 달리 역사학자의 글은 어딘가에 한 번 발표하면 거두어 담기가 불가능한 법이다. 이에 만족스럽지는 않지만 일단 모아서 한 권의 책으로 엮는다.

책의 원고를 교열하면서 내용 수정은 거의 하지 않았다. 새로 고쳐서 본래 글과 다른 것을 내놓는 것보다는 원 상태를 최대한 살려서 그간 필자의 연구 성과에 대한 동학과 후학들의 평가를 받는 것이 학자의 도리라는 생각에서이다. 그래서 장 제목이나 전거를 보완한 각주 일부, 그리고 제4장 부록의 체재를 제외하고는 원래 글 내용을 그대로 실었음을 밝힌다.

이 책이 나오기까지 많은 분들의 격려와 지원이 있었다. 그동안 가르침과 도움을 주신 모든 분들께 마음속으로부터 깊은 감사의 뜻을 전하고 싶다. 아울러 앞으로 더욱 좋은 글로 그분들께 보답할 것을 다짐한다. 마지막으로 그다지 수익이 나지 않는 인문 학술서의 출판을 흔쾌히 맡아준 여유당 출판사에도 감사의 마음을 전한다.

2011년 8월 栗下의 鑑古齋에서
蒼巖 姜鍾薰 識

차 례

서 론

역사학은 '사료(史料)'를 통해 과거의 '사실(事實)'을 규명하는 학문이다. 사료의 뒷받침 없이는 역사학은 학문으로 존립할 수 없다. 상상만으로 또는 자신의 기분에 맞추어 멋대로 과거를 그려내려 한다면, 그것은 문학일 뿐이지 역사학이라 부르기 어렵다. 사료는 역사학에서 학문의 출발점이자 주춧돌이라 할 수 있다.

그런데 사료는 모든 시기에 균일하게 존재하는 것은 아니다. 현재와 시간적으로 가까운 과거의 경우에는 사료가 비교적 풍부하게 남아 있지만, 시간을 거슬러 올라갈수록 사료의 양은 적어지는 것이 상례이다. 이는 기록 문화가 정착되지 않아 애초에 기록물 자체가 적게 만들어진 탓일 수도 있고, 그 적은 기록물조차도 장구한 시간의 흐름 속에서 이러저러한 이유로 사라진 것이 많기 때문이기도 하다. 그래서 근·현대사보다는 중세사 분야가, 중세사보다는 고대사 분야가 사료의 부족 현상을 더욱 심각하게 겪게 된다.

아무리 뛰어난 쉐프라고 하더라도 요리에 쓸 재료가 부족하면 맛있는 음식을 만들어내기가 쉽지 않은 법이다. 역사가의 경우도 마찬가지이다. 요리의 재료에 해당하는 사료가 부족하다 보면, 제아무리 천재적인 역사가일지라도 제대로 된 역사상을 그려내기란 여간 어렵지 않다. 사료의 결핍이라는 원천적 한계를 안고 있는 고대사 연구는 이러한 악조건에서 출발한다.

이처럼 사료의 절대적인 양에서 크게 미흡하기는 하지만, 한국 고대사 연구에서 기본 사료로 활용되는 것들로는 여러 가지가 있다. 우선 『삼국사기』, 『삼국유사』를 비롯하여 고려시대 이후에 우리 선인들에 의해 만들어진 여러 종의 역사서들이 그 기본 사료에 해당될 것이다. 아울러 이웃 나라인 중국과 일본에서 작성된 각종 역사 문헌들에서 우리 역사와 관련을 갖는 부분들도 고대사를 연구할 때 빼놓을 수 없는 기본 사료이다. 그리고 고대인들이 스스로 남긴 각종 금석문 자료와 고고학적 유물, 유적 등이 이들 문헌 자료를 보완하는 귀중한 사료가 된다.

이와 같이 다양한 사료들 가운데 가장 중요한 것을 꼽으라면, 역시 우리 선인들이 직접 쓴 문헌 사료를 들지 않을 수 없다. 중국과 일본의 역사서는 자국과 관련된 부분을 중점적으로 기술한데다가 그것도 그들의 시각에서 우리 역사를 바라본 것이기 때문에 오류와 왜곡이 적지 않게 있을 수 있다. 금석문 자료는 실제로 해당 시대를 살았던 우리 선인들이 당시의 상황을 전해주는 것이라는 점에서 매우 귀중한 사료이기는 하지만, 고대 사회의 전모를 파악하기에는 자료 자체가 너무 파편적이고 제한적이라는 약점을 지닌다. 고고학 자료 역시 당시의 실상을 반영하는 것이기에 대단히 값진 사료이기는 하나, 유물과 유적은 본래 스스로 말을 하지 않기 때문에 학자들이 그것들을 어떻게 파악하느냐에 따라 가치가 달라지는 한계가 있다.

따라서 한국 고대사를 제대로 복원하기 위해서는 우리 선인들이 문자를 빌려 과거 사실을 체계적으로 정리한 문헌 기록에 가장 큰 비중을 둘 수밖에 없다. 그 가운데서도 현존하는 가장 오래된 사서이면서, 삼국의 역사를 종합적으로 정리하는 체재를 갖춘 『삼국사기』가 중요도의 측면에서 단연 으뜸을 차지한다. 『삼국사기』는 고대사를 연구함에 있어 일종의 바이블이라 할 수 있다.

그렇지만 『삼국사기』에 실린 기사들을 곧바로 사료로 이용하기에는 많은 문제가 도사리고 있다. 단지 양적인 측면에서 충분하지 않다는 점에서가 아니라, 그보다는 질적인 측면에서 하자를 지닌 기사들이 셀 수 없을 정도로 많기 때문이다. 특히 삼국의 초기 역사를 전하는 부분에서 그 문제점은 매우 심각하다. 기년을 비롯하여 영역, 대외 관계 등에서 과연 실제 사실을 반영하는지 확신할 수 없는 기사들이 곳곳에 널려 있다.

상황이 이러하다 보니 『삼국사기』를 사료로 활용하기 위해서는 무엇보다도 거기에 실린 기사들의 신빙성을 먼저 검증해야만 한다. 애초에 전승이 제대로 전해졌던 것인지, 후대 역사가의 오해로 인해 사실과 다른 내용으로 바뀐 것은 아닌지, 아니면 후대에 의도적으로 조작을 가한 것은 없는지 등을 면밀히 따져보고 사료로 이용해야 한다는 말이다. 만약 그렇지 않고 『삼국사기』에 실린 기사들을 곧장 사용하면, 실제와는 전혀 다른 엉뚱한 역사상을 그려낼 수도 있다. 사료의 신빙성에 대한 엄밀한 검토, 즉 '사료 비판'이 전제되지 않는 한, 『삼국사기』는 마치 독을 잔뜩 품은 복어처럼 위험한 것이다.

흔히 역사학의 기본 훈련을 제대로 받은 경우와 그렇지 못한 경우의 차이는 사료를 대할 때 가장 극명하게 드러난다고 한다. 사료 비판을 제대로 하는 역사가는 복어 요리의 전문 자격증을 갖춘 요리사처럼 독을 적절하게 제거한 후 맛있는 요리를 만들어내지만, 그렇지 않은 역사가는 맛있는 요리는커녕 독이 든 음식을 내놓아 일반인들에게 자칫 치명적인 해악을 끼칠 수도 있다는 말이다. 역사학에서 사료 비판의 중요성은 실로 여기에 있다.

본서에서는 이와 같은 문제의식을 바탕으로 『삼국사기』의 사료 비판과 관련된 제반 문제를 다루어 보고자 한다. 본서에서 취급할 내용을 미리 제시하면, 다음과 같다.

먼저 제1장에서는 그동안 『삼국사기』 초기 기록을 둘러싸고 벌어진 학계의 논의를 정리할 것이다. 『삼국사기』에 실린 고구려, 백제, 신라 삼국의 역사 가운데 특히 초기 역사에 관한 부분의 신빙성 여부를 놓고서 일제 식민지 시기 이후 많은 논란이 있어 왔다. 그 논란의 구체적인 내용은 무엇이며, 어떤 방향에서의 이해가 타당한 것인지를 밝혀 보려 한다.

제2장에서는 『삼국사기』 초기 기록에 보이는 '낙랑(樂浪)'의 실체에 관해 살펴볼 것이다. 특별히 이 문제를 거론하는 것은 그것이 『삼국사기』 초기 기록의 사료적 성격을 이해하는 데 매우 중요한 단서가 될 수 있다는 판단에서이다. 이 사례를 통해 초기 기록의 모순을 해결해 나가기 위해서는 어떤 고민이 필요하고 어떤 추론과 검증 과정을 밟아가야 하는지를 잘 알 수 있게 될 것이다.

제3장에서는 『삼국사기』 백제본기의 사료적 계통에 관한 이야기를 해 보고자 한다. 1장과 2장에서 논의된 바를 바탕으로, 『삼국사기』의 본기 가운데 특히 사료적으로 많은 문제를 지니고 있다고 알려진 백제본기가 어떤 전승 과정을 거쳐서 만들어진 것인가를 검토하게 될 것이다. 여기서는 초기 기록상의 문제점뿐만 아니라 백제본기 전체의 사료적 결함을 확인하고, 향후 백제사 이해 체계를 제대로 구축하기 위해서는 어떤 점에 유의해야 할 것인지를 제시할 생각이다.

제4장에서는 『삼국사기』에 등장하는 '왜(倭)'의 성격에 대해 고찰하고자 한다. 그동안 이 문제를 둘러싸고 한·일 양국 학계에서 많은 논의가 있었는데, 관련 논의들을 하나씩 살펴보고 그 타당성 여부를 검토하게 될 것이다. 아울러 '왜' 관련 기사가 특히 많이 나오는 신라 본기를 중심으로 그 기사들의 성격을 면밀히 점검함으로써 과연 '왜'의 실체를 어떻게 파악하는 것이 합리적인지를 생각해 보고자 한다.

제5장에서는 『삼국사기』에서 본기와 함께 중요한 부분을 차지하고 있는 지(志)의 사료적 성격을 다루어볼 것이다. 여러 종류의 지 가운데서도 특별히 지리지에 주목하고자 하는데, 그것은 지리지에 보이는 삼국의 영역 관련 기사가 본기의 내용과 밀접한 관련이 있기 때문이다. 그동안 학계 일각에서 『삼국사기』 지리지 기사 등을 근거로 5세기 무렵 고구려 영역이 소백산맥 이남의 현재 경상북도 동부 내륙 지역과 동해안의 포항 일대까지 미쳤다는 주장이 제기되었던바, 그러한 주장이 과연 타당한지를 검증해 볼 것이다. 아울러 문헌 사료의 신빙성 여부를 확인하는 데 있어 금석문 자료 및 고고학 자료가 어떻게 활용되어야 하는지 하나의 사례를 보여주고자 한다.

본론의 마지막 부분에 해당하는 제6장과 제7장에서는 『삼국사기』 열전의 내용을 분석해 보려 한다. 주지하다시피 기전체 사서에서 열전은 본기와 더불어 핵심을 이루는 부분이다. 『삼국사기』에도 권 41부터 권 50까지 10권의 열전이 배치되어 있다. 본고에서는 그 가운데 주로 신라와 관련된 인물들을 대상으로 삼아 열전의 내용을 살펴볼 것이다. 제6장에서는 열전 5와 8에 실린 내용을 통해 4~5세기에 활동한 신라 인물들의 활약상을 검토해 볼 것이며, 제7장에서는 열전 7에 입전되어 있는 7세기 통일전쟁기 신라의 순국 인물들을 중점적으로 다루어 보도록 하겠다.

본론 부분의 뒤에는 보론으로서 두 개의 글이 들어간다. 그 중 하나는 신라시대의 사서 편찬의 추이를 다룬 글이다. 신라에서는 진흥왕대에 처음으로 국사의 편찬이 있었다고 전해지는데, 그 이후 사서의 편찬이 어떤 식으로 이루어졌는지를 생각해보고, 궁극적으로 최초의 국사 편찬 단계에서 수립된 인식 체계가 어떻게 『삼국사기』 편찬에까지 영향을 주었을지를 검토할 것이다.

마지막으로 『삼국사기』 편찬의 책임자였던 김부식의 생애와 역사관을 살펴보는 글이 추가될 것이다. 김부식의 역사관은 그 자체로 『삼국사기』에 대한 사료 비판의 성격을 일정하게 지니는 것이므로, 본론에서 다룬 내용을 보완하는 역할을 할 것이다.

본서는 사실 『삼국사기』의 내용 전체를 대상으로 하여 사료 비판을 행하는 책은 아니다. 삼국별 본기와 연표, 지, 열전의 내용을 모두 하나하나 분석하고 전체 사료의 신빙성 여부를 따지는 방식을 취하지 않고, 본기와 지, 열전 가운데 사료적으로 특히 중요한 부분들을 부각시켜 집중 논의를 하는 방식을 택한다. 이는 『삼국사기』 기사 하나하나의 사료적 신빙성을 따지는 것은 작업 자체가 너무 방대하여 단시일 안에 성과를 내기가 불가능하고, 한 권의 책에서는 효과적인 서술이 어렵다는 판단에서이다. 장기적 과제로 설정하고 앞으로 계속 연구를 진행하고자 한다.

1장

『삼국사기』 초기 기록의 제문제

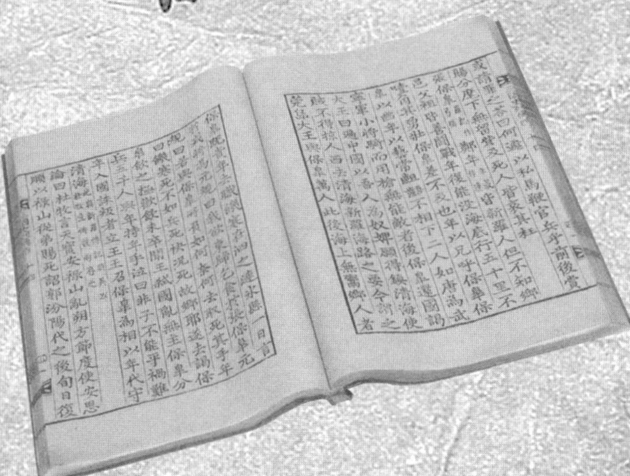

우리나라의 역사서 가운데 현존하는 최고(最古)의 것은 『삼국사기(三國史記)』이다. 고려 인종대인 1145년에 김부식(金富軾) 등이 편찬한 이 책은 신라와 고구려, 백제의 흥망성쇠 과정을 비롯하여 그들 나라의 제도나 인물 등등에 관한 여러 가지 사실을 담고 있어, 우리 고대사의 체계를 세우는 데 가장 핵심적인 자료라고 할 수 있다.

그런데, 그동안 학계에서는 이 중요한 책의 사료적 가치를 둘러싸고 치열한 논쟁이 전개되어 왔다. 특히 삼국의 초기 역사에 관련된 기사들의 사실성 여부에 대해 많은 논란이 벌어졌는데, 크게 보면 ① 사실성을 전혀 인정할 수 없다는 입장, ② 특별히 못 믿을 이유가 없으니 적극적으로 이용해도 좋다는 입장, 그리고 ③ 전적으로 불신하는 것은 문제가 있지만 비합리적인 내용을 담은 부분들이 있는 것도 사실이므로 그런 부분들을 합리적으로 이해할 수 있는 방안을 모색한 뒤 사료로서 제한적으로 이용해야 한다는 입장 등으로 구별할 수 있다.

흔히 '불신론'이라고 불리는 ①의 입장은 주로 일제 식민지 시기 이후 일본인 학자들에 의해 견지되어 온 것이고,[1] '긍정론'이라 할 수 있는 ②의 입장은 20세기 후반 우리 학계의 일각에서 제기된 이래 지금껏 꾸준히 이어져 오고 있다.[2] '수정론'으로 불리는 마지막 ③의 입장은 해방 이후 우리 학계의 많은 고대사 연구자들이 『삼국사기』 초기 기록을 바라보는 기본적인 시각이었고,[3] 필자 역시 이 입장에 서 있다.

『삼국사기』 초기 기록에 관한 기존의 연구 동향을 점검해 보고 앞으로의 연구 방향을 논하려는 본고에서는 먼저 불신론에서 제기된 『삼국사기』 초기 기록의 문제점들을 간략하게 살펴보고, 이어서 불신론 자체가 지니는 논리적인 문제점들을 짚어보려고 한다. 이를 통해 초기

---

1) 대표적인 논고로는 다음과 같은 것들이 있다.
津田左右吉, 1924 「三國史記の新羅本紀について」 『古事記及び日本書紀の研究』 岩波書店.
前間恭作, 1925 「新羅王の世次と其の名につきて」 『東洋學報』 15-2
末松保和, 1938 「新羅上古世系考」 『史學論叢』 7(京城帝大); 1954 『新羅史の諸問題』에 재수록.
池內宏, 1941 「新羅の骨品制と王統」 『東洋學報』 28-3; 1960 『滿鮮史硏究』 上世 第2冊에 재수록.

2) 긍정론의 효시가 된 논문은 1967년에 발표된 고(故) 김원룡(金元龍) 교수의 「三國時代의 開始에 關한 一考察」(『東亞文化』 7)이지만, 긍정론이 본격적으로 제기되기 시작한 것은 1970년대 중엽에 발표된 고(故) 천관우(千寬宇) 선생의 일련의 논문들부터라고 말할 수 있다(千寬宇, 1989 『古朝鮮史·三韓史硏究』, 一潮閣 참조). 현재 학계에서 이 입장에 서 있는 연구자로는 이종욱(李鍾旭) 교수가 대표적이다. 그는 1970년대 후반 이후 근래에 이르기까지 많은 관련 논고를 발표하였는데, 그 가운데 중요한 논문 몇 가지는 본고의 논지를 전개해가면서 소개하도록 하겠다.

3) 1962년에 발표된 고(故) 김철준(金哲埈) 선생의 「新羅上古世系와 그 紀年」(『歷史學報』 17·18합집)이라는 논문을 비롯하여, 노태돈(盧泰敦), 노중국(盧重國), 주보돈(朱甫暾) 교수를 위시한 다수 연구자들의 삼국시대사 관련 논문이 이런 입장을 취하고 있다.

기록에 대한 올바른 이해의 방향을 모색하려는 것이다.

다음으로는 불신론과는 정반대의 이해 방식을 보여 주는 긍정론에 대해 그 근거와 문제점들을 검토해 보겠다. 긍정론은 특히 근자에 들어와 수정론을 강하게 비판하면서 여러 가지 논점들을 제기하고 있는데, 그 논점들에 대해 어떤 방향에서의 이해가 합리적일지 생각해 보고자 한다.

마지막으로, 수정론에 대해 살펴보겠는데, 그간 수정론이 일구어놓은 성과와 더불어 그 한계를 지적해 보고, 필자가 생각하고 있는 바람직한 연구 방향을 제시해 보려 한다.

1. 불신론과 그 문제점

1) 불신론의 주요 근거

사실 『삼국사기』 초기 기록은 얼핏 보아 합리적으로 이해하기 힘든 부분들을 많이 담고 있다. 불신론은 바로 이러한 부분들을 문제 삼아 초기 기록의 사료적 가치를 아예 인정하지 않으려는 입장인데, 그동안 문제시되어온 것들 가운데 핵심적이고 중요한 것들을 뽑아보면 대략 다음과 같다.

우선, 『삼국사기』 초기 기록에 전하는 왕들의 재위 연대를 사실로 인정할 수 없다는 것이다. 신라의 경우부터 예를 찾아보면, 262년부터 284년까지 재위했다고 전해지는 미추왕은 356년부터 402년 사이에 재위했다는 내물왕과 그를 이어 417년까지 왕위에 있었다는 실성왕의 장인으로 나온다. 이것은 실성의 부인이 되는 미추의 딸이, 설사 미추가 사망한 해에 출생하였다고 하더라도, 실성이 즉위하던 402년에는 무려 119세의 나이였다는 말이 된다. 인간의 수명에 대한 일반 상식을 초월하는 이러한 사례는 결국 초기 기록의 연대를 그대로 믿을 수 없게 만드는 중요한 요인이라 할 수 있다.[4)]

백제의 경우에도 기년의 문제점은 마찬가지여서, 8대 고이왕은 234년에 즉위하여 286년에 사망하였다고 전하는데, 『삼국사기』는 그가 128년부터 166년까지 재위하였다는 4대 개루왕의 둘째아들이었다고 적어놓고 있다. 개루왕이 사망한 166년에 고이왕이 출생하였다고 가정해도, 고이왕은 사망 시 무려 121세의 나이였다는 이야기가 되는 것이다. 이는 신라의 경우에서와 마찬가지로, 백제 초기의 기년도 『삼국사기』에 실린 바대로 곧장 신뢰할 수 없음을 뜻하는 것이다.

기년 문제에 있어서는 고구려의 경우도 예외가 아니다. 『삼국사기』는 6대 태조왕이 기원후 53년에 7세의 어린 나이로 즉위하여 94년 간 재위한 뒤, 146년 겨울 아우인 수성(차대왕)에게 왕위를 물려주었고, 그로부터 20년째인 165년 3월에 119세의 나이로 세상을 떠났다고 적고 있다. 이 역시 사실로 보기 어려운 면을 분명히 지닌다.

요컨대, 『삼국사기』에 전하는 삼국 초기 왕들의 재위 연대는 전체적으로 사실성을 결여하고 있다고 말하지 않을 수 없다. 이러한 불합리성에 고무된 일본인 학자 가운데는 기년을 문제 삼는 데에서 한 걸음 더 나아가, 아예 삼국 초기의 왕들, 특히 신라 초기 왕들이 실재하지 않은 가공의 인물들이라는 주장을 과감히 제기한 사람도 있었고,[5)] 그러한 견지에서 신라 초기 왕들의 이름이 어떤 방식으로 조작되었는가

4) 『삼국사기』 신라본기 초기 기록에 보이는 기년상의 문제점에 대해서는 강종훈, 2000 『신라상고사연구』, 서울대출판부의 제2장 1절에 상세히 거론해 놓았으니 참고하라.

5) 前間恭作, 1925 앞 논문.

를 따지는 논문이 발표되기조차 하였다.[6)]

한편, 『삼국사기』 초기 기록을 불신하게 만드는 또 하나의 요인으로, 삼국 초기의 영역 관계 기사에서 보이는 비합리성이 자주 거론되어 왔다. 이것은 특히 백제와 신라의 경우에 두드러진다.

백제의 경우부터 살펴보자면, 『삼국사기』 백제본기에는 건국 초에 해당하는 온조왕대에 이미 북으로 예성강, 동으로 춘천, 남으로 안성천에 이르는 큰 영역을 차지한 것으로 나오고,[7)] 더 나아가 충청도 이남의 마한 지역까지 죄다 정복한 것처럼 되어 있다.[8)] 그런데 서기 3세기 전반의 한반도 상황을 알려주는 중국 역사책 『삼국지』 위서 동이전에는 그 당시까지 중남부 지역에서는 '목지국(目支國)'이라는 나라가 가장 강력한 세력을 형성하고 있었고, 백제는 목지국이 영도하는 마한의 50여 소국들 가운데 하나에 불과한 듯 기술되어 있는 것이다. 온조왕이 실재 인물이고, 그에 의해 백제라는 나라가 처음 성립한 시기가 3세기 이전 어느 시점이라고 본다면, 온조왕의 재위 기간보다 시간상 떨어지는 3세기 전반에도 여전히 한강 유역의 조그마한 소국에 지나지 않았음을 전하는 『삼국지』 위서 동이전의 기록은 『삼국사기』 백제본기 초기 기록의 신빙성을 의심케 하기에 충분한 근거자료가 될 수 있다.[9)]

신라의 경우에 있어서는, 제5대왕인 파사왕대에야 경주 인근의 울산, 안강 등지를 복속시켰다고 『삼국사기』에 전하는데,[10)] 같은 책에서 그

6) 末松保和, 1938 앞 논문.
7) 『삼국사기』 권23 백제본기1 시조온조왕 13년 8월조.
8) 윗책, 온조왕 26년, 27년조.
9) 『삼국지』는 3세기 후반에 편찬된 책으로, 그보다 한참 후대에 만들어진 『삼국사기』에 비해 3세기 당시의 정세를 더 정확하게 반영하고 있을 것은 두말할 나위가 없다.
10) 『삼국사기』 권1 신라본기1 파사니사금 23년조 및 같은 책, 권34 잡지3 지리1 양주 임관군 하곡현조.

보다 앞선 시기인 제4대 탈해왕대에 이미 신라가 소백산맥을 넘어선 보은 등의 지역을 장악하고 있었던 것처럼 적어놓고 있다.[11] 아무런 다른 고려가 없이 이 기록들을 대한다면, 사실 여부에 대해 회의를 갖게 되는 것은 지극히 당연한 것이다.

이밖에 『삼국사기』 초기 기록을 불신하는 입장에 서 있는 연구자들이 제기해 온 또 다른 문제점은 삼국 초기의 대외관계 기사에서 보이는 여러 가지 모순들이다.

대표적인 사례로는 고구려나 백제, 신라가 모두 초기부터 '말갈(靺鞨)'이라는 주변 세력과 갈등을 빚고 여러 형태로 접촉한 것처럼 『삼국사기』에 나오고 있다는 것을 들 수 있다.[12] 그런데 실제로 말갈은 중국 측 사서에 6세기 중엽에야 그 이름이 비로소 등장하는 만주 지역의 미개 종족이었다. 이는 곧 삼국이 그 초기에 아직 나타나지도 않은 유령의 종족과 관계를 맺었다는 말이 되어, 관련 기사의 신빙성이 크게 훼손될 수밖에 없다.

그리고 신라의 경우에 시조 혁거세거서간대부터 제3대 유리왕 시기까지 '낙랑(樂浪)'의 침입을 자주 받은 것처럼 실려 있는 것도[13] 곧바로 믿기에는 주저되는 부분들이다. 주지하다시피 낙랑은 한반도 서북부에 자리잡고 있었던 중국의 군(郡) 이름이다. 신라가 성립한 경주 지역과는 천 수백 리 떨어져 있는 지역의 중국 세력이 어떻게 소백산맥과 같은 지리적 장벽을 뛰어넘어 침략해 올 수 있었을까 라는 의문이 나오는 것은 일면 자연스러운 것이다.

---

11) 윗책, 권1 탈해니사금 7년조 및 8년조.
12) 윗책, 권13 고구려본기1 시조동명성왕 즉위조 및 같은 책, 권23 백제본기1 시조온조왕 2년 춘정월조, 권1 신라본기1 지마니사금 14년 춘정월조.
13) 『삼국사기』 권1 신라본기1 시조혁거세거서간 30년 4월조 및 같은 책, 남해차차웅 원년 7월조, 11년조, 유리니사금 13년 8월조.

또 위에서 거론한 영역 관련 기사에서의 의문점과 관련되는 것이기는 하지만, 백제가 온조왕대에 이미 마한을 정복했다고 하는 기사나 신라가 탈해왕대에 백제와 소백산맥 이북 지역에서 전쟁을 벌였다고 전하는 일련의 기사들도 그동안 불신의 대상이 되어온 대표적인 예이다.

마지막으로, 삼국 초기의 제도 정비 관련 기사들도 『삼국사기』 초기 기록의 사실성을 의심하게 하는 중요한 근거로 거론되어 왔다.

신라의 경우, 제3대 유리왕 9년에 6부의 이름을 개정하면서 각 부에 이(李)・최(崔)・손(孫)・정(鄭)・배(裴)・설(薛) 등 6성을 내린 것으로 나오고, 이어 17관등을 제정한 것처럼 기록되어 있다. 그러나 신라에서 성(姓)이 본격적으로 사용된 것은 6세기 이후로 보이고, 특히 6부성과 같은 중국식 성은 시기가 더 떨어지는 것으로 보는 것이 현재 학계의 통설이다.[14] 17관등제가 완성된 형태로 정비된 것도 율령이 반포되면서 국가적으로 제도 정비가 본격화된 6세기 전반 법흥왕대 이전으로는 올라가지 않을 것으로 보는 게 일반적이다. 따라서 건국 초기에 해당하는 유리왕대에 벌써 중국식 성이 보편화되고 정연한 관등조직을 구비했다고 하는 『삼국사기』의 기록은 사실과 거리가 먼 것이라 할 수 있겠다.

백제의 경우에는 사정이 더욱 심각하여, 고이왕 27년(『삼국사기』의 기년을 따를 경우 서기 260년에 해당)에 6좌평과 16관등을 제정하고, 이어 29년에는 관리로서 뇌물을 받은 자와 도둑질한 자에 대한 처벌 규정을 마련하였다고 『삼국사기』는 전한다.[15] 물론 3세기 중엽이면, 백제가

---

14) 李鍾書, 1997 「羅末麗初 姓氏 사용의 擴大와 그 背景」 『韓國史論』 37, 서울대 국사학과

15) "古爾王 二十七年 春正月 置內臣佐平 掌宣納事 內頭佐平 掌庫藏事 內法佐平 掌禮儀事 衛士佐平 掌宿衛兵事 朝廷佐平 掌刑獄事 兵官佐平 掌外兵馬事 又置達率…克虞 …"

그런 정도의 제도적 정비를 충분히 해낼 수 있었다고 볼 여지도 있다. 그런데 놀랍게도 이보다 수세기 떨어진 7세기대 백제 사정을 적어놓은 중국의 역사책 『수서(隋書)』나 『구당서(舊唐書)』와 『신당서(新唐書)』 등에 『삼국사기』 고이왕 27년조와 29년조에 실린 기사들과 거의 같은 내용의 서술이 실려 있어,[16] 큰 의문을 자아내게 한다. 표현이 거의 일치하는 것으로 보아 양측 역사서 가운데 어느 하나가 다른 하나의 것을 전재한 것으로 봄이 합리적일 것인데, 이 경우 시간상 후대에 편찬된 『삼국사기』가 중국 측 역사기록을 베꼈으리라는 것은 굳이 중언할 필요가 없다. 결국 『삼국사기』는 시간적으로 훨씬 후대 사실을 소급하여 초기 사실로 적어놓고 있는 것이니, 이처럼 문제가 있는 『삼국사기』 초기 기록을 어떻게 그대로 믿을 수 있겠는가 라는 지적은 일면 설득력을 지니는 바이다.

사실 지금까지 거론한 것 말고도 불신의 근거가 될 수 있는 것들은 많지만, 어쨌든 위의 사례들만으로도 불신론은 나름대로 타당한 지적을 하고 있는 것으로 볼 수 있겠다.

2) 불신론의 문제점

그런데 불신론이 나름의 설득력을 지니고 있기는 하지만, 불신론에서 강조되는 것처럼 『삼국사기』 초기 기록은 모두 사료로서 문제가 있으니 이용해서는 안 되는 것일까? 몇몇 부분에서 문제가 있는 것은 사

"二十九年 春正月 下令 凡官人受財及盜者 三倍徵贓 禁錮終身"

16) "所置內官曰 內臣佐平 掌宣納事 內頭佐平 掌庫藏事 內法佐平 掌禮儀事 衛士佐平 掌宿衛兵事 朝廷佐平 掌刑獄事 兵官佐平 掌在外兵馬事 … 官人受財及盜者 三倍追贓 仍終身禁錮"(『구당서』 백제전). 16관등에 관한 기사는 『수서』와 『주서(周書)』, 『북사(北史)』 등에 실려 있다.

실이라 하더라도, 그것이 곧 초기 기록 전체를 신뢰할 수 없다는 주장으로 연결될 수 있는 것일까? 만약 그러하다면, 『삼국사기』를 자료로 이용하여 삼국의 초기 역사를 구성한다는 것은 아예 불가능하다는 이야기가 된다. 이것은 매우 중대한 문제가 아닐 수 없다.

여기서 우리가 염두에 두어야 할 것은, 『삼국사기』 초기 기록에 실려 있는 개개의 기사들이 12세기에 그 책이 편찬될 때 김부식 등에 의해 처음으로 만들어진 것은 아니라는 사실이다. 김부식 등은 자신들이 확보하고 있던 고기류(古記類)와 고려 초기에 편찬된 이른바 『구삼국사(舊三國史)』 등을 참고하여, 『삼국사기』 초기 기록을 작성해 나갔다. 물론 그 과정에서 편찬자들의 오해로 인해 일부가 사실과 어긋나는 내용으로 변개되었을 가능성이 없지는 않고, 또 자신들의 역사관에 의해 이전부터 내려오던 사료들을 취사선택함으로써 상당량의 기록들이 사장되었을 가능성도 있지만, 전체적으로 보아 그들은 없었던 사실을 조작해서 집어넣거나 사실을 허위로 날조하여 책을 만든 것이 결코 아니었다. 문제는 『삼국사기』 편찬 시 자료로 사용되었던 고기류가 어떤 성격을 지닌 책들이었고, 거기에 실린 기사들은 어떤 과정을 거쳐 채록(採錄) 또는 전록(轉錄)되었는가이다.

삼국이 자기 나라의 역사를 처음 정리한 시기는 대략 4~6세기에 걸쳐 있는 것으로 알려진다. 고구려의 경우는 확실하지 않지만, 백제는 4세기 후반 근초고왕대에, 신라는 6세기 중엽 진흥왕대에 최초의 사서 편찬이 이루어졌다. 이 시기는 삼국이 각기 처음 국가로 성립한 시점으로부터는 상당히 뒤떨어진 때였다. 기록을 만들지 않았던 시기의 역사를 후대에 정리하는 과정에서는 많은 착오가 발생하는 것이 상례이다.[17] 편찬 당시의 정치적 입장이나 기타 사정에 따라 그동안 전승되

17) 한 개인이 자신의 과거사를 회고함에 있어서도 기억이 정확하지 않을 때가

어 내려온 각종 설화들이 윤색이나 과장, 왜곡을 거쳐 기록되었으리라는 것은 익히 짐작할 수 있는 것이다. 그렇다고 하더라도, 최초의 역사서에 실린 기사 대부분은 실제로 있었던 사건을 토대로 작성되었다고 보는 것이 옳다. 전승 과정에서의 와전과 기록할 때의 윤색·과장·왜곡 등을 고려해야겠지만, 사건의 뼈대까지 완전히 조작하여 국가의 공식 역사책에 실었으리라 추측하는 것은 지나친 발상이다. 조상들이 겪은 일들은 여러 대를 거치면서 수많은 후손들에 의해 기억되고 전승되었을 텐데, 그 공유된 지식의 기본 틀을 파괴하는 날조는 이루어지기 어려웠을 것으로 보는 게 합리적이다. 따라서 현재 『삼국사기』 초기 기록에 보이는 일부의 의문점들을 빌미로 초기 기록 전체가 후대의 조작이나 날조에 의한 것이라고 치부하며 불신하려는 태도는 침소봉대의 오류를 범하는 것이라 하지 않을 수 없다.

사실 불신론은 문제가 있는 사료들을 함부로 이용해서는 안 된다는 것을 강조했다는 점에서 의미를 지니는 것이기는 하다. 그런 신중한 태도는 역사가라면 누구나 갖추어야 할 기본적인 조건이다. 그렇지만, 왜 그 사료가 문제가 있는 것인가, 어떻게 이해하면 합리적으로 해명될 수 있겠는가의 고민 없이 사료로서의 이용을 아예 포기한다면, 그것은 '사료비판'이라기보다는 '사료말살'이라고 해야 정확한 표현이 될 것이다. 불신론이 안고 있는 근본적인 문제점은 바로 여기에 있다.

그리고 후술할 바와 같이 불신론에서 제기한 개개의 의문점들도 접근 방식과 시각을 조금 달리 한다면 얼마든지 합리적인 해석이 가능한 것들이 적지 않다. 따라서 현재 『삼국사기』에 남아 있는 삼국의 초기 역사 관련 기록은 불신하고 내팽개치는 것만이 능사가 아니며, 한 줌

있는데, 수백 년 전의 사건들이 조상의 입에서 후손의 귀로 전해지는 과정에서 착오가 생기는 것은 어쩌면 당연한 것이라고도 하겠다.

의 기록을 놓고도 끊임없는 고민을 통해 무엇인가 얻을 수 있는 것을 찾아보려는 노력이 중요하다고 하겠다.

2. 긍정론과 그 문제점

1) 긍정론이 제기하는 논점들

긍정론은 위와 같은 문제점을 지닌 불신론을 강하게 비판하면서 제기된 것으로서, 불신론과는 정반대로 『삼국사기』 초기 기록을 적극적으로 이용하려는 입장이다. 특히 그간 가장 문제가 되었던 초기 기록의 기년(紀年)을 포함하여, 영역 확장과 관련된 기사들, 대외관계 기사들, 그리고 제도 정비에 관한 기사들의 사실성을 그대로 인정하면서 삼국의 초기사를 재구성하려 하였다. 이 과정에서 사료해석상의 새로운 관점들이 많이 제시되어 학계의 삼국 초기사 연구가 큰 활력을 얻기도 하였다.

초창기에 긍정론을 이끌었던 연구자는 천관우인데, 그는 1970년대 중엽에 『삼국사기』 초기 기록을 토대로 하여 백제와 신라의 초기사를 새롭게 정리한 연구성과를 내놓았다.[18] 그의 입장은 1960년대 고고학계에서 제기된 풍납토성[19]의 개시연대와 『삼국사기』 백제본기에 나오는 백제 건국연대 사이의 상합 가능성을 수용하여, 백제 초기 왕들의

---

18) 千寬宇, 1976 「三韓攷 第3部 -三韓의 國家形成-」 『韓國學報』 2~3; 1989 앞 책에 재수록.

19) 현재 서울시 강동구 풍납동에 위치한 백제 초기의 도성 유적 가운데 하나로, 1965년 故 김원룡 선생에 의해 유물 포함층에 대한 최초의 시굴이 이루어진 바 있다.

재위연대와 그들의 활동상을 신빙할 수 있다고 전제하고, 그에 따라 백제가 영역국가로 발전해 간 과정을 보다 생동감 있게 그려낼 수 있다는 것이었다. 그는 기년상의 문제점으로 거론되어 온 개루왕과 고이왕 사이의 지나치게 큰 시간 격차에 대해, 원래는 양자가 『삼국사기』에 나오는 것처럼 부자관계가 아니라 서로 다른 출자를 갖는 인물들인데 후자가 왕위를 차지하고 난 이후 어느 시기엔가 그의 계보가 전자에 갖다붙여지면서 비롯된 것으로 파악함으로써, 해결의 실마리를 찾으려 하였다. 즉 온조왕의 후손 개루왕의 둘째아들로 기록된 고이왕은 사실은 온조 계통의 인물이 아니라, 시조설화에서 온조의 형으로 전하는 비류의 혈통을 이어받은 인물이라는 것이며, 결국 고이왕의 즉위는 백제 왕실의 교체를 뜻한다는 것이다. '백제왕실교체론'이라고 불리는 이 새로운 시각은 계보상의 조작을 상정했다는 점에서는 일면 불신론의 연장선상에 있다고도 말할 수 있지만, 그가 추구한 보다 근본적인 목표는 기존에 그다지 생각하지 않았던 계보상의 의문점을 지적하여, 역으로 기년은 사실에 가까울 수 있다는 결론을 도출함으로써 초기사에 대한 접근 자체를 가로막아 온 불신론의 굴레를 벗어나는 데 있었던 것으로 여겨진다. 따라서 백제본기 초기 기록에 나오는 기사들은 그를 통해 비로소 사료로서 적극 이용될 수 있는 길이 마련되었다고 할 수 있는 것이다.

천관우는 『삼국사기』 신라본기 초기 기록에 대해서도 새로운 시각에서의 접근을 시도하였는데, 신라가 경주 주변의 지역들을 다 복속시키지 못했던 초창기에 백제와 소백산맥 이북 지역에서 군사적 대결을 벌였다는 기사들을 불신론에서처럼 날조된 것으로 치부하지 않고, 진한족(석씨족)이 경주로 이동해 가던 과정에서 경험했던 사건들이 경주에 선주해 있던 세력의 역사와 후대에 섞이면서 생긴 결과라고 파악하였다. 즉 신라본기 초기 기록은 영역 관련 기사나 대외관계 기사에서 어떤 큰 하자나 모순점을 지닌다고 단정할 수 없으며, 신라의 발전과정을 순리적으로 서술하고 있다고 보아야 한다는 것이다. '신라본기 초기 기록 이중구성설'로 부를 수 있는 이 설은 『삼국사기』 초기 기록에 실린 기사들의 원사료가 어떤 상태의 것들이었는가에 대한 규명을 새롭게 제기하고 있는 것이기는 하지만, 여하튼 그동안 불신으로만 일관해온 신라본기의 초기 기록에 대해서도 적극적인 이용이 가능하다는 주장으로, 신라 초기사 연구의 지평을 열어놓았다는 평가를 받을 만하다.

요컨대, 천관우에 의해 본격적으로 제기된 『삼국사기』 초기 기록 긍정론은 무엇보다도 기년에 대한 불신을 계보에 관한 새로운 해석 등을 통해 극복하려 했다는 점과, 영역 및 대외관계에 관련한 기사 등을 적극 이용함으로써 삼국 초기의 발전과정을 새롭게 조명하려 했다는 점에서 그 특색을 찾을 수 있겠다.

이후 긍정론은 이종욱을 위시한 몇몇 연구자들이 받아들여 오늘에 이르고 있는데, 근래에는 기년의 신빙성을 더욱 강조하는 경향이 나타나고 있다. 즉 기후학적 연구 성과나 고고학적 발굴 결과 등을 원용하면서 『삼국사기』 초기 기록에 전하는 기년은 그대로 신뢰할 수 있다는 주장이다.[20] 반면 초기 기록의 기년 문제와 관련하여 그동안 불신론의 중요한 근거 자료로 이용되었던 『삼국지』 위서 동이전에 대해서는 '상대적으로' 사료적 가치를 인정하지 않으려는 입장을 취하고 있다.

한편, 근래의 긍정론에서는 『삼국사기』 초기 기록을 토대로 삼국 초기의 정치사를 재구성함에 있어서, 그간 많은 연구자들이 지지해온 '부체제론(部體制論)'을 전면 부정하고, 그 대신 국왕 중심의 집권적 지배체제의 조기 성립설을 주장하고 있다. 현재 학계의 통설이라 할 수 있

20) 李鍾旭, 1986 「百濟 初期史 硏究史料의 性格」 『百濟硏究』 17

는 부체제론의 요지는, 삼국 초기에 나라마다 '부'라고 불리는 단위정치체들이 존재했으며, 각 부는 자치체적 성격을 띤 채 그 수장의 통제를 받았고, 이에 따라 왕의 직접적인 통치력은 부의 내부로 깊숙이 침투하지 못하였다는 것이다.[21] 긍정론은 삼국 초기의 왕권이 미약하였다는 이러한 부체제론의 이해 방식에 대해, 『삼국사기』 초기 기록의 내용과 상치되는 주장이어서 수긍할 수 없다는 입장이며, 삼국 초기의 정치체제는 『삼국사기』에 전하는 것처럼 건국 당시부터 강력한 왕권을 기반으로 한 중앙집권적인 체제였다고 보는 것이다.[22]

아무튼 긍정론의 이러한 문제 제기들은 삼국의 초기 역사에 대한 여러 가지 새로운 시각과 논점을 제공한 것이라 말할 수 있으며, 그 점에서 긍정론은 학설사적 의의를 지니는 것이라 하겠다.

2) 긍정론의 문제점

위에서 누차 거론하였듯이 긍정론은 『삼국사기』 초기 기록의 사료가치를 적극적으로 인정하고, 그를 통해 양적으로 부족한 사료를 가지고서라도 삼국의 초기사 연구를 개척해 보려고 했다는 점에서, 분명히 연구 자체를 포기한 불신론에 비해서는 진일보한 연구 태도라고 평가할 수 있다.

그렇지만 긍정론은 이러한 의의와는 별개로, 많은 문제점을 지니고 있다고 판단된다. 여기서는 가장 핵심적인 것들을 중심으로 그 문제점들을 짚어보자.

---

21) 盧泰敦, 1975 「三國時代의 '部'에 關한 硏究」 『韓國史論』 2
22) 이종욱, 2000 「한국고대의 부와 그 성격-소위 부체제설 비판을 중심으로-」 『한국고대사연구』 17

무엇보다도, 그간 불신론에서 가장 문젯거리였던 초기 기록의 기년까지 포함하여 거의 모든 기사의 사실성을 인정하겠다고 하는 태도가 비판의 대상이 된다. 불신론의 근거들을 살펴볼 때 언급하였지만, 『삼국사기』 초기 기록은 적어도 기년에 있어서는 불합리한 면을 분명히 노출시키고 있다. 따라서 초기 기록의 기년을 취신할 수 있다는 주장을 하기 위해서는 무엇보다도 불신론에서 문제가 되었던 사례들에 대해 하나하나 해명하고 넘어가는 것이 순서이다. 그러나 긍정론은 그러한 해명 작업을 하지 않고, 기후학이나 고고학 쪽의 일부 연구 결과를 원용하여, 그것들이 초기 기록의 기년과 부합하는 방향으로 해석될 여지가 있으니 『삼국사기』 초기 기록은 믿을 만하다는 식의 주장을 펴고 있다. 인접 학문의 연구 성과들이 전혀 무의미하다는 이야기는 할 수 없으나,[23] 논쟁이 제대로 되기 위해서는 이미 해당 학문의 선행 연구

23) 사실 애초에 긍정론이 나오게 된 데에는 풍납토성에 대한 시굴 결과와 그에 대한 고고학적 해석이 큰 영향을 미쳤다(金元龍, 1967 「三國時代의 開始에 關한 一考察 -三國史記와 樂浪郡에 대한 再檢討-」 『東亞文化』 7; 1987 『韓國考古學硏究』 一志社에 재수록). 초창기의 본격적인 긍정론을 선도했던 천관우는 물론이고, 이종욱도 고고학 쪽의 이러한 적극적인 해석 가능성에 고무되어 『삼국사기』 초기 기록의 전면 긍정론을 펴게 된 것이라 할 수 있다. 그러나 유물・유적 자체가 연대를 밝히고 있지 않는 한, 고고학적 연대관은 항상 불완전한 것이며, 유동성을 띠고 있는 것이다. 근래에 방사성탄소동위원소를 이용한 연대 측정법이나 그 밖의 자연과학적 방법론에 입각한 절대연대 측정법들이 많이 사용되어 연대에 대한 신뢰도를 어느 정도 높여주고 있는 것이 사실이지만, 그러한 방법들 역시 시료의 오염도나 다른 요인에 의해 오차 폭이 몹시 클 수 있어, 지나친 신뢰는 위험한 것이다. 따라서 고고학 자료를 이용하여 문헌 자료에서 밝히지 못하는 많은 부분들을 밝혀내야 한다는 주장에는 수긍할 수 있으나, 연대 문제를 비롯하여 고고학 자체에서도 논란이 있을 수 있는 문제들에 대해, 아무런 비판 없이 고고학 쪽의 일부 견해를 편의적으로 수용하여 자기 주장을 입증하는 데 이용하려는 것에는 반대하지 않을 수 없다. 문헌을 통해 해결해야 할 문제를 고고학 자료에 기대어 해결하려고 하는 시도는 고고학 쪽에서도 환영받지 못할 것이며, 오히려 고고학계에서는 문헌사학 쪽에

가 지적하고 있는 문제점들에 대해 합리적인 해결을 시도하고, 그 후에 인접 학문의 연구 성과를 방증 자료 정도로 삼는 것이 타당하다. 결국, 기년상의 제반 문제점을 제대로 해결하지 못한 상태에서 제기된 긍정론은 그 논리적 기반이 매우 취약하다고 말할 수밖에 없다.[24]

긍정론의 주장과 관련하여 또 하나 문제가 되는 것은 『삼국지』 위서 동이전의 사료적 성격을 편의적이고 자의적으로 해석하고 있다는 점이다. 앞서도 말했듯이, 『삼국지』 위서 동이전은 3세기 전반의 한반도 정세를 가장 확실하게 알려주는 일급 사료이다. 삼한의 풍속에 관련된 사료 등은 그 이전 시기부터의 상황을 보여주는 것일 수 있고, 또 『삼국지』의 편찬자나 그 편찬에 이용되었던 원자료의 작성자가 삼한의 사정에 대해 제대로 파악하지 못한 부분이 있었을 가능성은 물론 배제할 수 없다. 그렇지만 적어도 어떠어떠한 나라들이 한반도 중남부에 존재하고, 또 그 가운데서도 어떤 나라가 유력한지에 관한 서술은 당시 정보에 기반한 것이라고 보는 게 합리적이다. 3세기 전반 위나라는 당시 공손씨 정권이 장악하고 있던 낙랑·대방 지역을 탈취하고 그를 통해

서의 합리적인 연대관의 도출을 고대하고 있는 상황이라 판단된다. 그리고 실상 근래의 고고학적 연구 성과들 역시 대부분은 『삼국사기』 초기 기록의 기년의 신빙성을 인정하지 않는 쪽으로 나아가고 있음을 유념할 필요가 있다.

24) 『삼국사기』 초기 기록의 기년을 신뢰할 수 있다고 주장하는 학자들 가운데 일부는 기년상의 문제점을 해결하는 방안의 하나로 '왕실계보상의 중요 인물들 몇 사람의 누락'을 상정하기도 한다(李鍾旭, 1980 『新羅上代王位繼承硏究』, 嶺南大學校 民族文化硏究所, p.80). 그러나 이러한 견해는 설득력이 부족하다. 왕실계보에 관한 기억은 전승 및 문자화 과정에서 착오를 일으킬 가능성이 별로 없지만, 재위 연대를 비롯한 기년과 관련되는 기억은 늘 착오를 일으킬 수 있는 것이다. 분명히 문제가 있을 수밖에 없는 부분을 문제가 없는 것이라 하고, 문제가 거의 없을 부분에 대해 문제가 있다고 주장하는 것은 합리적인 이해의 태도라고 말하기 어렵다. 이에 대한 좀 더 상세한 논의는 강종훈, 2000 『신라상고사연구』의 제2장 참고.

한반도 남부 및 일본열도의 제 세력과 교류를 활발하게 벌였는데, 『삼국지』의 찬자가 위나라 시기에 존재했던 한반도 중남부의 주요 교역 국가들에 대해 기록하지 않고, 그보다 앞선 시기의 세력 판도를 굳이 적어놓을 이유는 없는 것이다. 『삼국사기』와 『삼국지』가 상호보완적인 사료라는 것은 충분히 인정할 수 있으나, 내용상에서 정면 충돌이 일어났을 때, 특히 정세와 관련되어 내용상의 괴리가 있을 때, 양자의 사료적 가치를 비교할 수밖에 없는 것이고, 그 경우 거의 당대의 자료에 기반한 후자가 더 높은 평가를 받게 되는 것은 당연하다. 따라서 『삼국사기』에 백제와 신라가 이미 1세기 무렵부터 한반도 중남부의 양대 세력으로 성장한 것처럼 기록되어 있다고 해서, 두 나라가 아직 마한과 진한의 일개 소국에 불과한 것처럼 나오는 『삼국지』의 기록을 수용하려 하지 않는 것은 합당한 태도라고 하기 어렵다.

긍정론에서 삼국 초기의 정치구조를 강력한 왕권을 중심으로 한 중앙집권체제로 보고, 기존의 부체제론을 부정하려 한 것에 대해서도 같은 맥락에서의 비판이 가능하다. 『삼국사기』에 입각할 경우, 고구려나 백제, 신라 모두에서 건국 초기부터 국왕이 주도하는 정치체제가 성립하였다고 볼 여지가 있는 것은 사실이다. 그렇지만 『삼국지』는 3세기 전반까지 고구려의 정치체제가 계루부를 위시한 5부의 연합을 토대로 하여 이루어졌음을 분명히 밝히고 있다. 이 경우, 사료적 신뢰도는 당연히 후대 자료에 기반한 『삼국사기』보다는 거의 당대 자료를 토대로 한 『삼국지』가 더 높다고 보아야 한다.

부체제는 신라의 경우 6세기 전반까지 지속하였던 것으로 「울진 봉평비」나 「영일 냉수리비」 등이 알려주고 있는데, 긍정론에서는 당대 사람들이 직접 작성한 이들 금석문 자료들조차 그대로 받아들이지 않고, 오직 『삼국사기』에만 의존하여 부체제가 신라에서는 아예 존재하지 않았던 것처럼 주장하고 있다. 이러한 자의적이고 편협한 사료 인식 태도는 결국 긍정론이 설 수 있는 땅을 스스로 좁히는 결과만을 초래할 뿐이다.[25]

사실『삼국사기』초기 기록의 영역 확장 기사나 대외관계 기사 등에서 보이는 불합리한 점들은 초창기 긍정론이 중요한 해결의 실마리를 제공한 측면이 있다. 예컨대, 백제 왕실의 교체 가능성을 상정한 것은 아직까지 논란의 여지가 있기는 하지만, 하나의 가능성으로 충분히 제기될 만한 것이다. 이밖에도 초창기 긍정론의 여러 가지 참신한 사료 해석의 사례들은 수정론적 입장을 가진 연구자들에게 일정하게 영향을 끼쳐왔다.[26] 사료의 가치에 대한 적극적이고 긍정적인 태도와 사료 해석에 있어서의 참신한 시각으로 삼국 초기사 연구의 지평을 확대시킨 긍정론이 근래에 들어와 도그마에 빠져 엄밀한 사료 비판을 소홀히 한 채 피상적인 사료 해석으로만 흐르고 있다는 것은 심히 안타까운 일이다.

---

25) 필자는 이전에 '삼국 초기의 정치구조와 部體制'(2000,『韓國古代史硏究』17)라는 논문을 통해 부체제론에 대한 비판이 그다지 타당하지 않음을 지적하고,『삼국사기』초기 기록에 국왕 중심의 집권적 지배체제가 건국 초기부터 성립한 것처럼 나오는 배경에 대해서도 견해를 밝힌 바 있다. 이에 관한 자세한 논의는 이 논문을 참고하기 바란다.

26) 필자의 경우, 신라 상고기의 주요 족단 가운데 하나인 김씨 족단이 본래는 소백산맥 이북 지역에 근거를 가지고 있다가 백제의 군사적 압박에 밀려 경주 지역으로 편입되어 들어갔다고 보고 있는데(강종훈, 2000 앞 책, 제3장 참고), 이런 설을 제기함에 있어서 초창기의 긍정론자인 천관우의 '『삼국사기』초기 기록의 이중구성설'이, 비록 구체적인 이해의 틀이 다르기는 하지만, 영향을 끼쳤음을 인정하지 않을 수 없다.

3. 수정론과 향후 연구 방향

1) 수정론의 성과

지금까지 『삼국사기』 초기 기록에 대한 불신론과 긍정론을 살펴보았다. 그 결과 초기 기록의 제반 문제점을 지나치게 과장하여 사료적 가치를 전혀 인정하지 않으려는 전자나, 그 문제점을 외면한 채 자의적인 사료 해석으로 치닫고 있는 후자나 모두 합당치 못한 접근 태도임을 알 수 있었다.

수정론은 이런 양자의 문제점들을 지양하고, 보다 엄격한 사료 비판과 합리적인 사료 해석을 통해 삼국 초기사의 복원을 시도하려는 연구 경향이라 할 수 있겠는데, 그동안 수정론적 시각의 연구들이 이루어놓은 주요 성과들을 살펴보기로 하자.

무엇보다도 불신론에서 가장 핵심적인 불신 근거로 내세웠던 초기 기록의 기년상의 문제점들이 근래에 들어와 어느 정도 해결의 기미를 보이고 있다. 이미 1960년대 초반에 김철준에 의해 『삼국사기』 신라본기 초기 기록의 기년 조정이 시도된 바 있었고,[27] 이후 김광수, 이인철 등의 관련 연구 논문들이 나왔다.[28] 필자 역시 이미 이 문제에 대한 대안을 제시한 바 있는데,[29] 기년에 착오가 있다는 것이 곧 관련 사실 자체를 부정할 근거가 될 수는 없다는 것과 『삼국사기』 신라본기 초기 기록의 기년은 실제보다 대폭 인상된 것이 분명하므로 가능한 모든 방법을 이용하여 구체적인 인상폭을 확인한 뒤 실제에 맞게 조정해

27) 金哲埈, 1962 앞 논문.
28) 金光洙, 1973 「新羅 上古世系의 再構成 試圖」 『東洋學』 3
李仁哲, 1986 「新羅上古世系의 新解釋」 『淸溪史學』 4
29) 강종훈, 2000 앞 책, 제2장 참고.

야 한다는 것을 주장하였다.[30] 앞으로 보다 치밀하고 정교한 기년 조정안이 만들어져야겠지만, 여하튼 이러한 연구들을 통해 불신론이 드리워놓은 두꺼운 장막이 걷히고 신라 초기사의 진면목이 점차 드러나리라 기대된다.

삼국 초기의 영역 및 대외관계에 관해서도 수정론은 새로운 시각을 제시함으로써, 그간 제기되었던 문제점들을 조금씩 해결해가고 있다. 예를 들어, 신라가 초기에 경주 주변 지역을 미처 복속시키지 못한 상태에서 소백산맥 이북의 보은 등지를 영역으로 확보하고 있었다고 나오는 것과 거기에서 백제 측과 빈번하게 교전을 벌였다고 나오는 것을, 혁거세에 의한 사로국의 성립 이후 줄곧 경주 지역에 자리잡고 있던 박씨 족단이나 한반도 동남해안의 어느 지역에서 경주로 들어온 탈해의 석씨 족단과 관련된 사실로 보지 않고, 후대에 신라의 왕위를 거의 독점하다시피 한 김씨 족단의 선조들이 소백산맥 이북 지역에 자리를 잡고 있을 때 겪었던 역사적 사실을 전하는 것으로 이해함으로써, 합리적인 해명을 시도하고 있다.[31]

아울러 신라본기와 백제본기 초기 기록에 보이는 '말갈'과 '낙랑'에 대해서도 본디 그 실체는 '예맥'과 '진한'인데, 후대에 여러 차례 사서가 편찬되는 과정에서 편찬자의 오해로 인해 그들과는 전혀 관계가 없는 다른 세력의 명칭으로 개필되었음을 규명하여, 기사의 신뢰성을 둘러싼 의문을 제거하기도 하였다.[32]

---

30) 필자의 기년 조정 작업의 결과는 시조 혁거세의 활동 시기가 3세기 초 정도이고, 제4대 탈해왕의 재위 시기는 3세기 중엽 이후이며, 나머지 이사금들의 재위 시기도 4세기 후반까지 각각 백수십 년 내지 수십 년씩 인하되어야 한다는 것이었다.

31) 강종훈, 2000 앞 책, 제3장 참고.

32) 이에 대한 자세한 논의는 본서 제2장 참고.

이처럼 수정론은 그동안 불신론에 의해 사료로서의 가치를 의심받아 온 『삼국사기』 초기 기록에 대해 다양한 시각을 동원하여 합리적인 이해의 방향을 모색해 왔다고 할 수 있으며, 그 결과 충분하지는 않지만 삼국 초기사의 전체적인 흐름을 어느 정도 복원해낼 수 있게 되었다. 의문점이 있다고 해서 그냥 해결 자체를 포기하거나, 반대로 의문점이 여전히 남아 있는데도 아무런 대안 제시 없이 그냥 신뢰하려 들지 않고, 다각도의 해결 노력을 기울임으로써 결국 합리적인 이해의 방향을 찾아낼 수 있었던 것이라 하겠다. 이러한 노력이 계속될 때, 삼국의 초기 역사에 대한 새로운 지견을 더 많이 얻을 수 있을 것이고, 그것은 곧 삼국시대사 전체의 흐름을 제대로 파악할 수 있는 단초가 되리라 여겨진다.

2) 수정론의 한계와 연구 방향

그런데 이와 같은 성과에도 불구하고 수정론은 여전히 해결해야 할 문제들을 많이 가지고 있다.

무엇보다도 초기 기록의 개개 기사들이 어느 정도의 사실성을 지니고 있는지에 대한 전반적인 검토가 미흡한 상태이다. 초기 기록을 모두 불신하는 것에는 반대하지만, 전부를 믿을 수 있다고 보는 것에도 동의하지 않기 때문에, 자연히 수정론에서는 개개 기사를 놓고 그 사료적 가치를 세밀하게 따질 수밖에 없다. 그런데 이에 대한 생각은 수정론을 취하고 있는 연구자들 사이에서도 제각각이게 마련이다. 그래서 현단계에서 수정론이 선결해야 할 과제는 『삼국사기』 초기 기록의 개별 기사에 대한 면밀한 분석과 그를 통한 사료적 가치의 판별이라 할 수 있다. 이를 위해서는 먼저 초기 기록에 실린 기사들을 성격별로 구분하는 작업을 진행하고,[33] 개개 기사의 원사료가 어떤 것이었을까에 대해서도 천착할 필요가 있다. 아울러 최초의 원사료가 어떤 전록(轉錄)의 과정을 거쳐 『삼국사기』의 초기 기록으로 정착하게 되었는지에 대한 연구도 이루어져야 한다.[34] 이러한 작업들은 『삼국사기』 초기 기록의 사료적 성격을 보다 명확하게 보여줄 것이며, 삼국의 초기 역사를 정합적으로 이해할 수 있는 길을 열어줄 것이라 믿는다.

사실 수정론에 입각한 삼국 초기사 연구는 지난 세기 후반 이후 장족의 발전을 거듭하였다고 평가할 수 있다. 고구려사와 신라사의 경우는 충분하다고 말하기는 어렵더라도, 상당한 연구의 진척이 있었다고 판단된다. 다만 기록이 가장 적게 남아 있는 백제사의 경우에는 그동안의 연구의 진전에도 불구하고, 해명을 기다리는 부분들이 숱하게 많다. 초창기의 긍정론에서 제기되었던 백제 초기 왕실의 교체 문제는 그 대표적인 것이라 할 수 있겠다. 이와 관련하여 백제의 시조설화가 온조설화, 비류설화, 구태설화, 동명설화 등으로 나뉘어 전승되는 것이 무엇을 시사하는지에 대해서도 더 많은 관심과 연구가 필요한 실정이다. 이 문제들은 아마도 백제 초기사를 합리적으로 해명하는 데 있어 가장 중요한 부분이 아닐까 한다.[35] 아울러 백제본기 초기 기록의 기

33) 예컨대 우리측 전승에 입각한 기사와 중국측 사서 내용을 베낀 기사를 구분하거나, 우리측 전승에 입각한 기사들 가운데서도 자국의 전승을 토대로 한 기사와 타국 본기의 내용을 피아(彼我)만 바꾸어 그대로 옮겨놓은 기사를 분별하는 작업이 필요하다. 그리고 관등명이나 인명, 지명 등에서 드러나는 공통점과 상이점 등을 기준으로 개별 기사를 그룹별로 분류하는 작업도 시급히 요청된다.

34) 이 문제에 관한 필자의 생각은 본서의 보론 1 '신라시대의 사서 편찬'에 담겨 있으니 참고하라.

35) 이 문제와 관련하여 필자는 최근 '백제왕실교체설의 재검토'(2009 『한국고대사 연구의 현단계』, 석문이기동교수정년기념사학논총, 주류성)라는 논문을 발표한 바 있다. 필자의 견해를 자세히 알고자 하면, 이 논문을 따로 참고하기 바란다.

년상의 의문점에 대해서도 해결의 노력이 있어야 하겠고, 여전히 베일에 가려 있는 주변 지역으로의 세력 확장 과정과 중국 군현과의 관계의 진전 상황, 그리고 제반 제도의 정비 과정 등에 대해서도 끊임없이 규명 작업이 이루어져야 할 것이다. 또한 시간적으로 상당히 뒤떨어지는 시점의 기사이기는 하지만, 『삼국사기』 백제본기에는 5세기 후반 웅진 천도 이후의 시기에도 여전히 한성을 비롯한 한강 유역을 백제가 장악하고 있었던 것처럼 적혀 있는데, 이러한 미스터리가 왜 발생하였는지 초기 기록과 관련지어 심각하게 고민할 필요가 있다.[36)]

한편, 백제에 비해 사료상 여건이 비교적 나은 고구려 초기의 역사에도 더 많은 관심이 필요하다고 여겨진다. 고구려 초기의 역사는 『삼국사기』뿐만 아니라 『삼국지』를 비롯한 중국측 사서를 통해서도 어느 정도 실상의 파악이 가능하다는 장점을 지니고 있기에 더욱 그러하다. 우선 그동안 『삼국사기』 고구려본기 초기 기록의 사료적 신빙성에 회의를 제기하게 만든 기년상의 의문점이 해결되어야 할 것이다. 아울러, 주몽의 등장으로 인해 압록강 중류지역에서 일어난 변화와 그 의미, 태조왕의 즉위 과정에서 일어난 주도 집단의 교체와 그 배경 및 의미 등이 확실히 해명될 수 있어야 하겠다. 그리고 태조왕대를 전후한 시기의 고구려의 국가적 성장 과정과 그 배경 등도 보다 분명하게 밝혀져야 한다.

36) 이에 대한 필자의 생각은 본서의 제3장에 상세히 제시되어 있으니, 참고하기 바란다.

4. 소결

지금까지 『삼국사기』 초기 기록의 사료적 가치를 둘러싸고 그동안 학계에서 벌어졌던 논쟁에 대해 살펴보았다. 각각의 주장이 지닌 장단점을 알아보고, 어떤 방향에서의 이해가 합리적이며, 앞으로 어떤 쪽으로 연구가 진척되어야 하는지에 대해서도 짚어보았다.

『삼국사기』 초기 기록은 양적으로도 너무 소략하고, 불신론에서 지적한 바와 같이 상당수의 기사가 많은 문제점을 지니고 있는 것이 사실이다. 그러나 문제점이 있다고 해서 이미 절대적인 양이 부족한 사료들조차 이용할 수 없다고 내버리는 것은 또 다른 문제를 야기하는 것이다. 불신론과 같은 입장을 고집할 경우, 삼국의 초기 역사는 우리 역사의 전체 흐름 속에서 영원히 공백지대로 남을 수밖에 없다.

한편 긍정론은 불신론과는 정반대로 『삼국사기』 초기 기록의 사료적 가치를 적극적으로 인정하려는 입장으로, 삼국의 초기사에 본격적으로 접근할 수 있는 길을 열어놓았다는 점에서 연구사적 의의를 분명히 지닌다. 그러나 문제가 명백히 있는 기사들마저 모두 일단 믿어보자는 식의 사고는 사료 가치를 말살하는 불신론과 마찬가지로 또 하나의 극단적 사고일 뿐이다.

근래의 긍정론자 가운데는 수정론을 펴는 학자들을 식민사관의 잔재를 벗어나지 못한 이른바 '포스트콜로니얼리즘'에 빠져 있는 사람들로 비판하며, 『삼국사기』 초기 기록을 그대로 믿고 연구를 해야 비로소 거기에서 벗어날 수 있는 것처럼 말하기도 한다.[37] 그러나 문제가 있는 기사들을 비판적 시각에서 접근하여 다각도로 해명의 길을 찾아보려는 태도를 식민사관의 잔재라고 매도하는 것은 정도를 지나친 것이

37) 이종욱, 2000 앞 논문, pp.32~40.

라 판단된다. 엄밀한 사료비판은 식민사관의 여부와는 전혀 다른 차원의 문제로, 역사학의 출발점이다. 사료 비판을 소홀히 한 연구는 아예 역사학의 범주에 속할 수 없다.[38)]

앞서도 거론하였지만, 수정론은 많은 한계를 지니고 있다. 사료의 절대적인 양이 부족하다 보니 논의에 한계가 따를 수밖에 없고, 또 개별 기사의 사료적 가치에 대한 엄정한 평가가 그다지 쉬운 일은 아니기 때문이다. 그러나 그러한 한계에도 불구하고, 학계에서 수정론은 계속 발전할 필요가 있다. 그 연구 성과가 축적될수록 베일에 가려 있던 삼국의 초기 역사는 본모습을 드러낼 것이며, 그것은 곧 그동안 우리 역사에서 '미씽 링크(missing link)'로 남아 있던 한 부분이 온전히 채워질 것을 예고하는 것이다.

▶ **본서에 실린 이 글의 원 게재지는 다음과 같다.**

「『삼국사기』 초기기록의 제문제」 『김부식과 삼국사기』, 2001, 경주김씨대종회.

---

38) 이른바 '포스트콜로니얼리즘'과 '식민사학' 논란에 대한 필자의 입장은 최근 발표한 논문에서 상세하게 밝힌 바 있다(강종훈, 2008 「최근 한국사 연구에 있어서 탈민족주의 경향에 대한 비판적 검토」 『한국고대사연구』 52).

三國史記

2장

『삼국사기』 초기 기록에 보이는 낙랑(樂浪)의 실체

진한 소국들의 분포 범위가 '소백산맥 이남 낙동강 이동의 경상도 일원'이라는 것은, 17세기 초반 한백겸(韓百謙)의 『동국지리지(東國地理志)』에서 처음 주창된 이래 현재에 이르기까지 학계의 통설로 되어 있다.[1)]

그런데 이러한 통설과는 달리 진한의 위치를 경기도 일원으로 비정하고 경상도 일대에는 변한이 자리잡고 있었다고 주장하는 이설(異說)이 한때 제기된 바 있었다.[2)] 물론 이 설은 3세기 전반의 한반도 상황을 전해 주는 중국측 기록 『삼국지(三國志)』에 분명히 마한의 소국으로 나오는 백제국(伯濟國)을 진한의 소국으로, 진한의 소국으로 나오는 사로국(斯盧國)을 변한의 소국으로 설정하는 등 명백한 오류를 범함으로써 현재는 거의 받아들여지지 않고 있다.[3)] 그러나 한편으로 이설을

---

1) 이에 관한 여러 학자들의 견해는 金貞培, 1968 「三韓位置에 對한 從來說과 文化性格의 檢討」 『史學研究』 20, pp.130~139 참조.

2) 李丙燾, 1934~1937 「三韓問題의 新考察」(1~7) 『震壇學報』 1, 3~8: 1975, 『韓國古代史研究』, 博英社에 수정 후 재수록.

3) 이병도의 문제 제기 이후 그의 주장을 반박하고 한백겸설을 재확인한 논문으

통해 기존의 통설 또한 무엇인가 문제가 있을 수 있음을 짐작하게 된다. 그래서 근래에는 또 다른 시각에서 진한의 위치를 통설과 다르게 파악하는 견해들이 심심찮게 나오고 있다. 즉 진한이 시종일관 경상도 일원에만 존재한 것이 아니라, 초기에는 북쪽에 위치해 있다가 시간의 흐름과 함께 경상도 지역으로 이동하였다고 보는 설들이 그것이다.[4)]

사실 경주에서 발흥한 사로국, 즉 초기의 신라가 진한의 한 소국이었음은 『삼국지』를 비롯한 여러 기록을 통해 볼 때 분명하다. 따라서 진한의 여타 소국들이 경상도 일대에 다수 존재하였으리라는 것은 의심의 여지가 없다. 그러나 그것이 곧 진한 소국들 모두가 처음부터 경상도 지역에만 자리잡고 있었다는 주장의 정당성을 담보해 주지는 않는다. 이설들이 제기하는 '소백산맥 이북에도 진한의 소국들이 존재했을 가능성'은 충분히 검토해 볼 여지가 있는 것이다.

이에 본고에서는 진한과 관련한 여러 중요 문제들에 본격적으로 접근하기에 앞서, 가장 기본적인 문제라고도 할 수 있는 '진한연맹체의 공간적 범위'에 대해서 재검토해 보고자 한다. 이를 위해 지금까지 늘 언급되어 온 『삼국지』 동이전의 기록 이외에 『삼국사기』 초기 기록을 면밀하게 고찰하는 방식을 취하려 한다. 삼국의 초기사, 특히 백제와 신라의 초기사는 어차피 삼한과의 밀접한 연관 위에서 이루어진 것이므로, 진한과 관련된 역사의 흔적이 어떤 형태로든 초기 기록 여기저기에 남아 있을 가능성이 크다는 생각에서이다.

로, 任昌淳, 1959 「辰韓位置攷」 『史學硏究』 6과 김정배, 1968 앞 논문 등이 있다.

4) 千寬宇, 1975 「三韓의 成立過程」 『史學硏究』 26 및 1976 「三韓의 國家形成」 『韓國學報』 2, 3: 1989 『古朝鮮史 · 三韓史硏究』 一潮閣에 재수록.
崔海龍, 1994 「辰韓聯盟의 形成과 變遷」, 계명대 대학원 석사학위 논문.

1.『삼국사기』초기 기록의 사료적 성격

흔히들 이야기되는 바와 같이『삼국사기』의 초기 기록은 사료로서 많은 문제점을 지니고 있다. 기년을 믿기 어렵다는 것이 대표적인 사례이며, 설사 기년 문제를 어느 정도 해결한다 하더라도 곧바로 믿기에 주저되는 기사들은 여전히 많다.

그러나 현재의 상식에 비추어 의문투성이라고 해서 초기 기록이 모두 후대에 날조되었다고 단정한다면, 이는 지나친 판단이다. 삼국이 각기 체계적인 역사 기록을 남기기 시작한 것이 상당히 시기가 떨어지는 이상, 최초의 사서 편찬 시 오래 전의 사건·사실에 대한 기억상의 오류는 분명 있었을 터이지만, 기본적으로는 재래의 전승에 기초하여 사서를 편찬하였다고 보는 것이 옳다고 생각한다. 물론 최초의 사서에서부터 윤색과 부회는 적지 않게 들어갔을 테고, 그것이 고려 중기에 이르기까지 수차례 전록(轉錄) 과정을 거치면서 그때그때의 인식체계에 따라 다시 윤색되고 부회되었을 것이다. 결국『삼국사기』의 초기 기록은 이러한 측면들을 일차로 고려하면서 살펴보아야 한다는 이야기이다.[5)]

이제 본고의 논의와 관련하여 참고할 수 있는 사례 한 가지를 검토해 보자.『삼국사기』초기 기록에 빈번히 나오는 '말갈(靺鞨)'에 관한 문제인데, 먼저 삼국별로 최초의 관계 기사를 찾아보면 아래와 같다.

A-1. 그 땅[졸본땅-인용자주]은 **말갈** 부락과 인접해 있었는데, 혹시 그들의 노략질을 받아 해를 입을 우려가 있었다. 이에 쳐서 내

---

5) 盧泰敦, 1987「三國史記 上代記事의 信憑性 問題」『아시아文化』2
姜鍾薰, 1991「新羅 上古紀年의 再檢討」『韓國史論』26

쫓으니, **말갈**이 두려워 굴복하고 감히 침범하지 못하였다.[6)] [『삼국사기』 권13 고구려본기1 시조동명성왕 즉위조]

2. 온조왕 2년 춘정월, 왕이 여러 신하에게 일러 말하기를, "**말갈**이 우리 북쪽 경계에 인접해 있으니 … 방비책을 세워야겠다."고 하였다. … 3년 추9월, **말갈**이 북쪽 경계를 침범하였다. 왕이 굳센 병사를 거느리고 급히 쳐서 크게 이겼다.[7)] [『삼국사기』 권23 백제본기1 시조온조왕]

3. 지마니사금(祇摩尼師今) 14년 춘정월, **말갈**이 대규모로 북쪽 경계에 침입하여 관리와 인민을 죽이고 약탈하였다. 추7월에 또 대령책(大嶺柵)을 습격하고 어니하(於尼河)를 넘어왔다. 이에 왕이 백제에 글월을 보내 구원을 청하였다. 백제가 다섯 장군을 보내어 도와주니 적이 이를 듣고 퇴각하였다.[8)] [『삼국사기』 권1 신라본기1 지마니사금]

신라의 경우 시기가 약간 떨어지는 것으로 나오지만, 어쨌든 말갈은 삼국의 성립 초기부터 주변 종족으로 등장하고 있다. 특히 백제와 신라에게 말갈은 이후에도 줄곧 주요한 적대세력으로 존재하였다.[9)]

---

6) "其地連靺鞨部落 恐侵盜爲害 遂攘斥之 靺鞨畏服 不敢犯焉"
7) "溫祚王 二年 春正月 王謂群臣曰 靺鞨連我北境 … 爲拒守之計 … 三年 秋九月 靺鞨侵北境 王帥勁兵 急擊大敗之"
8) "祇摩尼師今 十四年 春正月 靺鞨大入北境 殺掠吏民 秋七月 又襲大嶺柵 過於尼河 王移書百濟請救 百濟遣五將軍助之 賊聞而退"
9) 신라에 의해 삼국이 통일되는 시점까지 말갈의 군사적 활동은 누차 확인되고 있다. 이에 관한 『삼국사기』의 기사는 兪元載, 1979 「三國史記 僞靺鞨考」 『史學硏究』 29와 李康來, 1985 「三國史記에 보이는 靺鞨의 軍事活動」 『領土問題硏究』 2에 잘 정리되어 있다.

그런데 중국 측 사서에 의하면, 말갈은 6세기 중엽에야 비로소 나타난다.[10] 그 이전에는 그와 종족적으로 관련된다고들 하는 '숙신(肅愼)'이니 '읍루(挹婁)'니 '물길(勿吉)'이니 하는 족속명만 나올 뿐 '말갈(靺鞨)'이라는 명칭은 보이지 않는다. 이는 6세기 중반 이전에는 '말갈'이라는 족속명이 아예 존재하지 않았음을 의미하는 것일 수 있다. 더욱이 중국 측 기록은 이구동성으로 말갈의 주된 거주지는 한반도 내가 아닌 만주 지역이었던 것으로 전한다. 그렇다면 『삼국사기』 초기 기록에서 한반도 중남부 지역까지 활동 양상을 보이고 있는 '말갈'은 그 실체를 둘러싸고 상당히 큰 문제를 일으킬 소지가 있다.

이에 대해서는 여러 설이 나올 수 있겠는데, 우선 삼국 초기의 말갈 관련 기록은 전부 후대에 날조된 것이라 치부할 수도 있다. 있지도 않았던 족속이 활발한 군사 활동을 벌였다고 하니, 그 기록을 도대체 어떻게 신뢰할 수 있겠느냐는 이야기이다.

그러나 곧바로 그렇게 단정하기에 앞서 다음과 같은 사실을 한번 상기해 볼 필요가 있겠다. 즉 오늘날 우리가 삼국시기 백제와 '왜(倭)'의 관계를 거론할 때, 당시 백제는 선진문물을 '일본(日本)'에 전수하고 대신 그 군사력을 이용하였다고 이야기하는 것이 그다지 큰 무리 없이 받아들여지고 있다는 것이다. 사실 당시에는 '일본'이라는 국명 자체가 아직 사용되지 않고 단지 '왜'라는 명칭만이 존재하였으므로, 정확히 표현하자면 백제의 문물이 '왜'에 전수되었다고 하여야 옳다.[11] 그렇지

---

10) 최초의 관련 기사는 『北齊書』 권7 武成帝紀 河淸 2년조(563)에 보이는 "是歲室韋・庫莫奚・靺鞨・契丹 竝遣使朝貢"이라는 기록이다.

11) '일본'이라는 국호가 처음 확인되는 것은 7세기 후반이다. 『신당서』 권220 동이전 일본조에 왜가 670년 무렵 '일본'으로 국호를 바꾸었다는 기록이 나오고 있고, 『삼국사기』 권6 신라본기6 문무왕 10년조(670) 말미에도 같은 내용의 기사가 보인다.

만 현재의 '일본'과 과거의 '왜'가 상호 관련 있는 존재라는 사실에 입각하여 그냥 '일본'에 전수되었다고 말하는 것이 용인되고 있는 것이다. 이것은 결국 어느 한 종족이나 국가의 명칭이 사서에 기록될 때 반드시 사건 발생 시의 명칭으로 적히는 것은 아니며, 이해의 편의를 위해 또는 여타의 사정에 따라 사서 편찬 당시의 다른 명칭이 과거에 소급 적용되는 경우도 있을 수 있음을 보여준다. 나아가 그 과정에서 후대인의 오해에 의해 사실상 별로 관계가 없는 집단의 이름으로 부회될 가능성도 배제할 수 없다. 그러므로 지금 문제가 되고 있는 말갈의 경우 또한 명실상부한 말갈족, 즉 6세기 중반 이후의 만주 지역의 말갈족은 아니지만 그와 관련된다고 여겨진 어떤 족속이 후대적 관념에 의해 '말갈(靺鞨)'이라 표현되었을 가능성을 충분히 고려해야 하겠다.

조선 후기의 실학자인 다산(茶山) 정약용(丁若鏞) 이래 많은 학자들이 바로 이러한 견지에서 『삼국사기』 초기 기록에 보이는 말갈의 실체를 추구해 왔다. 주창자인 다산에 따르면, 『삼국사기』 초기 기록에 보이는 말갈은 실제의 말갈족을 지칭하는 것이 아니라 함경도와 강원도 북부 해안 일대에 존재하던 '동예(東濊)'라고 하며, 그것이 말갈로 지칭된 것은 '말갈=북쪽의 적대 세력'이라는 통일신라 시기의 관념이 '과거 북쪽의 적대 세력=동예=말갈'로 소급·확장되었기 때문이라고 한다.12) 이는 대단히 주목할 만한 견해로서, 실제로 『삼국지』나 『후한서』 등을 보면 3세기 당시 한반도 북·중부에 존재하면서 진한(辰韓)과 남북으로 인접해 있던 족속으로는 '예(濊)' 혹은 '예맥(濊貊)'만이 나오고 있

12) "靺鞨之名始出於元魏之末 而前漢之時 靺鞨已橫行我邦 有是理乎 … 所謂靺鞨則東沃沮之濊人 漢史所謂不耐濊是也 其謂之靺鞨者 唐宋之際 渤海大氏 據我北道三百餘年 渤海者靺鞨也 新羅之人 久以北道爲靺鞨 口慣耳熟以爲本然 凡其古記有北寇來侵者 悉名之曰靺鞨 而富軾不覈其實編錄如是也"(『與猶堂全書』 第六集 第二卷 疆域考二 靺鞨考)

다.[13] 따라서 『삼국사기』 초기 기록에 보이는 말갈 관련 기사의 사실성을 전적으로 부인하지 않는 한, '말갈'의 실체를 예나 예맥 등으로 표현된 예맥계 족속이라고 파악하는 것은 논리적으로 당연한 귀결이라 할 수 있다.[14] 그런데 『삼국사기』 초기 기록에는 예맥계 족속을 가리키는 명칭으로 '말갈' 이외에 '예(濊[穢])'와 '맥(貊)', 그리고 '예맥(穢貊)'이 함께 나오고 있어 주목된다.[15]

B-1. 진흥왕 9년(548) 춘2월, 고구려와 '예인(穢人)'이 백제의 독산성(獨山城)을 공격하니 백제가 구원을 요청하였다.[16][『삼국사기』 권4 신라본기4 진흥왕]

---

13) 『三國志』 권30 烏丸鮮卑東夷傳 濊條에는 "濊 南與辰韓 北與高句麗沃沮接 東窮大海 今朝鮮之東 皆其地也"라 하였고, 같은 책 高句麗條와 東沃沮條에서는 각기 "高句麗 南與朝鮮濊貊 … 接" 및 "東沃沮 … 南與濊貊接"이라 하였다. 『後漢書』에도 거의 같은 내용의 기사가 실려 있다. 주목되는 것은 이들 중국 측 기록에서 '濊'와 '濊貊'이 별다른 구별 없이 사용되고 있다는 것인데, 본고에서는 이러한 용례에 따라 잠정적으로 '예'와 '예맥'을 같은 족속으로 보고, 이를 '예맥계 족속'이라고 통칭하겠다.

14) 다만 『삼국사기』 초기 기록의 말갈을 다산의 설처럼 모두 함경도와 강원도 북부의 동예로만 국한시켜 이해하는 것은 문제가 있다. 5세기 초의 금석문인 「廣開土王陵碑」는 왕이 백제 정벌 후 포로로 잡아온 자들을 '新來韓穢'라고 표현하고 있는데, 이는 곧 4~5세기 당시 백제의 영역권 내에 예맥계 족속이 다수 포괄되어 있었음을 증명하는 것이다. 따라서 적어도 백제본기와 신라본기의 초기 기록에 나오는 말갈의 경우는 한반도 중부 일대에 분포하던 예맥계 족속으로 보는 것이 보다 합리적이다.

15) 실제로 '貊'은 '濊貊'과 구별되는 경우가 많으나, 이 글에서는 맥이 예맥의 약칭으로 쓰였을 가능성을 고려하여, 일단 맥도 예맥계 족속을 표현한 용어의 하나라고 간주하고자 한다.

16) "眞興王 九年 春二月 高句麗與穢人 攻百濟獨山城 百濟請救"
이 기사는 고구려본기와 백제본기의 해당 연도에도 동일한 내용으로 실려 있다. 단 이들 기사에는 '穢'가 '濊'로 표기되어 있다. 이밖에 新羅本紀1 南解次次雄 16년 춘2월조에도 "北溟人耕田 得濊王印 獻之"라는 기록이 보인다.

2. 책계왕 13년 추9월, 한(漢)과 '맥인(貊人)'이 침략하여 왔다. 왕이 나가서 막다가 적에게 해를 입어 돌아갔다.17)『삼국사기』 권24 백제본기2 책계왕]

3. 유리명왕 31년, 한(漢)의 왕망(王莽)이 우리 군사를 징발하여 호(胡)를 정벌하고자 하였다. … 엄우(嚴尤)가 왕망에게 아뢰어 말하기를, "… 흉노를 아직 이기지 못했는데 부여(扶餘)·'예맥(穢貊)'이 다시 일어난다면 이것은 큰 걱정거리입니다."라고 했다.18) [『삼국사기』 권13 고구려본기1 유리명왕]

이 가운데 '예맥(穢貊)'이라는 표현이 들어 있는 사료 B-3은 『한서(漢書)』 왕망전(王莽傳)을 비롯한 중국 측의 정사류와 여타 기록에도 거의 같은 내용이 나온다.19) 이로 미루어 이 기사는 우리 측 사료에서 유래한 것이 아님을 쉽게 알 수 있다. 반면, '예(濊[穢])'나 '맥(貊)'으로

17) "責稽王 十三年 秋九月 漢與貊人來侵 王出禦爲敵兵所害 薨"
한편 新羅本紀1 儒理尼師今 17년조와 18년조에도 '貊國'에 관한 기사가 나온다.

18) "琉璃明王 三十一年 漢王莽發我兵伐胡 … 嚴尤奏言 … 匈奴未克 扶餘穢貊復起 此大憂也"
이외에도 '穢貊'이라는 명칭은 高句麗本紀3 太祖王紀의 다음과 같은 기사들에도 보인다.
"六十六年 夏六月 王與穢貊 襲漢玄菟 攻華麗城"
"六十九年 春 漢幽州刺史馮煥 玄菟太守姚光 遼東太守蔡諷等 將兵來侵 擊殺穢貊渠帥 盡獲兵馬財物"
"六十九年 冬十二月 王率馬韓穢貊一萬餘騎 進圍玄菟城"
"七十年 王與馬韓穢貊 侵遼東"

19) 『漢書』 卷99中 王莽傳 始建國 4년조와 『後漢書』 卷85 東夷列傳 句麗條, 『資治通鑑』 卷37 漢紀29 始建國 4년조 등에서 관련 기사가 확인된다. 위의 주 18)에서 거론한 태조왕대의 '穢貊' 관련 기사들도 중국 측 사서에 동일한 내용이 보이고 있다. 이에 대해서는 李丙燾, 1977 『國譯 三國史記』, 乙酉文化社, pp.225~227, pp.241~243 참조.

쓰여진 사료 B-1, 2는 중국 측 기록에는 전혀 보이지 않는 것으로, 우리 측의 자체 전승을 바탕으로 작성한 것이 확실하다. 이는 곧 『삼국사기』 편찬 시 저본이 된 우리 측 고기류(古記類)에서는 예맥계 종족을 일컫는 주된 용어로 '말갈(靺鞨)'과 '예(濊[穢])'·'맥(貊)' 등이 사용되었음을 알려준다.

그렇다면 여기서 다음과 같은 의문을 제기하여 볼 수 있겠다. 즉 우리 측 전승에 기반을 둔 기사에서 '말갈(靺鞨)'이라는 명칭은 빈번히 나오고 '예(濊[穢])'나 '맥(貊)' 등도 간혹 나오는데, 왜 '예맥(濊貊[穢貊])'이라는 이름은 보이지 않느냐 하는 것이다.

일단 생각해야 할 것은, '말갈'이라는 명칭이 최초 단계의 사료에서부터 나오지는 않았으리라는 점이다. 고구려나 백제의 경우만 하더라도 4세기대에 이미 사서가 편찬되었는데, 당시에는 '말갈'이라는 족속명이 알려지지 않았을 터이므로 이들 국가가 남긴 최초의 원사료에는 분명히 다른 명칭이 쓰였을 것이다.[20] 한편 '예(濊[穢])'와 '맥(貊)'으로 표현된 기사들이 남아 있음을 보아, '예맥(濊貊[穢貊])'이라는 명칭이 처음부터 사용되지 않았다고 단정짓기는 대단히 어렵다. 이미 『삼국지』나 『후한서』 등에서 '예(濊)'와 '예맥(濊貊)'이 같이 쓰이고 있었다는 것은 그들의 편찬 시기와 별로 차이 나지 않은 시기에 작성된 삼국의 원사료에서도 '예맥(濊貊[穢貊])'이 등장하고 있었을 가능성을 높여준다.

이처럼 애초에는 나오지 않았음이 확실한 '말갈'이 새롭게 등장하는 대신, 이른 시기의 원사료에 기재되어 있었을 가능성이 높은 '예맥(濊

20) 이와 관련하여 앞의 주 14)에서 거론했던 「광개토왕릉비」의 '新來韓穢'라는 구절이 다시 주목된다. 이것은 4~5세기 당시 고구려와 백제를 비롯한 삼국에서 '穢'라는 호칭이 실제로 사용되고 있었음을 알려준다. 이로 미루어 보건대, 삼국이 편찬한 최초의 사서에서는 '穢[濊]'나 그 밖의 명칭이 '靺鞨'이라는 종족명을 대신하고 있었을 것이다.

貊[穢貊])'이 『삼국사기』 편찬 시 저본이 되었을 고기류(古記類)에서는 거의 보이지 않게 된 것은 무엇을 시사하는 것일까? 우선 고기류의 말갈 관계 기사들은, 그것들이 후대의 전적인 조작이 아닌 이상 그 이전 단계의 어떤 자료를 토대로 작성한 것이 틀림없고, 그 과정에서 원사료에 나온 특정 종족명이 말갈로 바뀌었다고 보는 것이 합리적이다. 이는 반대로 이야기하면, 말갈로 개필된 원사료의 특정 종족명은 그 이후의 사서에서는 사라지게 되었을 것을 의미한다. 요컨대 『삼국사기』 초기 기록에 나오는 말갈 관계 기사들은 원사료에 '예맥(濊貊[穢貊])'으로 쓰여 있던 것을 일정 시기, 아마도 통일신라 시기에 당시의 관념에 맞추어 '말갈(靺鞨)'로 전면 개필한 것일 가능성이 크다는 이야기이다.[21)]

한편, 그렇다면 왜 '예맥(濊貊[穢貊])'과 같은 종족을 가리키는 용어이면서도 '예(濊[穢])'나 '맥(貊)'은 말갈로 개필되지 않았을까가 문제시될 수 있다. 이에 대한 명확한 답을 얻기는 사실 힘들지만, 다음의 가능성을 고려해 볼 만하다. 즉 통일신라 시기에 새로운 사서를 만들면서 기존의 사료에 다수 등장하는 '예맥(濊貊[穢貊])'을 일괄적으로 '말갈(靺鞨)'로 개칭한다고 정했을 경우, 개서(改書) 과정에서 그와 유사하지만 달리 표현된 '예(濊[穢])'나 '맥(貊)' 등은 작업 실무자의 착오나 융통성 부족으로 누락되었을 가능성이다.[22)] 또 하나 추측하자면, 통일

---

21) '靺鞨'이라는 명칭으로 개필이 이루어진 시기는 다산이 지적한 바와 같이 통일신라 때로 보는 것이 옳다고 여겨진다. 고려 시기에는 말갈이라는 명칭이 그다지 통용되지 않았으므로, 굳이 그렇게 개칭할 필요성이 없었을 것이기 때문이다. 이것은 원사료가 『삼국사기』에 이르기까지 몇 차례 전록되는 과정의 한 단계를 보여준다는 점에서 상당히 중요한 의미를 지닌다고 할 수 있다.

22) 유사한 예로, 『三國史記』 高句麗本紀의 琉璃明王 33년 하8월조와 新大王 2년 춘정월조, 東川王 20년 추8월조, 西川王 11년 동10월조, 烽上王 원년 춘3월조 등에 '양맥(梁貊)'이라는 종족명이 나오고 있는데, 이것 역시 예맥계 족속일 터이지만 '靺鞨'로 개칭되지 않고 살아 남은 것은 결국 '濊貊[穢貊]'이라고 표

신라기 이후 '말갈(靺鞨)'로 개필된 자료와 '예(濊[穢])'나 '맥(貊)'으로만 표시된 자료가 함께 존재하다가 일정 시기에 사서를 다시 편찬하면서 양자를 별 생각 없이 결합시켰을 가능성도 상정해 볼 수 있겠으나, '예(濊[穢])'나 '맥(貊)'으로만 나오는 기사들이 극히 소수에 불과함을 감안할 때, 그 가능성은 전자에 비해 그다지 크지 않을 듯하다.

그런데 여기서 마지막으로 하나 주의해야 할 것은, 그렇다고 해서 『삼국사기』에 나오는 '말갈(靺鞨)'이 모두 '예맥(濊貊[穢貊])'을 개칭한 것은 아니라는 점이다. 그 가운데는 실제로 만주 방면의 말갈족(靺鞨族)을 가리키는 것도 있다. 예컨대 통일전쟁기에 고구려에 의해 동원된 말갈병은, 중국 측 사서를 전재한 기사이건 고기류에서 채록한 기사이건, 실제의 말갈족 병사를 지칭하는 것으로 보는 것이 합당하다.[23] 이것은 고기류가 저본으로 삼은 원사료에서는 '예맥(濊貊[穢貊])'과 '말갈(靺鞨)'이 구별되었을 터이지만, 일정 시기에 '예맥(濊貊[穢貊])'을 일괄적으로 '말갈(靺鞨)'이라고 바꿀 때 원래 사료에서부터 말갈로 되어 있던 것을 굳이 다른 명칭으로 바꿀 필요는 없었기 때문에 나타난 현상으로 이해된다.

지금까지 『삼국사기』 초기 기록을 접할 때 반드시 고려해야 할 몇 가지 점을 생각해 보았다. 요약하자면 다음과 같다.

① 초기 기록에 나오는 종족명 내지 세력명 가운데는 실제와는 다른 대

현되어 있지 않았던 덕분일 것이다.

23) 金賢淑, 1993 「高句麗의 靺鞨支配에 관한 試論的 考察」 『韓國古代史硏究』 6, pp.231~232의 주 31에서는 『삼국사기』에 보이는 말갈 관계 기사 가운데 장수왕 56년(468) 춘2월조에 보이는 고구려군과 말갈병의 신라에 대한 연계 침공 기사부터를 만주 지역의 이른바 '진말갈(眞靺鞨)'과 관계된 것으로 파악하고 있다. 이에 대해서는 좀 더 고찰할 필요가 있다고 여겨진다.

상을 가리키는 것이 있을 수 있다는 것, 즉 원사료에 나온 어떤 명칭이 후대인에 의해 그 시기의 인식 체계에 맞추어 다른 명칭으로 개서(改書)된 것이 있을 수 있다는 것.

② 그러나 초기 기록의 저본이 된 고기류, 혹은 그 고기류의 저본이 된 어떤 자료의 경우, 원사료의 종족명 내지 세력명을 일괄적으로 개서하는 과정에서 실제로는 개서 대상과 같은 종족이나 세력을 가리키지만 그와 표현이 약간 다른 유사 명칭은 개필되지 않고 남은 경우가 있을 수 있다는 것.

③ 그렇지만 특정 종족명이나 세력명으로 나오는 것이라고 해서 모두가 개서된 것이 아니라 실제로 해당 종족이나 세력을 나타내는 경우도 있다는 것, 따라서 동일한 명칭 하에 혼재되어 있는 서로 다른 종족이나 세력을 엄밀한 사료 비판을 통해 구별할 필요가 있다는 것.

그러면 이제 본론으로 들어가 진한(辰韓)과 직접 관련된 문제들을 살펴보도록 하자.

2. 『삼국사기』 초기 기록에 보이는 '낙랑(樂浪)'

진한은 대체로 1~4세기에 마한, 변한과 더불어 한반도 중남부의 주요 세력 가운데 하나였다. 『삼국지』 등은 '사로국(斯盧國)', 즉 초기 신라가 진한의 한 구성원이었고, 백제가 속한 마한과 진한은 동서로 인접하였다고 전한다. 그렇다면 『삼국사기』 신라본기와 백제본기 초기 기록에 진한은 적지 않은 비중으로 다루어져 있을 것을 쉽게 예상할 수 있겠다.

그런데 『삼국사기』 신라본기와 백제본기의 초기 기록을 훑어보면 의외로 진한과 관련된 기록들이 별로 보이지 않는다. 백제본기에는 아예 '진한(辰韓)'이라는 글자가 보이지 않고, 신라본기에서도 다음과 같은 초창기의 몇몇 기록에만 '진한(辰韓)'의 명칭이 나오고 있다.

C-1. 시조의 성은 박씨요 이름은 혁거세(赫居世)이다. 전한 효선제 오봉 원년 갑자년 4월 병진일에 왕위에 올라 거서간(居西干)이라고 칭하니, 이때의 나이가 13세였다. 나라 이름을 '서나벌(徐那伐)'이라 하였다. 이에 앞서 조선(朝鮮)의 유민(遺民)들이 산곡간에 나뉘어 살면서 육촌을 이루었는데, … 이것이 곧 **진한(辰韓)**의 육부(六部)가 되었다. … **진한** 사람들이 호(瓠)를 '박'이라 부르는데, 처음 [혁거세가 태어난] 큰 알이 박과 같았으므로 '박'을 성으로 삼았던 것이다. 거서간은 왕을 뜻하는 **진한**의 말이다.[24) [『삼국사기』 권1 신라본기1 시조혁거세거서간 즉위조]

2. 재위 38년 춘2월에 호공(瓠公)을 마한(馬韓)에 사신으로 보내었다. 마한왕이 호공에게 꾸짖어 말하기를, "**진한**과 변한(卞韓)은 우리의 속국인데, 근년에 공물을 바쳐오지 않으니 사대(事大)의 예(禮)가 이와 같을 수 있느냐?"고 하였다. 호공이 대답하여 말하기를, "우리나라는 두 성인이 나라를 세우신 이래로 인사(人事)가 잘 이루어지고 천시(天時)도 조화로우며, 창고가 가득차고 인민은 공경하고 겸양해졌으니, **진한** 유민으로부터 변한과 낙랑(樂浪)·왜인

---

24) "始祖姓朴氏 諱赫居世 前漢孝宣帝五鳳元年甲子四月丙辰卽位 號居西干 是年十三 國號徐那伐 先是朝鮮遺民 分居山谷之間 爲六村 … 是爲辰韓六部 … 辰人謂瓠爲朴 以初大卵如瓠 故以朴爲姓 居西干 辰言王"

(倭人)에 이르기까지 외경심을 갖지 않음이 없다."고 하였다. … 이에 앞서 중국 사람들이 진(秦)의 난리를 견디지 못하고 동쪽으로 온 자가 많았는데, 마한의 동쪽에 많이 살면서 **진한**과 잡거하다가 이때에 이르러 점차 번성하여지니, 마한이 이를 꺼려하여 이와 같은 책망이 있게 된 것이다.[25)] [『삼국사기』 권1 신라본기1 시조 혁거세거서간]

3. 이에 앞서 금관국(金官國) 해변에 닿았는데, 금관 사람들이 괴이히 여겨 받아들이지 않았다. 다시 **진한**의 아진포구(阿珍浦口)에 이르니, 이때가 시조 혁거세 재위 39년이었다.[26)] [『삼국사기』 권1 신라본기1 탈해니사금 즉위조]

위 사료들을 보면, 진한은 대체로 경주 지역의 사로국을 지칭하는 것처럼 되어 있다. 사료 C-1에서 이른바 사로육촌(斯盧六村)을 '진한육부(辰韓六部)'라고 표현한 것은 그러한 인식을 잘 보여준다. 더욱이 사료 C-2의 '진한유민(辰韓遺民)'이라는 용어에서 알 수 있듯이, 혁거세의 즉위와 함께 국호를 서나벌로 정한 이후 진한은 마치 옛 이름이 되었다는 인식조차 나타나고 있다. 다시 말해 진한은 곧 신라이자 그 전신이라는 이야기가 된다.

그러나 누차 언급하였듯이 초기의 신라, 즉 사로국은 진한의 한 소국이었을 뿐이지 그 자체가 진한이지는 않았다. 초기 신라와 관계를

---

25) "三十八年 春二月 遣瓠公聘於馬韓 馬韓王讓瓠公曰 辰卞二韓 爲我屬國 比年不輸職貢 事大之禮 其若是乎 對曰 我國自二聖肇興 人事修 天時和 倉庾充實 人民敬讓 自辰韓遺民 以至卞韓樂浪倭人 無不畏懷 … 前此中國之人 苦秦亂 東來者衆 多處馬韓東 與辰韓雜居 至是寖盛 故馬韓忌之有責焉"

26) "初至金官國海邊 金官人怪之不取 又至辰韓阿珍浦口 是始祖赫居世在位三十九年也"

맺은 여러 세력 가운데는 반드시 진한의 여타 소국들이 있었을 터인데, 신라본기에 인근 소국들을 가리키는 명칭으로 '진한(辰韓)'이라는 글자는 전혀 보이지 않는다.[27] 이것은 백제본기 초기 기록에 '목지국(目支國)' 등의 구체적 소국명은 보이지 않고 단지 '마한(馬韓)'이라는 세력명으로 나오는 것과는 대비되는 것으로 주목할 필요가 있다.[28]

한편, 진한의 명칭이 잘 나타나지 않는 것에 비해, 전혀 예상치 못한 세력이 신라 주위, 그것도 대단히 가까운 위치에 존재한 것처럼 나오고 있다. 다름 아닌 '낙랑(樂浪)'이다.

D-1. 시조 혁거세거서간 30년 하4월, <u>**낙랑인(樂浪人)**</u>이 병사를 거느리고 와서 침범하다가, 변방 사람들이 밤에도 문을 걸어잠그지 않은 것과 노적(露積)이 들에 그냥 널려 있는 것을 보고 서로 일러 말하기를, "이곳 사람들은 서로 도둑질을 하지 않으니, 가히 도(道)가 있는 나라라고 할 만하다. 우리들이 몰래 군사를 내어 그들을 습격하려 했으니 도적이나 다를 바 없다. 어찌 부끄럽지 않겠는

---

27) 音汁伐國·悉直谷國·押督國(이상 婆娑尼師今 23년 추8월조), 比只國·多伐國·草八國(이상 婆娑尼師今 29년 하5월조), 召文國(伐休尼師今 2년 춘2월조), 甘文國(助賁尼師今 2년 추7월조), 骨伐國(助賁尼師今 7년 춘2월조), 伊西古國(儒禮尼師今 14년조) 등의 소국명이 신라본기에서 확인되고 있지만, 어느 것 하나 '진한(辰韓)'을 관칭(冠稱)하고 있는 것은 없다.

28) 百濟本紀 溫祚王 10년 추9월조와 13년 추8월조, 18년 동10월조, 24년 추7월조, 25년 춘2월조(사료 F), 26년 추7월·동10월조, 27년 하4월조, 34년 동10월조 등에서 '馬韓'의 존재가 확인된다. 이 마한은 『삼국지』 등에 3세기 전반 당시 마한의 주도 세력이었다고 전하는 목지국을 가리키는 것이 아닌가 여겨지는데, 어쨌든 자체의 소국명이 분명히 있었을 터이지만 백제본기에서는 그것을 전하지 않고 있다. 그리고 그 세력이 그냥 마한으로 표현됨에 따라, 실제로 백제가 마한의 한 소국이었음에도 불구하고 양자는 전혀 별개의 존재처럼 처리되어 있다. 이는 신라와 진한을 동일시한 신라본기의 표현 방식과는 상반되는 면을 보여주는 것이다.

가!"라고 하며, 군사를 이끌고 돌아갔다.[29] [『삼국사기』 권1 신라본기1 시조혁거세거서간]

2. 남해차차웅 원년 추7월, **낙랑**의 군사가 와서 금성(金城)을 수 겹으로 포위하였다. 왕이 좌우에게 일러 말하기를, "두 성인이 세상을 떠나고 내가 국인(國人)의 추대를 받아 잘못 왕위에 있게 되어, 위태롭고 두렵기가 마치 개울물을 건너는 것과 같다. 이제 **'이웃나라'**가 와서 침범하니 이것은 내가 덕이 없는 탓이다. 어찌하면 좋겠는가?"라 하였다. 좌우가 대답하여 말하기를, "적이 우리가 상(喪)을 당하였음을 이용하여 망령되이 군사를 내어 쳐들어왔으니 하늘이 반드시 도와주지 않을 것이라, 그리 두려워할 것이 없습니다."고 하였다. 적이 얼마 있지 아니하여 돌아갔다.[30] [『삼국사기』 권1 신라본기1 남해차차웅]

3. 남해차차웅 11년, 왜인(倭人)이 병선 백여 척을 보내어 해변의 민호(民戶)를 노략질하니, 육부(六部)의 경병(勁兵)을 출동시켜 막았다. **낙랑**이 내부가 비었을 것이라고 생각하고, 매우 급박하게 금성을 공격해 왔다. 밤에 유성이 적의 병영에 떨어지니, 적의 무리가 두려워 퇴각하였는데, 알천(閼川) 가에 주둔하면서 돌무지 20여 개를 쌓고 돌아갔다. 육부병 천 명이 추격하여 토함산 동쪽에서부터 알천에 이르러, 돌무지를 보고 적의 무리가 많음을 알고서

29) "始祖 赫居世居西干 三十年 夏四月 樂浪人將兵來侵 見邊人夜戶不扃 露積被野 相謂曰 此方民不相盜 可謂有道之國 吾儕潛師而襲之 無異於盜 得不愧乎 乃引還"

30) "南解次次雄 元年 秋七月 樂浪兵至 圍金城數重 王謂左右曰 二聖棄國 孤以國人推戴 謬居於位 危懼若涉川水 今隣國來侵 是孤之不德也 爲之若何 左右對曰 賊幸我有喪 忘以兵來 天必不祐 不足畏也 賊俄而退歸"

추격을 멈추었다.[31)] [출전은 위와 같음]

4. 유리니사금 13년 추8월, **낙랑**이 북쪽 변경을 침범하여 타산성(朶山城)을 함락시켰다.[32)] [『삼국사기』 권1 신라본기1 유리니사금]

5. 유리니사금 14년, 고구려왕 무휼(無恤)이 **낙랑**을 습격하여 멸망시키니 그 나라 사람 5천 명이 투항하여 왔다. 6부에 나누어 거하게 하였다.[33)] [출전은 위와 같음]

6. 기림니사금 3년 춘3월, 우두주(牛頭州)에 이르러 태백산에 망제를 지냈다. **낙랑**과 대방(帶方) 양국이 귀복하여 왔다.[34)] [『삼국사기』 권2 신라본기2 기림니사금]

주지하다시피 낙랑은 한반도 서북부에 존재했던 중국 군현의 이름이다. 같은 중국 군현이었던 대방과 연칭되어 나오는 사료 D-6의 '낙랑'은 그 낙랑을 지칭하는 것으로 보아 틀림없겠다. 그런데 유리니사금 시기까지의 초창기 기사(사료 D-1~5)에 보이는 낙랑의 경우, 반드시 그 중국 군현 낙랑을 가리키는 것인지는 재고의 여지가 있다. 무엇보다도 사료 D-5에서 고구려왕 무휼의 습격으로 멸망했다고 전하는 낙랑은 호동왕자(好童王子)와 낙랑공주(樂浪公主)의 설화로 유명한 최리(崔理)의 '낙랑국(樂浪國)'으로, 중국 군현 낙랑과는 직접 관련이 없는

---

31) "南海次次雄 十一年 倭人遣兵船百餘艘 掠海邊民戶 發六部勁兵以禦之 樂浪爲內虛 來攻金城甚急 夜有流星 墮於賊營 衆懼而退 屯於閼川之上 造石堆二十而去 六部兵一千人追之 自吐含山東 至閼川 見石堆 知賊衆乃止"

32) "儒理尼師今 十三年 秋八月 樂浪犯北邊 攻陷朶山城"

33) "儒理尼師今 十四年 高句麗王無恤 襲樂浪滅之 其國人五千來投 分居六部"

34) "基臨尼師今 三年 春三月 至牛頭州 望祭太白山 樂浪帶方兩國歸服"

것이다. 따라서 사료 D-1에서 D-4까지 신라를 직접 침입해 들어왔다고 전하는 낙랑의 경우도 과연 중국 군현 낙랑인가는 장담할 수 없다. 특히 이 낙랑은 사료 D-2에서 보듯이 신라 내부의 동향을 대단히 잘 파악하는 '이웃나라[隣國]'으로 묘사되어 있다. 한반도 서북부의 낙랑군이라고 한다면 이 기사들은 실로 의아스러운 것이라 할 수 있으며, 심한 경우 이 기사들을 실제로 있을 수 없는 후대의 날조 기사라고 돌려버릴 수도 있겠다. 그러나 그러한 단정을 내리기 전에, 앞서 살펴본 '말갈'의 경우에서와 같이 신라와 이웃했던 어떤 세력이 후대에 사서가 전록되는 과정에서 모종의 연유에 의해 '낙랑'이라는 명칭으로 개서되었을 가능성을 고려해 보아야겠다.

그런데 이 '낙랑'은 비단 신라본기뿐만 아니라 백제본기 초기 기록에서도 수차례 등장하고 있어 주목된다.

E-1. 온조왕 4년 추8월, **낙랑**에 사신을 보내어 우호관계를 맺었다.[35)]
[『삼국사기』 권23 백제본기1 시조온조왕]

2. 온조왕 8년 추8월, 마수성(馬首城)을 쌓고 병산책(甁山柵)을 세웠다. **낙랑**태수(樂浪太守)가 사신을 보내와 말하기를, "지난번에 사신을 보내어 우호를 맺어 일가나 마찬가지로 생각하였는데, 이제 우리 영토에 다가와 성책(城柵)을 만들어 세우니 혹시 우리 땅을 잠식하려는 의도가 있는 것이 아닌가? 만약 우호를 어그러뜨리려 하지 않는다면 성책을 파괴하라. 그러면 의심함이 없을 것이다. 그러나 만약 그렇지 않다면, 일전을 벌여 승부를 결정내기를 바란다."고 하였다. 왕이 답신을 보내어 말하기를, "험한 방책을 세우

---

35) "溫祚王 四年 秋八月 遣使樂浪修好"

고 나라를 지키는 것은 고금에 늘 있는 일이다. 어찌 감히 이걸 가지고 우호관계를 어그러뜨림이 있겠는가? 집사(執事)가 의심하지 않아도 좋을 것이다. 만약 집사가 강함을 믿고 군사를 내겠다면 소국 또한 대응할 따름이다."고 하였다. 이로 말미암아 **낙랑**과의 우호관계가 끊어졌다.36) [출전은 위와 같음]

3. 온조왕 11년 하4월, **낙랑**이 말갈을 사주하여 병산책을 습격하여 부수고 백여 명을 살략(殺掠)했다. 추7월, 독산(禿山)과 구천(狗川)의 두 책(柵)을 세워 **낙랑**의 통로를 막았다.37) [출전은 위와 같음]

4. 온조왕 13년 하5월, 왕이 신하에게 일러 말하기를, "우리나라는 동쪽에 **낙랑**이 있고 북쪽에는 말갈이 있어 늘 강토를 침범하니 편안할 날이 별로 없다."고 하였다.38) [출전은 위와 같음]

5. 온조왕 17년 봄, **낙랑**이 침범해 와서 위례성(慰禮城)을 불태웠다. … 18년 동11월, 왕이 **낙랑**의 우두산성(牛頭山城)을 습격하고자 하여 구곡(臼谷)에 이르렀는데, 큰 눈을 만나 돌아왔다.39) [출전은 위와 같음]

---

36) "溫祚王 八年 秋七月 築馬首城 修甁山柵 樂浪太守使告曰 頃者聘問結好 意同一家 今逼我疆 造立城柵 或者其有蠶食之謀乎 若不渝舊好 隳城破柵 則無所猜疑 苟或不然 請一戰而決勝負 王報曰 設險守國 古今常道 其敢以此有隳於和好 宜若執事之所不疑也 若執事恃强出師 則小國亦有以待之耳 由是與樂浪失和"

37) "溫祚王 十一年 夏四月 樂浪使靺鞨襲破甁山柵 殺掠一百餘人 秋七月 設禿山狗川兩柵 以塞樂浪之路"

38) "溫祚王 十三年 夏五月 王謂臣下曰 國家 東有樂浪 北有靺鞨 侵軼疆境 少有寧日"

39) "溫祚王 十七年 春 樂浪來侵 焚慰禮城 … 十八年 冬十一月 王欲襲樂浪牛頭山城 至臼谷 遇大雪乃還"

6. 고이왕 13년 추8월, 위(魏)의 유주자사(幽州刺史) 관구검(毌丘儉)이 **낙랑**태수(樂浪太守) 유무(劉茂), 삭방태수(朔方太守) 왕준(王遵)과 함께 고구려를 정벌하니, 왕이 그 허를 틈타 좌장(左將) 진충(眞忠)을 보내어 **낙랑** 변민(邊民)을 습격하여 취하였다. 유무가 듣고 노하자, 왕이 침토당할까 두려워 그 민구(民口)를 돌려주었다.[40)] [『삼국사기』 권24 백제본기2 고이왕]

7. 분서왕 7년 춘2월, 몰래 군사를 내어 **낙랑** 서쪽 현(縣)들을 습격하여 취하였다. 동10월, 왕이 **낙랑**태수(樂浪太守)가 보낸 자객에게 해를 입어 사망하였다.[41)] [『삼국사기』 권24 백제본기2 분서왕]

백제의 경우 한반도 서북부와 비교적 가까운 거리에 위치해 있었으므로, 낙랑과 관련된 기사가 나오는 것이 별달리 이상할 게 없다고 생각할 수도 있겠다. 그러나 사료 E-4를 자세히 살펴보면, 백제본기에 나오는 '낙랑'도 한반도 서북부에 존재했던 중국 군현 낙랑으로 보기에는 어딘가 미심쩍다는 느낌이 들지 않을 수 없다. 이 기사에서는 온조왕 당시 백제를 위협하는 적대 세력으로 낙랑과 말갈이 언급되어 있는데, 그 가운데 '낙랑'은 백제의 동쪽에 자리잡고 있다는 것이다. 이 낙랑이 한반도 서북부의 낙랑군이라면 당연히 '북유낙랑(北有樂浪)' 혹은 '서유낙랑(西有樂浪)'이라고 표현되었어야 하건만, 느닷없이 반대 방향이라고도 할 수 있는 동쪽에 낙랑이 있다고 한 것은 무엇을 의미

---

40) "古尒王 十三年 秋八月 魏幽州刺史毌丘儉 與樂浪太守劉茂 朔方太守王遵 伐高句麗 王乘虛 遣左將眞忠 襲取樂浪邊民 茂聞之怒 王恐見侵討 還其民口"

41) "汾西王 七年 春二月 潛師襲取樂浪西縣 冬十月 王爲樂浪太守所遣刺客賊害 薨"

하는 것일까?

물론 이 구절에 대해서 "북유낙랑(北有樂浪) 동유말갈(東有靺鞨)"의 오기(誤記)로 보아 방향을 바꾸어 생각한다면 크게 불합리할 것이 없다는 견해도 있을 수 있다.[42] 그러나 실제로 이 기사 이외의 말갈 관계 기사를 보면, 앞서 본 사료 A-2를 비롯하여 거의 대부분이 말갈을 백제의 북쪽에서 침입해 내려오는 적대 세력으로 묘사하고 있다. 따라서 방향표시어만을 뒤바꾸어 이해한다는 것은 매우 불안한 해석이 될 수밖에 없다.[43] 더욱이 백제본기와 신라본기 초기 기록에 각기 나타나는 말갈이 전혀 별개의 종족이 아님이 분명한 이상, 당연히 양 본기에 나오는 낙랑 또한 같은 실체일 가능성이 대단히 크다. 그렇다면 백제본기의 '동유낙랑(東有樂浪)'을 방향만 잘못 표시한 것이라고 보아서는 신라본기의 '낙랑'에 대해 해결의 실마리를 찾기가 거의 불가능한 것이다. 이에 대한 대안으로서 '동유낙랑(東有樂浪)'의 방위는 그대로 놓고 낙랑을 평양의 낙랑군이 아니라 춘천 지역에 자리잡고 있던 토착 세력의 낙랑국이라고 보는 설도 제기된 바 있으나,[44] 역시 이 경우에도 신라본기의 '이웃 낙랑'을 합리적으로 해명하기는 힘들다.

그러면 『삼국사기』 초기 기록에 나오는 이 낙랑의 정체는 도대체 무엇인가? 앞서 언급하였듯이 '예맥(濊貊)'이 '말갈(靺鞨)'로 개서된 예로 미루어 보아 이 또한 실제의 낙랑군이 아니라 신라와 백제 인근의 어떤 세력일 가능성이 결코 작지 않은데, 경주의 사로국과 그다지 멀지 않으면서 서울의 백제국의 동쪽에 자리잡은 세력으로 후대에 '낙랑'으

42) 李丙燾, 1977 『國譯 三國史記』, p.357의 註 1).
43) 이 점은 金起燮, 1991 「三國史記 百濟本紀에 보이는 靺鞨과 樂浪의 位置에 대한 再檢討」 『淸溪史學』 8, pp.3~11에서도 적절하게 지적된 바 있다.
44) 丁若鏞, 『與猶堂全書』 第六集 第二卷, 疆域考二 樂浪別考
金起燮, 1991 앞 논문, pp.14~20.

로 불렸을 수 있는 것을 찾아보자.

먼저 『삼국지』와 『후한서』 동이전의 기록을 보면, 3세기 전반 당시 한반도 중·남부에는 예맥·마한·진한·변한 등이 주요 세력으로 자리잡고 있었음을 알 수 있다. 그런데 『삼국사기』 초기 기록에 예맥계 세력은 이미 '말갈' 등으로 지칭되었고, 마한과 변한 역시 '낙랑'과는 별개 세력으로 나오고 있다.45) 이는 문제가 된 '낙랑'의 실체가 다름 아닌 진한일 가능성을 강력히 시사해 주는 것이다. 특히 『삼국지』와 『후한서』에서 진한의 위치를 마한의 동쪽, 예맥의 남쪽으로 기록하고 있는 것은 『삼국사기』 백제본기에 "동쪽에 낙랑이 있다.(東有樂浪)"고 전하는 구절과 상합할 수 있는 가능성을 적극적으로 제시한다.

이러한 추론을 뒷받침해 줄 수 있는 사료로, 백제본기 온조왕 25년조의 다음과 같은 기사를 살펴보자.

F. 춘2월에 왕궁의 우물물이 넘쳐흘렀다. 또 한성인가(漢城人家)의 말이 소를 낳았는데, 머리 하나에 몸체는 둘이었다. 일자(日者)가 말하기를, "우물물이 넘친 것은 대왕께서 발흥할 징조이며, 소의 머리가 하나이고 몸뚱이가 둘인 것은 대왕께서 이웃나라를 병합할 조짐입니다."라고 하니 왕이 듣고 기뻐하며, 드디어 **진(辰)·마(馬)**를 병탄할 마음을 가지게 되었다.46)

이 기사에서 가장 주목되는 곳은 온조왕이 '진마(辰馬)'를 병탄할 마

45) 신라본기의 경우, 마한에 관한 기사는 사료 C-2를 비롯하여 脫解尼師今 5년 추8월조의 "馬韓將孟召以覆巖城降"이라는 기록이 있다. 변한도 사료 C-2 이외에 始祖赫居世居西干 19년 춘정월조의 "卞韓以國來降"이라는 기사에서 그 존재가 따로 언급되고 있다.

46) "春二月 王宮井水暴溢 漢城人家馬生牛 一頭二身 日者曰 井水暴溢者 大王勃興之兆也 牛一首二身者 大王幷隣國之應也 王聞之喜 遂有幷呑辰馬之心"

음을 먹게 되었다는 부분이다. 여기서의 '진마'가 진한과 마한을 가리킨다는 것은 쉽게 짐작할 수 있는 일이다.47) 이는 백제 초기의 주요한 적대 세력으로서 마한과 함께 진한이 있었음을 의미하는 것인데, 문제는 온조왕기를 비롯한 백제본기의 어느 곳을 찾아보아도 진한에 관한 기사는 보이지 않는다는 점이다. 대신 앞서 본 '말갈(靺鞨)'[즉 예맥]과 '마한(馬韓)' 이외에 '낙랑(樂浪)'만이 온조왕기에 보이는 주요 적대 세력이다. 이것은 과연 무엇을 말하는 것인가?

결국 『삼국사기』 신라본기 및 백제본기 초기 기록에 보이는 '낙랑'의 실체는 대부분 '진한'으로 보는 것이 옳다는 이야기이다.48) 아마도 최초의 원사료에서는 '진한(辰韓)'으로 적혀 있었을 테지만, '예맥(濊貊[穢貊])'이 '말갈(靺鞨)'로 개서된 것과 마찬가지로 일정 시기에 어떤 연유에 의해 '낙랑(樂浪)'으로 개서되었으리라 여겨진다. 그리고 진한 관련 기사 가운데 유독 이 기사만 개필되지 않고 남게 된 것은, 원사료에 '예맥(濊貊[穢貊])'이라고 표시되지 않고 '예(濊[穢])'나 '맥(貊)' 등으로 표현된 부분은 '말갈(靺鞨)'로 개칭되지 않고 살아남은 것처럼, 이 기사

47) 『삼국사기』 권50 궁예전에는 상인 왕창근(王昌瑾)이 구입한 고경(古鏡)에 "上帝降子於辰馬" 운운한 싯귀가 나타났다는 설화가 전하고 있는데, 여기서의 '辰馬' 역시 '진한과 마한'임은 당시 이 시를 해석한 송함홍(宋含弘) 등의 말에서도 분명히 확인된다.

48) 新羅本紀 奈勿尼師今 18년조 및 百濟本紀 近肖古王 28년조에는 "백제의 독산성주(禿山城主)가 3백 명을 데리고 신라로 달아났다."는 기사가 보인다. 이를 통해 독산성이, 당시 신라 영역과 어느 정도 근접해 있었는지는 확인할 길이 없으나 어쨌든, 신라 방면에 있었을 것은 능히 추측할 수 있겠다. 그런데 독산(禿山)이라는 지명은 사료 E-3에서 '낙랑(樂浪)'의 통로를 막기 위해 온조왕대에 세웠다고 한 '독산책(禿山柵)'과 같은 이름임이 주목된다. 물론 동일 지명이라도 실제로는 별개의 지역인 경우가 많아 단언할 수 없지만, 만약 같은 지역이라면 위의 기사는 초기 기록에 보이는 '낙랑'의 실체를 진한으로 추단한 본고의 논의에 하나의 방증 사례가 될 수 있겠다.

의 진한 역시 '진한(辰韓)'이 아닌 '진마(辰馬)'의 일부분으로만 표시된 덕분에 '진한(辰韓)→낙랑(樂浪)'의 원칙 아래 이루어진 기계적인 개필 과정에서 누락되었기 때문이 아닌가 추측된다.

물론 그렇다고 해서 초기 기록에 보이는 낙랑이 전부 진한을 개서한 것이라고 단정할 수는 없다. 예컨대 중국 측 사서를 전재한 고구려본기의 낙랑 관계 기사는 실제의 낙랑군에 관한 것이 틀림없다.[49] 그리고 고기류를 토대로 했다고 여겨지는 고구려본기의 여타 낙랑 관계 기사의 낙랑, 가령 낙랑왕 최리의 설화에서의 낙랑은 실제의 낙랑군은 아니었지만, 진한과도 상관없는, 아마도 낙랑군 치하에서 이탈한 고조선계 토착 세력이었을 것으로 생각된다. 그밖에 신라본기 기림니사금 3년조에 대방과 연칭되어 나오는 낙랑의 경우[사료 D-6]는 앞서 언급했듯이 실제의 낙랑군을 지칭하는 것으로 보는 게 옳다. 원래의 저본 사서에서부터 낙랑으로 기재되어 있던 것은 굳이 다른 명칭으로 개서할 필요가 없었을 것이다. 그렇지만 지금 거론한 기사들 말고 『삼국사기』 초기 기록에 나오는 낙랑 관계 기사들은 대부분 이 실제의 낙랑군과는 관계없고, 후대에 어떤 연유에 의해 원사료의 '진한(辰韓)'이 '낙랑(樂浪)'으로 개칭되었다고 보는 것이 합리적이다.

그런데 여기서 다음과 같은 의문이 제기될 수 있겠다. 즉 앞서 살펴본 사료 C-2를 자세히 보면 '진한유민(辰韓遺民)과 변한(卞韓)·낙랑(樂浪)·왜인(倭人)'이라 하여 '진한'과 '낙랑'이 서로 다른 실체인 것처럼 되어 있는데, 그렇다면 초기 기록에 보이는 낙랑은 진한의 개칭이 아니라 원래의 '낙랑군'으로 보는 게 타당하지 않겠느냐는 것이다. 이

---

49) 閔中王 4년 동10월조에 나오는 잠지락부(蠶支落部) 대가(大家) 대승(戴升)의 낙랑 투항 기사와 太祖王 94년 추8월조에 보이는 낙랑태수 처자 생포 기사가 『후한서』나 『삼국지』 등의 중국 측 기록을 그대로 베껴 놓은 대표적 사례들이다.

것은 지금까지 이 글에서 주장해 온 것과는 분명히 배치되는 사료로, 일단 주목하여야 하겠다. 그렇지만 이 기사를 살필 때는 다시금 『삼국사기』 초기 기록의 사료적 성격에 대해 유념하지 않으면 안 된다.

앞서 『삼국사기』 초기 기록의 사료적 성격을 논하면서, 초기 기록의 기사들은 후대의 전면적인 조작도 아니며, 그렇다고 최초의 사서 내용을 그대로 옮겨놓은 것 역시 아님을 언급한 바 있다. 즉 삼국시기에 처음 사서가 편찬된 이후 고려 중기에 『삼국사기』로 정착되기까지 수차례의 전록 과정을 거쳤으며, 그 과정에서 각 시기의 인식체계에 따라 상당한 윤색과 부회가 들어갔으리라는 것이다. 이 기사를 살펴보는데 있어서도 일단 그와 같은 시각에서 접근할 필요가 있다.

이 기사에서 무엇보다도 눈여겨 볼 부분은 '진한유민'이라는 표현이다. 이 '진한유민'은 사로국의 주요 구성원인 육촌 사람들을 가리키는 게 분명한데, 앞서 언급하였듯이 이들을 '진한의 유민'이라고 표현했다는 것은 결국 혁거세의 즉위와 더불어 진한은 사라지고, 그 명칭은 이제 옛 이름이 되었다는 인식이 반영되어 있는 것이다. 이런 표현은 실제의 진한에 대한 인식이 퇴색하는, 상당히 시기가 떨어지는 후대에 나올 수 있는 것이 확실하며, 최초 단계의 사서에서는 기대하기 힘들다. 따라서 이 기사는 본래 "변한·진한·왜인이 모두 귀복하고 있다."는 정도로 되어 있었으나, 그 가운데 진한이 낙랑으로 개서된 이후 어느 시기에 그 개서의 사실을 알지 못한 사서 편찬자가 혁거세 즉위 기사에 보이는 '조선유민(朝鮮遺民)'[C-1]을 참고하여 경주 지역의 6촌인을 가리키는 용어로 '진한유민(辰韓遺民)'을 첨가시킨 것이 아닐까 한다.50)

50) 혹시 최초의 사료에 '朝鮮遺民'과 '卞韓辰韓倭人'으로 나왔는데, 후대의 편사자가 그 가운데 '辰韓'을 '樂浪'으로 개필하면서 경주 지역의 6촌인을 가리키는

이밖에도 후대의 편사자(編史者)의 착오로 인해 사실이 왜곡되어 있는 기사들은 대단히 많다. 앞서 본 사료 D-5의 "고구려왕 무휼에 의해 낙랑이 멸망하고 그 결과 낙랑인 5천여 명이 신라로 투항하여 왔다."는 기사가 그 대표적인 사례라고 할 수 있다. 신라의 유리니사금 시기와 고구려의 무휼, 즉 대무신왕 시기는 도대체가 서로 상합할 수 없는 것이고,[51] 거리를 따져보아도 고구려에 멸망당한 낙랑국의 잔여 세력이 한반도 동남부의 모퉁이인 경주 지역까지 집단 투항해 온다는 것은 상정하기가 극히 어렵다. 이것은 유리니사금대에 사로국에 인접한 '진한'의 어떤 세력이 사로국에 복속해 들어온 것을, 진한이 낙랑으로 개서된 사실을 알지 못한 후대인이 이미 조작되어 있는 기년에 맞추어 고구려의 낙랑국 정벌 기사에 부회시켰던 것이 아닐까 추측된다. 사료 E-2·6·7에 보이는 '낙랑태수'니 '집사'니 하는 용어도 이와 유사한 후대의 왜곡 사례로 파악하는 것이 합당하다. 아마 최초의 사서에서는 '진한왕' 정도로 나왔겠지만, 진한을 낙랑으로 바꾸는 과정에서 '낙랑태수'나 '집사' 따위로 윤색되었을 것이다.[52] 특히 사료 E-6에 보이는 '관구검의 고구려 침입' 운운한 기사는 중국 측 기록을 참고한 후대인의 부회 사례로 보아야 옳다. 사실 백제의 고이왕대가 관구검의 고구려 침입이 있었던 3세기 중반이라는 확증이 없을뿐더러,[53] 백제가 가

'朝鮮遺民'은 다시 '辰韓遺民'이라고 개칭했을지도 모르겠다.

51) 필자는 유리니사금의 실제 활동 시기를 3세기 전반경으로 보고 있다(강종훈, 2000『신라상고사연구』 서울대출판부, 제2장 참고). 고구려 대무신왕의 경우는, 그에 관한 『삼국사기』의 기년에 분명히 착오가 있다고 여겨지지만 그보다 후대왕인 태조왕이 1세기 말~2세기 초반에 재위하였음은 중국측 기록 등을 통해 인정되므로, 대략 기원 1세기 중후반경에 활동한 것이 아닐까 생각한다.

52) 혹은 '辰韓王'이 '樂浪王'으로 개서된 이후, 재차 사서가 전록되는 과정에서 편사자 나름의 합리적 사고에 의해 '王'이라는 표현을 '太守'나 '執事'로 바꾸었을 가능성도 생각할 수 있다.

53) 『삼국사기』에 따르면 고이왕은 서기 234~286년 사이에 재위하였다고 한다.

까운 대방군을 공격한 것이 아니라 그보다 멀리 떨어진 낙랑군의 변방을 침탈했다고 하는 것도 대세상 납득하기 어려운 것이다. 그 원래의 실상은 백제와 그 동쪽의 진한 세력과의 갈등에 관한 것이었으리라 추정된다.[54)]

결국 거듭된 후대의 윤색과 부회라는 『삼국사기』 초기 기록의 사료적 성격을 유념한다면, '진한'과 '낙랑'이 함께 나오는 사료 C-2는 원사료의 '진한'이 후대의 일정 시기에 '낙랑'으로 개서되었을 것이라는 본고의 추론에 그다지 큰 장애가 될 수는 없다고 여겨진다.[55)]

필자는 이 기년 역시 실제보다 상당히 인상된 것으로 여기고 있다. 여러 정황으로 미루어 고이왕의 실제 활동 시기는 대략 3세기 후반~4세기 초엽이 아닌가 생각되는데, 이에 대한 자세한 검토는 차일의 과제로 남겨둔다.

54) 사료 E-5의 분서왕대 낙랑(樂浪) 서현(西縣) 잡습 기사는 '낙랑'이 백제의 동쪽에 있었음을 시사하는 또 하나의 예인데, 이 기사에서의 낙랑과 고이왕대에 백제가 공격했다는 낙랑이 서로 다른 실체였다고 보기는 대단히 힘들다. 그러므로, 고이왕대의 낙랑 침탈 기사는 원사료에서는 관구검 및 낙랑군과는 전혀 관계없이 동쪽의 진한 세력에 대한 공격 기사로 나와 있었을 것인데, 진한의 낙랑으로의 개서 사실을 알지 못한 후대의 편사자가 『삼국지』 등에 보이는 관구검의 고구려 침략 기사를 참고하여 윤색한 것으로 파악함이 옳을 것이다.

55) 여기서 잠시, 『삼국사기』 신라본기 초기 기록에서도 유리니사금기까지만 진한의 개칭으로서의 '낙랑'의 명칭이 보이고, 그 이후에는 음즙벌국·압독국 등의 소국명만 나오는 이유를 생각해 보자. 이에 대해서는 여러 가지 추측이 있을 수 있겠는데, 최초의 사료를 확인할 수 없는 이상 단정을 내릴 수는 없지만 일단 다음과 같은 가능성이 상정된다. 우선 전승 과정상의 문제로서, 최초의 사서 편찬 시 아마도 탈해니사금 이전의 사실에 대해서는 제대로 된 전승이 내려오지 않았을 가능성이다. 즉 주변 세력의 구체적인 소국명은 실전(失傳)되고 진한 세력이라고만 전승되어 왔을 경우, 결국 유리니사금 시기까지는 진한만 나올 수밖에 없었을 것이다. 한편 그 이후에는 구체적인 소국명까지 전승되었을 경우, 원사료에 '辰韓 ○○國'이라고 나왔을 수도 있고 그냥 '○○國'이라고만 나왔을 수도 있다. 이때 후자의 경우는 별문제가 없었을 터이지만, 전자의 경우는 후대의 편사자 입장에서 '樂浪 ○○國'이라고 굳이 바

그러면, 마지막으로 남는 문제는 도대체 왜 진한이 낙랑으로 개서되어야 했을까가 되겠다. 그 이유를 분명히 밝히기는 대단히 힘들지만, 다음과 같은 추정을 해볼 수 있을 것 같다. 앞서 『삼국사기』 신라본기 시조혁거세거서간조의 진한의 용례를 간단히 언급한 바 있지만, 본래 신라가 진한의 한 소국에 불과했고 따라서 신라만이 진한은 아니었다는 역사적 사실과는 무관하게, '진한=신라(또는 그 전신)'라는 인식은 후대인의 뇌리에 강하게 뿌리박혀 있었던 듯하다. 『삼국유사』에 실린 다음과 같은 기사에 주목해 보자.

G-1. 승려 원광(圓光)은 속성(俗姓)이 박씨인데 본래 삼한에 머물렀으니, 변한·진한·마한 중에 원광은 곧 **진한인**(辰韓人)이다.[56)] [『삼국유사』 권4 의해제5 원광서학조]

2. 승려 자장(慈藏)은 김씨인데, 본래 **진한**(辰韓)의 진골 소판 무림(茂林)의 아들이다.[57)] [『삼국유사』 권4 의해제5 자장정률조]

3. 승려 심지(心地)는 **진한**(辰韓)의 제41대왕 헌덕대왕 김씨의 아들이다.[58)] [『삼국유사』 권4 의해제5 심지계조조]

꾸기보다는 아예 '辰韓'이라는 두 글자를 없애버림으로써 문제를 해결하려 했을 것이다. 백제 측의 경우 '馬韓 ○○國' 등으로 전승되었을 가능성이 상정되나, 후대의 편사자로서는 구체적 소국명을 그다지 중요하다고 인식하지 않았을 수 있고, 이 경우 반드시 '馬韓 ○○國' 등으로 남길 필요 없이 '馬韓'만으로 표기했을 것으로 사료된다. 이것은 신라 쪽의 경우와는 상반되는 것이라 하겠다.

56) "釋圓光 俗性朴氏 本住三韓 卞韓辰韓馬韓 光卽辰韓人也"
57) "大德慈藏 金氏 本辰韓眞骨蘇判茂林之子"
58) "釋心地 辰韓第四十一主 憲德大王 金氏之子也"

'신라인(新羅人)', '신라(新羅) 진골 소판', '신라(新羅) 41대왕'으로 표현되어야 할 곳에 신라 대신 '진한'이 당당히 자리를 잡고 있다. 다시 말해, '진한=신라'라는 오해는 앞서 본 『삼국사기』의 기사뿐만 아니라, 『삼국유사』의 도처에서도 드러나고 있는 것이다.[59] 따라서 이 같은 오해를 갖고 있었던 후대인의 입장에서는, 앞선 시기의 사서에 진한이 신라를 침략했다는 기사가 나오는 것을 좀처럼 납득할 수 없었으리라 여겨진다. 이런 미스터리를 나름대로 해결하기 위해서는 당연히 '진한'이 아닌 다른 명칭이 필요했을 것이다.

바로 이때 그 대안으로 등장한 것이 낙랑이 아니었을까 생각된다. 주지하다시피 『삼국지』를 비롯한 중국 사서에서는 진한과 낙랑이 서로 밀접한 관계를 가진 것으로 전하고 있다. 특히 『삼국지』 동이전 진한조의 다음과 같은 기사를 유의하여 살펴볼 필요가 있다.

H. 낙랑인을 '아잔(阿殘)'이라고 부른다. 동방인이 '아(我)'를 '아(阿)'라고 하니 낙랑인이 본래 그들의 잔여인임을 일컬은 것이다. 지금도 그들을 '진한(秦韓)'이라고 부르는 자가 있다.[60]

진한인 스스로가 낙랑인을 자신들의 잔여 무리라고 불렀다는 이 기사는 그 내용의 사실성 여부를 차치하고, 후대인들의 낙랑에 대한 인

---

59) 사실 '진한=신라'라는 인식은 신라 말 최치원 단계에서 분명히 확인된다. 그는 「상태사시중장(上太師侍中狀)」에서 마한을 고구려에, 변한을 백제에, 진한을 신라에 해당한다고 말하였다(『삼국사기』 권46, 열전 최치원전). 삼한과 삼국을 직결시키는 그의 발상은 역사적 사실과는 전혀 다른 것이지만, 어쨌든 주목되는 것은 신라말의 대표적인 지식인이 '진한=신라'라는 오해를 보여주고 있다는 사실이다. 이러한 인식은 아마도 그에 앞선 시기에 이미 나타나 있었을 것이다.

60) "名樂浪人爲阿殘 東方人名我爲阿 謂樂浪人本其殘餘人 今有名之爲秦韓者"

식에 대단히 큰 영향을 끼쳤을 것이 분명하다. 즉 "낙랑은 곧 진한(=신라)의 영역 밖에 존재한 잔여 무리"라는 인식이 이 기록을 통해 자연스럽게 떠오를 수 있는 것이다.[61] 이렇게 된다면 진한이 진한(=신라)을 공격한 것이 아니라 진한(=신라)과는 다른 실체인 낙랑이 진한(=신라)을 침입한 것으로 볼 여지가 생기고, 이것은 원사료에서 제기된 모순을 어느 정도 해결할 실마리가 될 수 있었을 것이다.[62] 추측컨대 바로 이러한 인식을 가진 사서 편찬자에 의해 후대의 일정 시기, 아마도 통일신라시기에 원사료의 '진한'은 '낙랑'으로 전면 개필된 것이 아닐까?[63]

---

61) 진흥왕 이후 신라왕은 중국으로부터 봉작을 받았는데, 진흥·진평·선덕·진덕·문무·성덕왕이 받은 작호에는 빠짐없이 '樂浪郡公'이라는 것이 들어 있다. 이는 신라가 실제로 낙랑군 땅에서 개국했기 때문에 내려진 것은 아니었지만, 신라의 전신이라고 여겨졌던 진한과 중국 군현 낙랑의 상호 관련 전승이 작호 선정 시 중요한 근거의 하나가 되었을 것이다. 실제로 『隋書』 권81 東夷傳 新羅條에는 "新羅國 在高麗東南 居漢時樂浪之地 或稱斯羅 云云"의 기사도 있어, 아예 신라와 낙랑을 지리적으로도 직결시키려는 오해마저 보이고 있다.

62) 여기서 다음과 같은 의문이 제기될 수도 있겠다. 즉 신라본기에서 진한이 낙랑으로 개칭된 것은 그렇다 하더라도, 백제본기에서까지 그렇게 개칭할 이유는 무엇이었을까 라는 것이다. 이에 대해서도 다양한 추측이 가능하지만, 말갈의 경우도 일괄적으로 바뀐 상태임을 일단 주목해야겠다. 또 '진한=신라'로 인식했을 때, 신라 측 기록에서는 백제 관련 기사가 빈출하는데도 백제 측 기록에 보이는 진한 관련 기사들의 기년이 신라 측 기록과 부합하지 않을 경우, 백제 측 기록의 진한은 신라가 아닌 '가짜 진한[僞辰韓]'으로 인식하여 '낙랑'으로 바꿀 수밖에 없었을 것이다.

63) 이와 관련하여 유사한 예를 하나 들자면, 『後漢書』 권85 東夷傳 句麗條와 『三國史記』 권15 高句麗本紀 太祖王 69년조 및 70년조에 고구려가 '마한'과 예맥의 군사를 이끌고 현토와 요동 등의 중국 군현을 공격하였다는 기사가 있다(앞의 주 18 참조). 여기에 보이는 '마한'도 사실 한반도 남부의 마한 세력으로만 보면 합리적인 이해가 불가능하다. 필자는 이 마한을 고구려에 복속된 고조선계 토착 세력으로 추정하고, 그것이 '마한'으로 표기된 것은 중국 사관(史

지금까지 『삼국사기』 백제본기와 신라본기의 초기 기록에 보이는 낙랑의 실체는 대부분 진한임을 추론해 보았다. 이제 이를 토대로 진한 연맹체의 공간적 범위에 대해 생각해 보자.

3. 『삼국사기』에 반영된 진한연맹체의 공간적 범위

먼저 경주를 비롯한 경북 일원에 진한의 소국들이 존재했을 것은 굳이 신라본기의 낙랑 관계 기사를 들지 않더라도 쉽게 알 수 있는 일이다. 진한 소국들이 서쪽과 남쪽으로 어느 정도까지 퍼져 있었겠느냐는 구체적으로 알 수 없으나, 낙동강을 경계로 한 후일 신라와 가야의 세력 판도가 대략 진한과 변한 소국들의 분포 범위에 해당하는지도 모르겠다. 그렇지만 『삼국지』 동이전에 '변진(弁辰)'과 '진한(辰韓)'이 잡거한다고 한 것을 보면 낙동강 동안이라 하더라도 변한에 속하는 소국들이 존재했을 가능성은 충분히 고려해야 하겠다.

문제는 북쪽 한계가 어디까지였을까인데, 과연 기존의 인식처럼 소백산맥으로 한정시키는 것이 타당할까? 사실 진한의 소국들이 결국 신라에 의해 통합되었고, 이후 소백산맥을 경계로 신라와 백제가 대치하였다고 알려져 있으므로, 진한의 소국들이 소백산맥 이남에만 분포했

官)의 입장에서 더 이상 낙랑군 치하에 있지 않은 세력을 '낙랑' 혹은 '조선'으로 칭할 수 없었기 때문이며, 위만에 쫓긴 고조선의 준왕이 마한 지역으로 남하하였다는 전승과 준왕의 후예로 남하하지 않은 자들은 여전히 '한(韓)'을 칭하고 있다는 『三國志』 所引 魏略의 기사가 그러한 개칭에 중요한 단서가 되었을 것으로 추단한 바 있다(姜鍾薰, 1992 「백제 대륙진출설의 제문제」 『韓國古代史論叢』 4, pp.436~439). 본고에서 지금까지 언급한 '진한→낙랑'의 개칭 문제도 이와 같은 시각에서 접근한 것이며, 결국 중국 측 사료건 우리 측 사료건 모두 사서 편찬자의 오해에 의한 왜곡을 늘 염두에 두어야 한다는 이야기이다.

으리라는 추정이 나올 수도 있다. 그러나 『삼국사기』 백제본기 초기 기록에 보이는 낙랑의 실체가 곧 진한임을 상기한다면, 처음부터 소백산맥 이남에만 있었다고 고집하기란 대단히 어렵게 된다. 이 경우, 우선 백제본기 온조왕 13년조의 "동쪽에 낙랑이 있다.(東有樂浪)"라는 구절을 이해하기 어려울 뿐만 아니라, '낙랑' 즉 진한이 백제와 인접한 위치에서 수차례의 교전을 벌였다는 것을 합리적으로 해석하기 힘든 것이다. 이와 관련하여 다음과 같은 기사가 특히 주목된다.

I. 다루왕 7년 추9월, 말갈(靺鞨)이 마수성(馬首城)을 공격하여 함락시키고, 불을 질러 백성의 가옥을 태웠다. 동10월, 또 병산책(甁山柵)을 습격하였다.[64] [『삼국사기』 권23 백제본기1 다루왕]

말갈 즉 예맥과 백제의 교전지가 된 '마수성(馬首城)'과 '병산책(甁山柵)'이 소백산맥 이남에 있었다고 보기란 매우 어렵다. 그런데 이 마수성과 병산책은 사료 E-2의 온조왕 8년조의 기사에서 이른바 '낙랑'과 가까운 곳에 설치했다고 해서 '낙랑태수'의 항의를 받았다는 곳이다. 소백산맥 이북에 있었던 마수성과 병산책이 백제 초기에 낙랑 즉 진한 세력권의 근접 지역에 있었다고 한다면, 결국 당시 진한 소국의 분포 범위는 소백산맥 이북까지 확대시켜 보지 않으면 안 된다.

이른바 '낙랑(樂浪) 우두산성(牛頭山城)'이나 마수성·병산책·독산책(禿山柵)·구천책(狗川柵)의 정확한 위치는 미상이지만, 서울 백제국의 동쪽에 있었을 것은 틀림없으므로, 대략 남한강과 북한강이 합류하는 한강 중류 지역까지는 고려에 넣어야 할 것으로 생각된다.[65] 아마 현

64) "多婁王 七年 秋九月 靺鞨攻陷馬首城 放火燒百姓廬屋 冬十月 又襲甁山柵"

65) 사실 그간 『三國志』 所引 魏略에 보이는 진한(辰韓) 우거수(右渠帥) 염사치(廉斯鑡) 사화(史話)를 둘러싸고 많은 논란이 있었는데, 이 사화 또한 1세기 전반

재의 경기도 동부, 강원도 서남부, 충북 일원이 소백산맥 이북에 있던 진한연맹체 소속의 주요 소국들과 소별읍(小別邑)의 분포 범위였을 것으로 추측된다.66)

물론 그렇다고 해서 진한연맹체의 범위가 항상 고정되어 있었던 것은 아니었을 것이다. 주변 세력, 특히 백제 및 말갈(즉 예맥)과의 세력 경쟁에 따라 그 북쪽 계선은 늘 변동되었을 것으로 추정된다. 더욱이 진한연맹체라는 것이 후대의 집권국가와는 질적으로 다른 독자적 소국

당시 진한연맹체의 공간적 범위가 소백산맥 이북의 한강 중상류 지역까지 뻗어 있었다고 상정해야 순조롭게 이해될 수 있다. 이 사화에 의하면 한인(漢人) 호래(戶來)라는 자가 벌목을 위해 진한 땅에 왔다가 진한의 포로가 되어 심한 노예 노동에 시달리고 있었다고 하며, 진한의 우거수라는 염사치가 그를 데리고 낙랑에 귀순한 후 대선(大船)을 타고 진한으로 돌아가 적절한 배상을 하지 않으면 대규모 공격을 감행하겠다고 협박하여 결국 소기의 성과를 거두었다고 전한다. 설화적 성격이 강하여 어느 정도 사실성을 인정해야 할지 의문이 제기될 수 있겠으나, 어쨌든 주목되는 것은 중국 군현에서 벌목을 위해 진한까지 오는 한인(漢人)들이 있었다고 하는 점이다. 이것은 당시 진한의 위치가 중국 군현에서 그다지 멀지 않았다는 것을 시사하는 바이고, 따라서 진한이 시종일관 소백산맥 이남에만 존재했다고 고집해서는 합리적인 이해가 대단히 힘든 것이다. 물론 대선으로 공격하겠다고 위협한 것을 가지고 진한이 동·남해안 근처에 있었으리라 추측할 수도 있겠지만, 반드시 바다가 아니더라도 한강 정도의 큰 강이면 '大船' 운운한 것은 충분히 이해가 가능하다. 아울러 『三國志』 東夷傳에 진한의 전신으로 나오는 진국(辰國)의 위치도 한강 유역을 중심으로 한 한반도 중부 지역에서 찾아야 합리적이라 생각한다.

66) 지난 세기말에 충북 진천군 송두리(松斗里)의 토광묘에서 조합우각형파수부호(組合牛角形把手附壺)와 주머니호 등 기원 1~2세기대 영남 지역 토광묘 유적에서 특징적으로 발견되는 토기들이 출토·수습되어 주목을 끌고 있다(忠北大學校博物館, 1991 『鎭川松斗里遺蹟發掘調査報告書』). 이것은 진한연맹체의 공간적 범위를 소백산맥 이북에까지 확대해서 보아야 한다는 본고의 논지와 부합되는 면을 보여준다. 그러나 아직 소백산맥 이북 지역에서는 다른 발견례가 없고, 따라서 여러 가지 해석의 가능성이 열려 있기 때문에 이를 당장 적극적으로 활용하기에는 어려운 점이 많다. 본고에서는 참고로 소개해 두며, 차후의 발굴 성과를 기대해 본다.

간의 느슨한 결합체 정도에 불과했을 터이므로, 개별 소국들의 이탈과 편입은 상황의 전개에 따라 언제든지 일어날 수 있었다고 여겨진다.[67] 그러나 어쨌든 진한연맹체의 공간적 범위는 시기가 올라갈수록 북쪽으로 확대되어 있었을 것이며, 차츰 한강 하류 지역에서 성장한 백제에 밀려 결국 3세기 후반~4세기 전반경에는 소백산맥 이남 지역으로만 축소되었을 가능성이 큰 것으로 보인다.

4. 소결

지금까지 『삼국사기』 초기 기록의 재검토를 통해 진한연맹체의 공간적 범위에 대해 생각해 보았다. 본고의 내용을 간략히 요약하면 다음과 같다.

먼저, 『삼국사기』 초기 기록에 보이는 '말갈(靺鞨)'은 최초 단계의 원사료에는 '예맥(濊貊[穢貊])'이라고 나온 것으로서, 통일신라시기에 '말갈=북쪽의 적대 세력'이라는 관념이 '과거 북쪽의 적대 세력=예맥(濊貊[穢貊])=말갈'이라는 인식으로 소급 확장됨에 따라 '예맥(濊貊[穢貊])→말갈(靺鞨)'로의 일괄적인 개필이 이루어진 것이며, 그렇게 개필된 고기류가 고려 중기에 『삼국사기』가 편찬될 때 저본, 혹은 그 저본의 저본이 되었을 것이므로, 『삼국사기』의 초기 기록은 이러한 사례를 늘 염두에 두면서 고찰해야 함을 밝혔다.

이어서 『삼국사기』 백제본기와 신라본기에 의외로 '진한(辰韓)'의 존

67) 『三國史記』 권45 昔于老列傳에는 "사량벌국(沙梁伐國)이 본래 신라에 속해 있었는데, 갑자기 배반하여 백제에 붙으므로 우로(于老)가 가서 토벌하였다."는 기사가 보인다. 이는 중앙의 집권력이 아직 미약한 단계의 정치 구조를 이해하는 데 대단히 중요한 기사라고 할 수 있다.

재가 확인되지 않는다는 점, 대신 전혀 뜻밖에도 '낙랑(樂浪)'이 초기부터 백제와 신라의 이웃 세력으로 등장하고 있다는 점 등을 통해, '낙랑'과 진한의 관련성 여부를 추적하였다. 그 결과 『삼국사기』 초기 기록에 나오는 '낙랑'은 대부분, 예맥이 말갈로 개칭되었듯이, 원사료의 진한이 어떤 연유에 의해 개칭된 것이라는 결론을 얻었다. 그 개칭의 이유로는, 본디 '신라⊂진한'이라는 역사적 사실과는 별개로 통일신라시기에 '진한=신라'라는 인식이 뿌리내림에 따라, 원사료에 나오는 진한의 신라 침략 기사를 합리적으로 이해할 수 없게 되고, 그 결과 경주 주변의 여타 진한 세력을 진한이 아닌 다른 명칭으로 불러야 할 필요성이 제기되었다는 것, 그 해결책으로 『삼국지』 등의 중국 측 기록에 나오는 진한과 낙랑의 관련 기사가 주목되어 결국 진한이 진한(=신라)을 침략한 것이 아니라 진한의 잔여 무리로 나오는 낙랑이 진한(=신라)을 침범한 것으로 처리할 수밖에 없었을 것 등을 추론하였다.

이상의 이해를 바탕으로, 진한연맹체의 공간적 범위를 재검토해 본 결과, 기존의 인식처럼 진한 소국들이 시종일관 소백산맥 이남에만 존재했던 것이 아니라, 『삼국사기』 백제본기에 등장하는 '낙랑'과의 교전 기사 등을 고려할 때, 시기가 올라갈수록 진한연맹체의 공간적 범위는 소백산맥 이북까지 확대되어 있었음을 확인할 수 있었다. 그러나 한강 하류에서 성장한 백제와 강원도 북부에서 남하하는 '말갈', 즉 예맥의 세력에 밀려 결국 3세기 후반~4세기 전반 무렵에는 소백산맥 이남으로 분포 범위가 축소되었고, 그것이 경주 지역에서 성장한 사로국에 의해 통합되는 과정을 밟게 되었을 것으로 파악하였다.

▶ **본서에 실린 이 글의 원 게재지는 다음과 같다.**

「『三國史記』 初期記錄에 보이는 '樂浪'의 實體」 『韓國古代史硏究』 10, 1995, 신서원.

3장

『삼국사기』 백제본기의 사료 계통

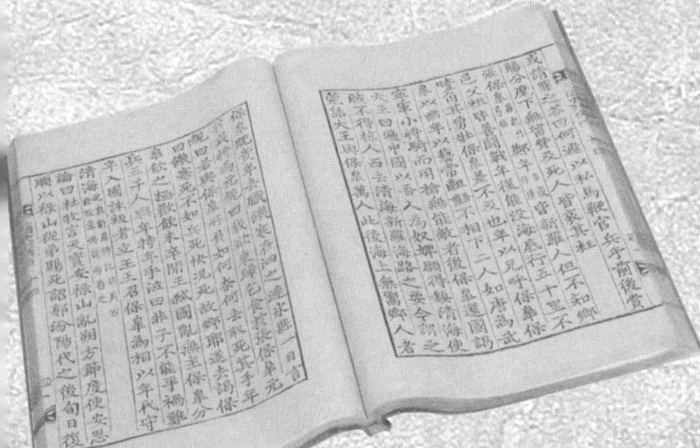

『삼국사기』를 살펴보면, 신라본기와 고구려본기에 비해 백제본기는 우선 분량이 매우 적다. 신라본기가 12권, 고구려본기가 10권으로 이루어졌음에 반해, 백제본기는 6권에 불과하다. 기사의 양을 따지면, 백제본기는 대략 신라본기의 1/3, 고구려본기의 1/2 수준에 머문다. 지(志)와 열전(列傳)에 실린 자료들까지 포함시킬 경우, 삼국간의 분량의 차이는 더욱 커진다. 다른 두 나라의 경우도 사료의 양이 결코 많다고 할 수는 없지만, 백제는 삼국 가운데 사료적으로 가장 열악한 여건을 안고 있는 셈이다.

백제본기는 양에서뿐만 아니라 질에서도 많은 문제점을 노출하고 있다. 일식과 혜성 등의 천문 현상 관련 기사나 자연 재해 및 이변 등에 관한 기사가 상당 부분을 차지하고 있어서,[1] 실제 사료적으로 '알맹이'가 있는 기사의 비중은 더욱 떨어진다. 재위 기간이 일이년 안팎으로 짧았던 계왕이나 혜왕은 물론이고 8년 정도 왕위에 머물렀다는 구이신

1) 신형식, 1981『삼국사기연구』, 일조각, pp.184~207.

왕의 경우도 즉위와 훙거 기사를 빼면 전해지는 내용이 없다. 결국 『삼국사기』를 통해 백제사의 전개 과정을 제대로 파악하기란 무척 어렵다는 이야기가 되겠다.

그런데 실상 백제본기를 둘러싸고 제기될 수 있는 문제는 분량이나 품질의 측면에만 국한된 것은 아니다. 과연 거기에 실린 기사들을 어느 정도 신뢰할 수 있느냐는 '진위(眞僞)'의 문제가 근본적인 의문으로 남겨져 있다. 그동안 이에 대해 많은 논의가 있어왔고, 그 과정에서 백제사 연구의 수준이 크게 높아진 것도 사실이다. 그러나 여전히 학계 일각에는, 비록 부족한 자료일지라도 적극적으로 활용해야 하지 않느냐는 생각에서, 제대로 사료 비판을 하지 않은 채 무리하게 백제본기 소재 기사들을 자료로 이용하는 경향도 존재하는 것 같다. 이러한 경향은 자칫 왜곡된 역사상을 만듦으로써 한국 고대사 전체의 이해 체계를 혼란에 빠뜨릴 위험성이 있다.

이에 본장에서는 백제사 연구자들이라면 결코 회피할 수 없는 근원적인 문제인 『삼국사기』 백제본기의 사료적 성격에 대해 다시 한 번 생각해볼 기회를 갖고자 한다. 백제본기에 실린 기사들은 사료적으로 어떤 계통에서 나온 것이며, 어느 선까지 신뢰할 수 있고, 어떻게 접근하는 것이 합리적일지에 대해 나름의 의견을 개진해 보도록 하겠다.

1. 백제본기 편찬에 활용된 국내·외 자료

우선 백제본기 편찬에 활용된 자료들을 살펴보면, 크게 국내 자료와 중국 측 자료로 양분된다.

국내 자료로는 고려 초에 편찬된 이른바 「구삼국사(舊三國史)」를 포함한 고기류(古記類)가 주종을 이루고 있다. 이들 국내 자료는 현재 남아서 전하는 것이 없어, 어떤 책들이 어느 정도로 활용되었는지 알기 어렵다. 그렇지만 『삼국사기』가 나오기 전까지 대표적인 역사서로 인정되었을 「구삼국사」가 가장 비중 있게 다루어졌을 것은 의심의 여지가 없다.

중국 측 자료로는 『북사(北史)』, 『수서(隋書)』, 『양서(梁書)』, 『책부원구(冊府元龜)』 등의 서명이 백제본기의 본문 및 분주에서 직접 거론되어 있는데, 이들 말고도 『후한서(後漢書)』, 『진서(晉書)』, 『위서(魏書)』, 『구당서(舊唐書)』, 『신당서(新唐書)』 등의 정사류(正史類)와 『자치통감(資治通鑑)』이 활용된 것으로 파악된다.[2] 특히 『책부원구』나 『신당서』, 『자치통감』 등은 11세기에 편찬된 책이므로, 「구삼국사」나 그 이전에 만들어진 사서에서는 내용이 참고되거나 반영될 수 없었을 것이며, 『삼국사기』 단계에서 처음으로 이용되었다고 여겨진다.

중국측 사료를 활용한 기사들은 크게 ① 중국 왕조와의 교섭 또는 전쟁에 관련된 기사들과 ② 일식을 비롯한 천문 현상 관련 기사들로 구분된다. 개로왕 18년조에 보이는 북위와의 교섭 관련 기사는 『위서』 백제전의 내용을 그대로 전재한 것이며, 그밖에 근초고왕대 이후 동진을 비롯한 중국 왕조에 조공을 바치고 그로부터 책봉을 받았음을 전하는 수십 건의 기사들 역시 중국 측 자료에 근원을 두고 있는 것들이다. 또한 동성왕 10년조에 나오는 북위와의 전쟁 기사는 『자치통감』의 해당 연도 기사의 내용을 피아(彼我)만 바꾸어 실은 것으로 파악되고, 백제본기 말미에 게재된 백제의 멸망 과정과 부흥운동에 관한 기사는 『신당서』, 『구당서』의 내용 가운데 필요한 부분을 뽑아 옮겨놓은 것으

---

2) 坂元義種, 1978 「三國史記 百濟本紀の史料批判」 『百濟史の研究』, 塙書房
田中俊明, 1982 「三國史記 中國史書引用記事の再檢討」 『朝鮮學報』 104

로 판단된다.[3)]

천문 현상 관련 기사들은 백제본기의 앞부분에 해당하는 온조왕 6년조부터 자주 보이는데, 다른 기사들과는 달리 월일까지 상세하게 기록되어 있다. 국내 자료에 근거한 기사들에서는 월일을 표기한 예가 따로 확인되지 않고, 중국 측 정사류의 천문·오행지에서는 월일이 기록되어 있음을 보아, 백제본기의 이들 천문 현상 관련 기사들의 사료 계통이 중국 측에 있음은 자명하다. 신라본기나 고구려본기의 천문 현상 관련 기사들도 이는 마찬가지이다.[4)]

한편 중국 측 자료를 활용하였지만, 그 맥락이 다르게 나타나는 경우들이 몇 개 있다. 고이왕 27년과 28년, 29년조의 기사들이 대표적이다. 이들 기사는 각각 좌평제와 관등제, 왕의 복식, 율령에 관한 것인데, 『수서』와 『당서』 백제전에 보이는 내용을 자구의 차이도 거의 없이 그대로 옮겨 놓은 것이다. 본래 이들 중국 사서의 백제전에서는 구체적인 시점을 표시하지 않고 단지 백제 후기의 상황을 전하는 것으로 적어놓았을 뿐이지만, 『삼국사기』 백제본기에서는 그것을 고이왕대로 시기를 확정하여 전재하였다. 이것은 아마도 『삼국사기』의 편찬자들이 국내 자료에 고이왕대의 사실로 좌평제 또는 관등제 실시와 관련된 기사가 있는 것을 보고, 부회하여 보충한 것일 가능성이 크다고 여겨진다. 따라서 이들 기사는 중국 측 자료에 기반을 둔 것이면서도 곧바로

---

3) 흑치상지 열전 역시 『신당서』에 실린 그의 열전 내용을 압축해서 만든 것이다.
4) 천관우는 신라본기와 고구려본기에, 중국 측 자료에는 보이지 않는 4건의 천문 현상 관련 기사가 있음을 지적하였다(천관우, 1989 『고조선사·삼한사연구』 일조각, pp.289~291). 그러나 그것은 기록을 베끼고 정리하는 과정에서 생긴 착오로 보인다. 실제로 『삼국사기』에서는 삼국 간 전쟁 또는 교섭 사실을 보여주는 기사들 가운데 같은 사건인데도 본기에 따라 연대가 달리 나오는 경우들이 있다. 이 역시 전록 및 정리 과정에서 생긴 착오이다(이강래, 1993 『삼국사기 전거론』, 민족사, pp.101~104).

취신하기 어려운 면을 지닌다고 할 수 있다.

이와 관련하여, 역시 중국 측 자료를 참고해서 국내 자료의 내용을 보충하려 한 사례로서 고이왕 13년 추8월조의 기사가 있다. 위나라 관구검이 낙랑태수 등과 함께 고구려를 정벌하니, 고이왕이 그 빈틈을 타서 낙랑 변민을 습취하였다는 내용의 기사이다. 앞부분에 나오는 관구검의 고구려 정벌 기사는 『삼국지』를 비롯한 중국 측 자료에 관련 내용이 실려 있는 것이지만, 그 시기에 백제가 낙랑을 침략했다는 뒷부분의 기사는 중국 측 자료에서는 확인되지 않는 것으로, 국내 자료에서 연유한 것이다. 얼핏 보면 그럴 듯하지만, 사실 이 기사는 곧바로 신뢰하기에는 곤란한 점이 많다. 필자가 이미 언급한 바 있듯이, 백제본기와 신라본기 초기기록에 보이는 '낙랑(樂浪)'은 실제의 낙랑군이 아니라 후대 역사가의 무지와 오해로 인해 원사료상의 '진한(辰韓)'이 개칭된 것이기 때문이다.[5] 이런 입장에 선다면, 이 기사에서 운위된 관구검은 고이왕대의 백제와는 하등의 관련이 없는 셈이 된다. 국내 자료에 중국 측 자료가 엉뚱하게 조합되어 왜곡된 역사상이 만들어질 수도 있음을 이 사례는 잘 보여준다.

이상에서 본 것처럼 중국 측 자료는 국내 자료 못지않게 백제본기의 구성에 큰 역할을 하였다. 국내 자료와는 무관하게 중국 측 사서에서만 전재된 기사들은 대부분 사료로서의 신뢰성 측면에서 심각한 문제는 없다고 판단된다. 그러나 이들 기사는 사료로서의 '오리지낼러티'를 결여한 것으로서, 굳이 『삼국사기』에 의존하지 않고서도 관련 정보를 얻을 수 있다는 점에서 그 가치는 반감된다고 할 수 있다.

---

5) 본서의 제2장 참고.

2. 백제본기에 반영된 국내 자료의 전승 과정

중국 측 자료에 기반을 둔 기사들을 제거하면, 백제본기의 내용은 아주 빈약해진다. 이는 곧 백제본기 편찬에 이용된 국내 자료가, 거의 없다시피 할 정도로, 부족했다는 이야기이다.

주지하다시피 고구려와 신라에서처럼 백제에서도 역사서가 편찬되었다. 근초고왕대에 고흥(高興)이 『서기(書記)』라는 사서를 처음 만들었다고 전해지는데, 그것을 시발로 하여 많은 역사 기록이 백제인의 손에 의해 작성되었을 것이다. 그리고 거기에는 틀림없이 백제의 역사에 관한 풍부하고 구체적인 기록들이 들어 있었을 것이다. 그렇다면 도대체 그 역사서들은 어떻게 된 것일까? 『삼국사기』가 편찬될 때 전혀 참고가 되지 않았던 것일까?

안타깝게도 그랬을 것으로 판단된다. 만약 백제인이 직접 만든 사서들이 『삼국사기』 편찬 때까지 전해졌다면, 백제본기의 내용이 이같이 빈약할 리는 없었을 것이다. 우리가 오늘날 일본 측 자료나 중국 측 자료를 통해 알고 있는 중요한 사건들, 예컨대 근초고왕대부터 본격적으로 이루어진 가야 세력과의 교섭이라든가 영산강 일대의 마한 잔여 세력에 대한 정벌, 중국의 요서 지역 출병 등에 관한 기사가 『삼국사기』 백제본기에 실려 있어야 정상인 것이다. 그러나 백제본기에서는 그런 내용의 기사를 찾아볼 수 없다. 이는 결국 『삼국사기』가 편찬될 때 백제에서 작성된 역사서는 남아 있지 않았음을 의미하는 것이다.

그렇다면 『삼국사기』 편찬자들이 참고했음이 분명한 「구삼국사」 단계에서는 상황이 어떠했을까? 「구삼국사」가 만들어진 고려 초에는 행여 남아 있지 않았을까? 그러나 그 가능성 역시 희박하다고 판단된다. 『삼국사기』 백제본기에 실린 국내 자료들의 상당수가 「구삼국사」로부터 이어진 것이라면, 「구삼국사」 자체에서도 백제 관련 기록은 그다지 풍부하지 않았다고 보는 것이 합리적이다. 「구삼국사」에서는 백제 사서를 직접 인용하여 관련 기록을 자세하게 실어놓았는데, 『삼국사기』 편찬자들이 일부러 그것들을 외면하고 소략한 내용의 백제본기를 작성했다고 생각되지는 않는다.

이와 같이 백제에서 만들어진 역사서가 「구삼국사」나 『삼국사기』가 편찬된 고려시대까지 전해지지 않았다고 한다면, 그에 앞선 시기에도 그러하였을까? 다시 말해 신라인들도 백제의 역사서를 확보하지 못하였던 것일까?

필자는 신라시대의 사서 편찬에 대해 고찰하면서, 진흥왕대에 「국사(國史)」를 최초로 편찬할 때 당시 우호 관계를 맺고 있던 백제로부터 입수한 역사서들이 크게 참고가 되었을 것이라고 추정한 바 있다.[6] 이후 신라의 역사가들이 왕실이나 중앙 관청 등에 보관되어 있던 백제 사서를 활용하여 기록을 남겼을 가능성은 매우 높다고 여겨진다. 백제사 자체를 서술하는 책은 아니더라도, 필요한 내용들을 발췌하여 재정리하는 정도의 간략한 기록은 신라인의 손에 의해 충분히 만들어졌을 수 있다. 이 책들이 여러 경로를 통해 고려로 넘어가 「구삼국사」 편찬 시 중요한 자료로 활용되고, 마침내 『삼국사기』 백제본기에까지 반영되었으리라 판단된다. 반면에 백제에서 만들어졌던 원본 사서는 신라말·고려초의 혼란기에 많은 기록들이 흩어지거나 사라질 때 불행하게도 인멸의 화를 입었던 것이 아닐까 추측된다.[7]

---

6) 본서의 보론 1 참고.

7) 좀 더 추측을 하자면, 후백제군의 경주 약탈 때 백제 관련 사서들이 다수 탈취되었다가 후백제가 멸망하는 과정에서 사라졌을 가능성이 엿보인다. 신라말에 많은 서적들이 소실되거나 인멸되었음은 고려 성종이 서경에 수서원을 설치할 때 언급한 말에서도 확인된다(『高麗史』 成宗 世家 9년 是歲條).

결국 『삼국사기』 백제본기는 백제 사서를 직접 활용할 수 없는 상태에서 「구삼국사」로부터 얻어진 일련의 기사들과 그 밖의 여러 기록에서 끌어다 모은 기사들을 종합하여 만들어진 것이라 할 수 있다. 백제가 전쟁을 통해 일찍 소멸한 것이 그 역사를 후대에 온전히 전할 수 없게 한 근본적인 이유가 되겠지만, 멸망 전 신라에 흘러들어갔던 사서들의 내용 가운데 극히 일부가 신라 역사가의 손을 거쳐 고려에 전달됨으로써, 백제의 흔적은 희미하게나마 『삼국사기』 백제본기에 남게 된 것이다.

그러면 이제부터는 백제본기에 채택된 국내 자료들의 근원이 구체적으로 어느 시기의 사서에까지 올라가고 어느 단계에서 어떻게 손질이 이루어졌을지에 대해 생각해보기로 하자.

먼저 백제에서 만들어진 사서의 내용이 여러 차례 전록(轉錄)의 과정 속에서도 크게 훼손되지 않고 내려온 경우가 상당수 있을 것이다. 그 대표적인 사례가 백제본기 첫머리에 실린 시조 온조 설화라고 여겨진다.

온조 설화에 따르면, 백제 시조 온조의 아버지인 주몽이 처음 북부여로부터 피난해 내려온 지역을 '졸본부여(卒本扶餘)'로 표기하고 있다. 졸본 즉 오늘날의 중국 요녕성 환인 일대가 본래부터 '부여'가 아닌 고구려 지역이었음은 공지의 사실이다. 그런데 온조 설화에서는 그곳을 마치 '부여' 지역이었던 것으로 왜곡하고 있다. 온조 설화는 시조가 '고구려'와 관련된 인물임을 애써 노출시키지 않고 있고, 대신 '부여'와 관계가 있음을 은근히 강조하고 있다는 이야기이다.[8] 이는 백제인들의

8) 온조 설화 말미에 보면 "其世系與高句麗同出扶餘 故以扶餘爲氏"라는 문구가 있다. 이것은 본래의 온조 설화와는 상관없이 후대 사가들에 의해 추가된 것으로 판단된다. 백제인들이 '其世系'라는 식으로 적었을 리는 없기 때문이다. 아마도 북위에 보낸 개로왕의 국서에 "臣與高句麗源出扶餘"라는 표현이 들어 있

고구려에 대한 적대감이 고조되어 있을 시기에 나올 수 있는 것으로, 당대의 백제인이 아닌 후대의 신라인이나 고려인에 의해 일부러 조작되었을 가능성은 거의 없다고 판단된다. 아마도 고구려와 군사적 대결이 본격적으로 일어난 근초고왕대 이후에 만들어진 백제 계통의 사서로부터 흘러나온 기사가 신라인의 손을 거쳐 큰 왜곡 없이 고려시대까지 이어진 것으로 보아야 하지 않을까 싶다.[9)]

온조 설화 외에 백제본기에 실린, 국내 자료에 기반을 둔 여타의 단편적 기사들도 대부분 그 연원은 백제 당시에 만들어진 사서에까지 올라갈 가능성이 높다. 굳이 신라나 고려의 역사가가 상상에 의해 사건을 창작해낼 필요는 없었을 것이기 때문이다.

한편 백제본기의 기사들 가운데 일부는 후대인에 의해 의도적으로

음을 참고하여 『삼국사기』의 편찬자들이 부회한 것이 아닐까 싶다.

9) 어쩌면 고흥의 『서기』에서부터 연유한 것일 수도 있다. 그런데 여기서 한 가지 해결하고 넘어가야 할 문제가 있다. 그것은 중국 측 사서에 전하는 백제 시조 구태 전승에 관한 것이다. 『주서』와 『수서』 등에 전하는, 구태를 백제의 시조로 하는 전승은 분명히 6세기대 이후 백제의 상황을 반영하는 것이라 생각된다. 온조와 구태가 별개의 인물이라는 것은 의심의 여지가 없으므로, 시조 구태 전승의 존재는 온조 설화가 과연 백제에서 실제로 유포되어 있었던 것인가에 대해 의문을 제기하게 만든다. 그렇지만 시조 구태 전승이 애초부터 백제의 공식적인 시조 설화로 인정되었는지는 장담할 수 없다. 6세기 중엽에 해당하는 538년 성왕은 사비로 천도하면서 백제의 국호를 남부여로 바꾼 적이 있다. 당연히 이 시기 백제 왕실의 부여 계승의식은 고조되었을 것이고, 그 과정에서 구태를 시조로 하는 새로운 전승이 확립되어 중국에까지 전해졌을 가능성을 고려할 필요가 있다. 이는 곧 구태를 시조로 하는 전승이 공식적으로 표방되기 이전에는 온조를 시조로 하는 전승이 존재했을 수 있다는 이야기이다. 그러한 전승을 싣고 있던 사서, 예컨대 고흥의 『서기』 등이 일찍이 백제에서 신라로 전해짐으로써, 온조 설화가 결국 『삼국사기』까지 이어져 내려온 것이라고 보아도 논리상 문제될 것은 없다고 생각한다. 시조 구태 전승을 포함하여 백제의 시조 설화에 관한 논의는 필자가 최근에 쓴 논문(2009 「백제왕실교체설의 재검토」 『한국고대사 연구의 현단계』, 주류성)을 참고하라.

윤색되거나 변개된 것도 있었던 것 같다. 왕명에서 백제인의 표현으로 보기 어려운 것들이 섞여 있기 때문이다. 예컨대 '구수왕(仇首王)'과 '근구수왕(近仇首王)'의 경우 원수라는 의미의 '구(仇)'자를 쓰고 있다. 한문의 의미로는 '원수의 우두머리'가 되는 셈이다. 『일본서기』 등에 보이는 '귀수(貴須)'가 귀한 존재라는 좋은 의미를 담고 있음에 비해, 『삼국사기』 백제본기에 기록된 '구수(仇首)'라는 왕명에는 혐오감과 적대감이 반영되어 있다. 백제 왕명에 이런 표현을 쓴 것은 당연히 백제인 스스로가 아니라 백제와 원한 관계를 갖고 있던 나라 사람이었을 것이다. 그가 후대의 신라인이었을 수도 있고, 후백제를 멸망시킨 고려의 사관이었을 수도 있다.[10] 여하튼 백제본기에 실린 내용은 원사료 그대로가 아니라 일정 부분 후대인의 윤색과 수정을 거친 것일 수 있음을 기억할 필요가 있다.

후대인의 윤색이 의심되는 사례는 백제 왕실의 계보에서도 발견된다. 주지하다시피 백제 왕들 가운데는 전왕의 '제2자'로 알려진 인물들이 다수 있다. 개루왕의 제2자로 알려진 고이왕을 시작으로, 비류왕, 근초고왕, 무령왕, 혜왕 등이 제2자로 나온다.[11] 이들 가운데 상당수는 계보가 이전 왕과 직접 연결되지 않는다는 것이 현재 학계의 통설이다. 비류 계통의 첫 백제왕으로 지목되는 고이왕의 경우는 말할 것도 없고, 백제본기에 동성왕의 '제2자'로 나오는 무령왕 역시, 『일본서기』에 반영된 백제 계통 사서의 기록 등을 비교해볼 때, 계보를 신뢰하기

---

10) 필자는 고구려의 사서가 5세기경 신라에 전해졌을 것으로 생각하고 있다(본서의 보론 1 참고). 고구려가 4세기 후반 백제와 원수 관계를 유지했음을 고려한다면, 고구려에서 전해진 역사서에 이미 '구수(仇首)'라는 이름이 들어 있을 수 있고, 그것이 후대 신라인을 거쳐 『삼국사기』에까지 내려왔을지도 모르겠다.

11) 침류왕의 뒤를 이은 진사왕의 경우 근구수왕의 '중자(仲子)'라고 기록되어 있어, '제2자(第二子)'와는 표기상 차이를 보인다.

어렵다.

사실 백제 왕실의 계보에서는 이들 말고도 전왕과의 관계가 모호한 인물들이 상당수 있다. 그런데도 백제본기는 모두가 시조 온조의 혈통을 이어받은 인물로 설정해놓고 있다. 이것은 의도적인 계보 조작으로 볼 수밖에 없는데, 백제 당대에 그러한 조작이 이루어진 것으로 보이지는 않는다. 백제의 지배층이라면 누구든지 사실 관계를 파악할 수 있었을 텐데, 그 같은 조작을 행하기는 쉽지 않았을 것이기 때문이다.

그렇다면 현재 백제본기에 실린 백제왕들의 계보는 백제인이 아닌 후대의 사가에 의해 조작되었을 가능성이 적지 않다. 아마도 과거 역사상의 왕실 교체 사실을 은폐하는 것은 현재 왕실의 안녕에도 일정하게 기여할 수 있다는 생각이 그러한 조작을 낳게 한 원인이었을지도 모르겠다. 조작이 이루어진 시기는 확실히 알 수 없으나, 왕계가 흔히 바뀌던 통일신라시대보다는 태조 왕건의 직계 혈통과 왕위의 부자상속이 중시되던 고려시대였을 가능성이 현재로서는 더 높아 보인다.

3. 비교적 상세한 내용이 전하는 기사들의 원전

백제본기를 훑어보면, 다른 기사들에 비해 유달리 내용이 상세한 기사들이 더러 있다. 중국 측 사서에서 그대로 베낀 개로왕 18년조의 기사나 위덕왕 36년조 및 45년조의 기사, 무왕 28년조의 기사, 의자왕 11년조의 기사, 멸망 이후 부흥운동 관련 기사 등을 제외하고 국내 자료에서 나온 것들만 꼽아본다면, 개로왕 21년조의 한성 함락 관련 기사와 근구수왕 즉위년조의 '태자마적(太子馬迹)' 관련 기사, 전지왕 즉위조의 '한성인(漢城人) 해충(解忠)' 관련 기사 등이 대표적인 상세 기사이며, 책계왕 즉위조의 대방군 구원 기사도 비교적 내용이 구체적으로 전하는 기사라고 할 수 있다. 아울러 앞서 거론한 시조 온조 설화도 상세 기사의 범주에 들어갈 것이고, 그 분주에 전하는 시조 비류 설화 역시 상세 기사로 볼 수 있다. 그리고 의자왕대 후반의 백제 멸망 과정을 보여주는 기사들도 당연히 상세 기사라고 해야 할 것이다.

백제본기에 실린 대다수의 기사들이 불과 한두 줄의 짧은 내용으로 되어 있음을 감안한다면, 이들 내용이 상세한 기사들은 아무래도 단편적 내용의 기사들과는 원전(原典)을 달리 하는 것으로 보는 편이 합리적일 것 같다.[12] 추측컨대 단편적 내용의 기사들은 연대기식으로 서술된 사서의 내용을 간략히 요약해 놓은 책에서 나왔을 가능성이 높고, 상세한 내용의 기사들은 대부분 주요 사건들의 전말을 재정리해 놓은 책에서 나왔을 가능성이 크다.

그렇다면 구체적으로 각각의 상세 기사들은 어디서 연유한 것일까?

우선 의자왕대 후반의 백제 멸망 과정을 보여주는 기사들은 백제에서 작성된 사서에서 기원한 것이 아닐 것으로 판단된다. 백제가 멸망한 이후에 백제인의 손에 의해 사서의 형식으로 멸망 과정이 정리되었을 가능성은 그다지 높지 않다. 오히려 이 기사들은 통일 이후 신라에서 작성된 역사 기록에 들어 있던 백제 관련 부분으로부터 나왔을 가능성이 크다.[13] 545년 신라에서 처음 역사서 편찬이 시작된 이후 각

12) 물론 예외는 있을 수 있다. 예를 들어 온조 설화의 경우는 시조 전승이라는 특수성 때문에 같은 책 내에서도 여타 기사들보다 자세하게 기록될 여지가 있는 것이다. 그렇지만 대부분의 상세 기사들은 단편적 내용의 기사들과는 원전을 달리 하는 것으로 봄이 옳을 것이다.

13) 상세 기사뿐만 아니라 단편적인 내용의 기사들도 대체로 6세기 중엽 이후의 상황을 전하는 것들은 신라 측 자료에서 기원했을 수 있다. 백제와 신라 사이의 우호 관계가 끝난 553년 이후에는 백제에서 작성된 사서가 신라에 넘어가기 어려웠을 것이기 때문이다.

왕대의 중요한 사건을 기록으로 남기는 관행은 이어졌을 것이고, 그 과정에서 인접국의 동향도 자연스럽게 사서에 실릴 수 있었을 것이다.[14] 결국 백제의 멸망 과정을 보여주는 상세 기사들은 백제 계통의 사서와는 관계없이 신라 측의 기록에서 유래하였을 것으로 여겨진다.

다음으로 한성 함락 기사나 '태자마적' 관련 기사, '한성인 해충' 관련 기사, 책계왕대의 대방군 구원 기사 등은 545년 이전의 사실을 전하는 것이므로, 당연히 백제 사서에 사료의 근원이 있었을 것이다. 그러나 앞서 언급한대로 백제 사서가 고려 초까지 남아 있지 못했으므로, 거기서 직접 인용했을 가능성은 거의 없다. 아마도 신라인의 손에 의해 작성된 기록을 통해 간접적으로 연유했을 것이다.

그런데 한 가지 흥미로운 사실은 이 기사들 모두가 통일신라시기 한산주(漢山州)와 밀접한 연관이 있다는 것이다. 이것은 곧 이들 기사가 한산주와 특별히 관련이 있는 어떤 서적에서 일괄적으로 인용되었을 수 있다는 이야기이다.[15] 그렇다면 8세기 초에 한산주도독을 지낸 김대문의 『한산기(漢山記)』가 이들 기사의 출전이었을 가능성이 자연스럽게 떠오른다. 비록 백제본기의 기사는 아니지만, 열전에 실린 도미부인의 설화 역시 그럴 가능성이 높다고 판단된다.[16] 『한산기』는 신라

---

14) 고구려 양원왕의 즉위 과정에서 벌어진 귀족 세력 사이의 혈투가 백제 측 기록을 통해 『일본서기』에 실려 있는 것을 상기하면, 쉽게 이해할 수 있다.

15) 개로왕대의 한성 함락 기사와 책계왕대의 대방군 구원 기사를 보면, 백제본기의 다른 곳에서는 보이지 않는 '아차성(阿且城)'과 '사성(蛇城)'이 공통적으로 나타난다. 이는 두 기사의 원전이 같았을 가능성을 시사한다.

16) 이도학도 이러한 추측을 한 바 있다(이도학, 1985 「한성말 웅진시대 백제왕위계승과 왕권의 성격」 『한국사연구』 50·51 합집, p.7). 한편 열전에 실린 고구려 온달의 전기 역시 『한산기』에서 인용되었을 가능성이 크다고 판단된다. 다만 온달전에는 아차성(阿且城)이 '아단성(阿旦城)'으로 나오는데, 이러한 차이는 아마도 필사 또는 판각상의 착오에서 기인했을 것이다. 같은 이름이 권에 따라 달리 나오는 경우는 『삼국사기』에서 여러 사례가 찾아진다. 백제본기3 진사

에 전해지던 백제 계통의 사서와 고구려 사서에서 한산주와 관련된 기사들을 발췌하여 엮은 것으로 여겨지는데, 백제의 고흥이 지었다는 『서기』나 고구려의 이문진이 지었다는 『신집(新集)』의 이름이 『삼국사기』에 전해진 것도 결국은 『한산기』에서 거론되었기에 가능했던 것이 아닐까 싶다.17)

온조 설화의 분주로 나오는 시조 비류 설화의 경우도 이와 관련지어 생각할 여지가 있다. 비류 설화는 당연히 온조 설화와는 별개의 자료에서 나온 것일 텐데, 근본을 거슬러 올라가면 최종적으로 백제 계통의 사서에까지 가서 닿겠지만, 현재 『삼국사기』에 전하는 형태의 기록은 작성 시점이 상대적으로 떨어질 가능성이 크다. 그것은 시조와 고구려 사이의 연관성을 숨기고자 했던 온조 설화와는 달리, 비류 설화에서는 "주몽이 부여로부터 졸본으로 내려와 도읍을 세우고 그 이름을 '고구려'라고 하였다."고 하여 고구려를 노출시키고 있다는 점에서 단서가 찾아진다. 백제의 시조가 고구려로부터 내려온 인물임을 굳이 은폐하지 않았다는 것은 백제인이 아니면서 비교적 객관적인 입장에 서 있던 역사가에 의해 기사가 작성되었을 가능성을 보여주는 것이다. 아마도 후대의 신라인이 그 장본인일 가능성이 큰데, 비류 설화 또한 한

왕 6년조의 도곤성(都坤城)과 고구려본기6 고국양왕 8년조의 도압성(都押城), 백제본기4 성왕 26년조의 신라 장군 주진(朱珍)과 신라본기4 진흥왕 9년조의 주령(朱玲) 등은 그 대표적인 사례라 할 수 있다. 온달의 전기는 김대문이 한산주의 아차성과 관련된 중요 사건을 다루면서, 아마도 고구려 측의 사서를 인용하여 기록한 것을 『삼국사기』에서 재인용한 것이 아닐까 싶다.

17) 『서기』는 물론이고 『신집』도 고려 때까지 전해진 것 같지는 않다. 만약 『신집』이 고려 때까지 전해졌다면, 『삼국사기』 고구려본기의 5세기 이후의 기사들이 지금 전해지는 것보다는 훨씬 풍부했을 것이다. 다만 적어도 김대문이 『한산기』를 지을 때까지는 『서기』와 『신집』 등이 함께 전해지면서 편찬의 근거 자료로 활용되었을 것으로 보이며, 『한산기』 내에서 참고한 책으로 거론되었을 것으로 추측된다.

산주와 관련이 있음을 고려한다면, 이 역시 본래 『한산기』에 실려 있던 것을 따왔을 가능성을 점칠 수 있다.[18]

요컨대 『삼국사기』 백제본기에 실린 상세 기사들은 ① 통일 전쟁 과정을 서술한 신라 측의 기록과 ② 이전에 확보된 백제 사서를 참고하여 신라인이 재정리한 기록 등에서 나왔을 것이며, 특히 후자의 경우 기사의 성격상 한산주와 관련된 김대문의 저술 『한산기』가 크게 활용되었을 것으로 추정된다.

4. 국내 자료에 근거한 대외관계 기사들의 사료적 성격

이제 마지막으로 백제본기에 실린 대외관계 기사들에 대해 살펴보도록 하자.

대외관계 기사들은 백제본기에서도 매우 큰 비중을 차지하고 있으며, 중국 측 자료에서 인용한 중국 관계 기사들을 제외하더라도 많은 숫자의 기사들이 존재한다. 국내 자료에 기반을 둔 대외관계 기사들은 크게 신라 관계 기사, 고구려 관계 기사, 말갈 관계 기사, 마한 관계 기사, 낙랑 관계 기사, 왜 관계 기사 등으로 구분할 수 있는데, 그간 신빙성 여부를 둘러싸고 많은 논란이 있어서 사료로 이용할 때에는 매우 신중한 접근 태도가 요망된다.

---

18) 사실 『삼국사기』 백제본기에서 처음 『한산기』를 인용하여 상세 기사를 작성했는지 아니면 그 이전에 만들어진 「구삼국사」 단계에서 이미 그렇게 하였는지 확인할 길은 없다. 그렇지만 비류 설화의 경우 온조 설화의 분주로서 처리되어 있는 것을 보면, 『삼국사기』 편찬 단계에서 처음 『한산기』의 기사가 끼어들어갔을 가능성이 높지 않을까 한다. 나머지 상세 기사들도 『삼국사기』 편찬 때 보입된 것으로 보는 것이 합리적일 듯하다.

먼저 신라 관계 기사들은 백제 계통의 사서에서 비롯된 것들이 아니다. 이미 여러 차례 거론된 바 있지만, 그것들은 신라 측 사서에 기원을 두고 있다.[19] 그러므로 백제본기의 기년에 맞추어 사건을 이해하려 해서는 안 되며, 신라본기의 기년을 조정한 결과에 따라 실제 사건의 발생 시점을 대략 파악한 다음 백제사의 전체적인 흐름을 잡는 데 제한적으로 활용해야 한다.

신라 관계 기사들을 제외한 나머지 나라들과의 관계 기사는 거의 대부분 백제 계통의 원자료에서 연유한 것으로 볼 수 있다. 고구려 관계 기사들도 고구려 측 자료가 아닌 백제 측 자료에서 기인한 것임은 이미 규명된 바 있다.[20] 그렇다면, 백제본기에 실린 고구려 관계 기사들은 사료적으로 얼마나 신뢰할 수 있는 것일까?

---

19) 강종훈, 1991 「신라 상고 기년의 재검토」 『한국사론』 21
이강래, 1993 「삼국사기 본기간 공유기사의 검토」 『삼국사기 전거론』, 민족사, pp.80~95.

20) 이강래, 윗 논문
다만 여기서 한 가지 짚고 넘어가야 할 것은, 백제본기에는 신라 관계 기사이면서도 고구려 관계 기사이기도 한, 다시 말해 삼국 모두가 관계되어 있는 기사라고 볼 수 있는 것들이 몇몇 있다는 것이다. 이 경우 신라 측 자료에서 기인했다고 볼 수 있는 것들도 있지만, 간혹 백제 계통의 사서에서 원자료가 나왔을 것으로 여겨지는 것들도 몇 개 있다. 예컨대 동성왕 17년조에 보이는 고구려의 백제 치양성 공격 기사나 성왕 26년조의 고구려군 및 예병(濊兵)의 백제 한북 독산성 공격 기사 등이 그것이다. 이 기사들은 모두 고구려의 공격을 받은 백제가 신라에 구원을 요청하여 신라군이 동원되었던 사실을 기록한 것들이다. 내용의 구체성을 기준으로 파악할 때, 백제 측에서 나온 것인지 신라 측에서 나온 것인지 곧바로 단정하기 어려운 면이 있지만, 혹시 백제 측에서 연유한 기사와 신라 측에서 나온 기사가 후대 사가에 의해 결합된 것일 수도 있겠다. 이는 마치 앞서 거론했던 관구검의 고구려 침략 시 백제의 낙랑 변민 습취 기사나 고이왕대 관직 제정 기사 등 우리 측 기록과 중국 측 기록이 교묘히 결합된 것과 유사한 것일 수 있다. 이러한 기사들은 엄밀한 사료비판을 거쳐서 역사적 진실을 규명한 후 이용해야 한다고 본다.

백제본기에서 백제와 고구려 사이의 전쟁에 관한 기록은 근초고왕 24년조부터 본격적으로 나오기 시작하여 무왕 8년 5월조까지 이어진다. 근초고왕대에 과거 대방군과 낙랑군 지역을 놓고 백제와 고구려 사이에 갈등이 격화되었던 것은 역사적 사실이므로, 백제본기의 기술은 대체로 당시의 역사상을 반영하는 것으로 볼 수도 있다. 그런데 문제는 이들 고구려 관계 기사들 가운데 일부에서 쉽게 납득하기 어려운 내용들이 발견된다는 데 있다.

대표적인 예가 475년 백제의 한강 유역 상실 이후의 시점에 등장하는 한성 또는 한산 관련 기사들이다. 백제본기에 의하면, 이 시기에 한강 이북 지역을 놓고 백제와 고구려가 군사적 대결을 펼친 기록이 동성왕 17년조의 치양성 전투를 비롯하여 무령왕 즉위년 11월조, 7년 10월조, 성왕 즉위년 8월조, 26년 정월조 등에 자주 보이며, 왕의 전렵이나 행행, 그리고 축성 등이 한강 유역에서 벌어졌다는 기록도 심심찮게 나온다.

장수왕이 이끄는 고구려군의 공격을 받아 개로왕이 피살되고 수도 한성이 함락당한 뒤, 백제가 한강 이북 지역은 물론이고 그 이남의 오늘날 경기도 지역의 지배권도 상실했다는 것은 이미 학계의 상식에 속한다. 그렇다면 『삼국사기』의 이 모순된 기사들을 어떻게 받아들여야 할 것인가?

이에 대해서는 여러 가지 견해들이 제시된 바 있는데, 아예 곡필(曲筆)로 치부하기도 하고,[21] 한강 유역의 백제 지명이 차령산맥 일대로 옮겨진 것으로 보아 그 사실성을 인정하려고도 했다.[22] 그런데 문제가

21) 高寬敏, 1996 「百濟本紀の國內原典」『三國史記の原典的硏究』, 雄山閣, pp.34~39.
22) 李基白, 1976 「熊津時代 百濟의 支配勢力」『百濟硏究』 9

되고 있는 이 기사들이 애초부터 어떤 의도에 의해 왜곡·날조되었을 가능성은 그다지 없다고 판단된다. 날조의 이유가 별로 마땅치 않기 때문이다. 지명이 옮겨졌다고 하는 것 역시 쉽게 납득되지 않는 주장이다. 백제본기에 실린 전체 사료의 맥락을 무시한 채 이 부분만의 특수성을 강변한다는 느낌이 든다.

이 문제는 결국 관련 사료의 전승 과정상의 오류를 의심하는 쪽으로 해결의 방향을 잡아야 할 것 같다. 즉 백제 사서의 내용이 후대에 다시 정리되는 과정에서 역사가의 무지와 오해로 인해 엉뚱한 시기의 사건들로 잘못 끼어들어갔을 가능성을 찾아보아야 한다는 이야기이다. 이런 시각에서 접근한다면, 백제본기에 실린 여타 대외관계 기사들의 의문점도 풀 수 있는 실마리가 잡힐 수 있다.

시조 설화를 제외하면, 백제본기에서 처음 보이는 고구려 관계 기사는 온조왕 37년조의 기사이다. 가뭄 때문에 한수 동북 부락에 기근이 들어 '고구려'로 도망간 가구가 천여 호에 달하였고, 이로 인해 패수와 대수 사이에 사람이 살지 않게 되었다는 내용의 기사이다. 상식적으로 알 수 있겠지만, 시조 온조왕 시기에 이런 일이 벌어지기는 어렵다. 낙랑군과 같은 중국 군현이 한반도 서북부를 장악하고 있던 시점에 백제의 민호가 고구려까지 달아났다고 보기에는 많은 무리가 따른다. 이 기사를 합리적으로 이해하려면, 고구려가 낙랑군을 소멸시키고 그 지역을 직접 지배하던 시점에 벌어진 일로 사건의 발생 시기를 늦추어 보아야 할 것이다. 이처럼 백제본기의 고구려 관계 기사는 최초 기사부터 편년상의 착오를 의심할 수밖에 없는 문제점을 이미 안고 있었던 것이다.

475년 백제의 웅진 천도 이후에도 한강 유역을 둘러싸고 백제와 고구려가 군사적으로 대립한 것처럼 기술되어 있는 백제본기의 기사들 역시 편년상의 착오를 당연히 의심해 보아야 한다. 온조왕대의 기사가 4세기 이후의 사실을 소급해 놓은 것이라면, 475년 이후 시점에서의 일련의 한강 유역 관련 기사들은 백제가 한강 이북 지역을 확보하고 있던 4세기 후반의 사실이 거꾸로 내려가서 잘못 실린 것일 가능성이 크다고 판단된다. 이렇게 접근하게 되면, 치양성이나 수곡성 같은 황해도 방면의 성들에서 벌어진 백제와 고구려 사이의 전투를 합리적으로 이해할 수 있고, 나아가 4세기 후반 한반도 상황에 대한 체계적인 정리도 가능해진다.[23]

사실 『삼국사기』 백제본기에서 편년의 오류가 의심되는 사례는 고구려 관계 기사들 말고도 다수 있다. 말갈 관련 기사들이 그렇고, 마한 관련 기사들 역시 그렇다.

말갈은 온조왕대부터 백제 북변을 위협하던 적대 세력으로 나오는데, 위에서 거론한 고구려처럼 475년 이후에도 한강 이북에서 백제를 침략했던 것으로 기술되어 있다. 동성왕 4년 9월조에 보이는 말갈의 한산성(漢山城) 약탈 기사나 무령왕 7년조에 나오는 고구려병과 연합한 말갈병의 한성(漢城) 공략 기사 등이 그 대표적인 기사들이다. 이들 또한 4세기를 전후한 시기의 상황을 전하는 기사가 잘못 배치된 것들로 보아야 합리적으로 이해될 수 있다.

마한 관련 기사들은 시조 온조왕대에 집중되어 나타나는 바, 온조왕 26년에서 27년에 걸친 정벌의 결과 마한은 멸망한 것처럼 되어 있다. 그러나 마한이 이 시기에 소멸했다고 하는 것을 사실로 보기 어렵다는 것은 이미 학계의 상식이다. 3세기 중엽까지 목지국을 중심으로 마한

---

23) 한 가지 주의할 것은, 그렇다고 해서 5세기 후반 이후 백제와 고구려 사이에 벌어진 전투가 모두 전대 사실의 '하향 적용'의 결과라고 볼 수는 없다는 것이다. 지금의 충남 북부 지역에서 일어난 전투를 기술한 것으로 보이는 무령왕 12년조 기사 등은 실제로 그 시기에 벌어진 일을 적은 것으로 파악할 수 있다.

연맹체가 한반도 중·서부에 존재하고 있었던 것은 『삼국지』를 비롯한 중국 측 기록을 통해 분명히 확인되는 사실이다. 따라서 백제본기의 마한 관계 기사들은 3세기 중엽 이후에 벌어진 사건들의 소급으로 볼 수밖에 없으며, 앞서 언급한 고구려나 말갈 관계 기사들처럼 연대에 착오가 있는 대표적인 사례에 해당되는 것이다.[24] 이렇게 본다면, 백제본기의 초두부터 등장하는 '낙랑' 즉 실제로는 진한 세력과의 교섭 및 갈등 기사도 연대가 잘못 적용되었을 가능성이 매우 높다.

그렇다면, 이런 편년상의 착오가 언제, 그리고 왜 생긴 것일까? 『삼국사기』 편찬자의 손에 의해 이렇게 마구잡이로 기사의 배치가 이루어진 것일까?

물론 그럴 가능성도 일부 없지는 않겠으나, 그보다는 이미 「구삼국사」 단계에서부터 그 같은 편성이 이루어졌을 가능성이 높다고 판단된다. 그 이유는 고구려본기 태조왕 70년조의 분주에서 어느 정도 찾을 수 있다. 거기에는 고구려가 마한, 예맥과 함께 요동을 침공했다는 『후한서』 인용 기사에 대해 "마한이 백제 온조왕 27년에 멸망하였는데,

---

24) 마한 관련 기사들의 연대를 신뢰할 수 없다는 것은 온조왕기와 다루왕기에 등장하는 '우곡성(牛谷城)' 관련 기사를 통해서도 충분히 짐작할 수 있다. 백제본기 온조왕 34년조에 의하면, 이미 멸망한 마한의 옛 장수 주근이 우곡성을 거점으로 삼아 반란을 일으켰다고 한다. 그런데 온조왕의 뒤를 이은 다루왕 재위 29년조의 기사를 보면, 왕이 동부에 명을 내려서 '우곡성'을 쌓아 말갈에 대비하게 했다고 한다. 다루왕기의 우곡성 축성 기사가 초축이 아니라 증축 내지 수축 사실을 전하는 것이라고 볼 수도 있겠지만, 전체 사료의 맥락에서 볼 때 온조왕기와 다루왕기의 우곡성 관련 기사는 순서가 도치된 것으로 봄이 아무래도 타당할 것이다. 이는 결국 온조왕대에 마한이 멸망한 것으로 시점을 잡아 기사를 배치함으로 인해 생긴 것으로, 백제본기의 마한 관련 기사의 기년을 곧바로 신뢰해서는 안 된다는 말이 된다. 마한 관련 기사들에서 보이는 모순은 백제본기에 실린 대외관계 기사들의 편년상의 문제점을 극명하게 드러내주는 것이라 하겠다.

이제 고구려왕과 함께 군사 행동을 하게 되었으니, 아마도 멸망했다가 다시 일어난 것일까?"라는 편찬자의 의견이 붙여져 있다. 이것은 『삼국사기』 편찬자들이 이전의 역사서, 즉 「구삼국사」의 마한 관계 기사들을 자신들이 새로 만드는 백제본기에 그대로 활용하면서 중국 측 기사와 모순되는 점을 발견하고, 나름대로 고증을 시도해보려 한 증거가 될 수 있다. 즉 『삼국사기』 편찬자들이 백제본기의 마한 관계 기사들의 편년을 마음대로 정한 것이 아니라 이전 사서의 그것을 답습했다는 이야기가 된다.

앞서 언급했듯이, 고려 초에는 백제에서 편찬된 사서가 남아 있지 않았고, 신라인의 손을 거쳐 내려오던 백제 관련 사료들도 대단히 불완전한 것이 많았을 것이다. 어쩌면 일관된 서술 체계를 갖지 못하고 파편처럼 여러 부분으로 나뉘어 전해지거나, 그렇지 않더라도 사건이 일어난 연대를 분명히 확인하기 어려운 경우도 많이 있었을지 모르겠다. 만약 이런 상황에 처해 있었다면, 「구삼국사」와 같은 새로운 사서를 만들게 되었을 때 편찬자들은 몇 가지 기준을 가지고 기사 배치를 시도하게 되었을 것이다. 이 경우 후대의 왕들보다는 창업주의 활약상을 상대적으로 더 부각시킬 필요성을 느꼈다면, 마한 정복과 같은 중요한 사건을 온조왕대의 일로 일괄적으로 기술했을 수 있다.

무령왕대 한성과 관련된 기사들은 혹시 무령왕 21년 11월조에 나오는 중국 양나라와의 교섭 기사가 기준이 되지 않았을까 싶다. 『양서』의 기록을 인용한 이 기사를 보면, 무령왕이 양나라에 사신을 보내어 국서를 올리면서 '여러 번 고구려를 격파하고 다시 강국이 되었다'고 자랑스럽게 말한 내용이 있다. 백제와 고구려 사이의 전쟁이 이보다 앞선 시기에 집중적으로 일어났을 것은 분명하고, 이후로도 양국 간 전쟁이 이어졌을 것은 누구나 상상해 볼 수 있다. 「구삼국사」의 편찬자도 바로 이런 생각에서 연대를 확실히 알 수 없는 고구려와의 전쟁 기사의 상당수를 이 시기의 앞뒤로 배치했을 가능성을 배제할 수 없다.[25] 『삼국사기』의 편찬자들은 이미 「구삼국사」 단계에서 이루어진 편년상의 오류를 제대로 알아차리지 못하고, 그것을 그대로 답습함으로써, 지금까지 백제사 연구에 뜻하지 않은 많은 장애를 만들어놓았다고 할 수 있다.

5. 소결

지금까지 『삼국사기』 백제본기의 사료 계통과 그 성격에 관해 살펴보았다. 논의를 간략히 요약한다면, 백제본기는 백제에서 만들어진 사서를 직접 이용할 수 없던 상태에서 빈약한 국내 자료와 중국 사서의 관련 기록들을 결합하여 만들어진 것으로, 이전의 「구삼국사」에 실린 백제 관련 기록들을 상당 부분 답습하되, 『한산기』 등의 새로운 자료를 활용하여 몇몇 구체성이 높은 기사들을 보입하였으나, 고구려 관계

---

25) 사실 이러한 생각이 타당성을 입증받기 위해서는 한 가지 전제가 필요하다. 그것은 바로 「구삼국사」 단계에서 이미 중국 측 사서의 내용을 인용하여 백제 관련 기록을 구성했다는 것을 확인해야 한다는 것이다. 「구삼국사」가 남아 있지 않은 상황에서 이것을 입증하기란 사실상 불가능하다. 다만 참고가 되는 것은 동명왕편에 보이는 「구삼국사」 동명왕본기의 일문들에서, 비록 중국 사서의 내용이 인용되지는 않았으나, 한나라의 연호를 사용하여 연대를 표기하고 있다는 사실이다. 이것은 「구삼국사」의 편찬자들이 삼국의 역사를 정리하는 데 중국 사서를 활용했을 가능성을 잘 보여주는 것으로 이해된다. 백제 관련 기록에 『양서』의 내용을 직접 인용했는지 알 수 없으나, 적어도 참고는 했을 것이며, 거기에 실린 무령왕의 국서 내용이 백제와 고구려 사이의 전쟁 기사들을 편년하는 하나의 기준이 되었을 가능성은 충분하다고 판단된다.

기사를 비롯한 대부분의 대외관계 기사에 있어서는 「구삼국사」 단계에서 일어난 편년상의 오류를 시정하지 못하고 모순된 기록을 그대로 남겨놓은 것이라고 하겠다.

▶ **본서에 실린 이 글의 원 게재지는 다음과 같다.**
「『삼국사기』 백제본기의 사료 계통과 그 성격」 『韓國古代史硏究』 42, 2006, 서경문화사.

4장

『삼국사기』에 보이는 '왜(倭)'의 성격

오늘날 한·일 양국 사이의 현안 가운데 하나인 과거사 정리 문제를 합리적이고도 궁극적으로 해결하기 위해서는 무엇보다도 양국 관계가 본격적으로 시작된 고대 시기부터 그 양상을 정확하게 파악하는 것이 필요하다.

그동안 양국 학계에서 첨예한 의견 대립을 보여 온 이른바 '임나일본부설'은 일부 일본 학자들의 관련 문헌 자료에 대한 자의적인 해석으로부터 시작되어, 지금까지 많은 일본인들의 한국에 대한 그릇된 편견을 조장해 왔다.

본장에서는 우리 측의 문헌 자료인 『삼국사기』에 고대의 일본, 즉 '왜(倭)'가 어떻게 기술되어 있는지를 검토하고, 그 '왜'의 성격에 대한 합리적인 해명을 시도함으로써, 임나일본부설의 허구성을 입증하고 문제의 근원적인 해결에 도움을 줄 단서를 확보하고자 한다.

1. 『삼국사기』 소재 '왜(倭)' 관련 기사 분석

『삼국사기』에는 본기와 열전, 지 등에 모두 72건의 '왜' 관련 기사가 나온다.[1] 이 가운데 지리지와 직관지에 보이는 '왜'의 경우(5건 : 부록의 64, 65, 66, 67, 68번 기사)는 대개 지명과 관서 이름에 포함된 것이기 때문에 큰 의미가 없다고 판단된다. 본기에 보이는 '왜'의 경우에 있어서도, 고구려본기의 것들(2건 : 부록의 52, 53번 기사)은 단지 고구려 영역 내에 있던 수렵 장소의 이름 속에 포함된 것이어서, 본고에서 관심을 갖고 있는 '왜'와는 아무런 관련이 없다고 여겨진다. 따라서 본고에서는 신라본기와 백제본기, 그리고 열전 등에 보이는 '왜'를 주요 분석 대상으로 삼아 논의를 진행하고자 한다.

우선 신라본기에서는 총 51건의 기사가 확인된다. 이 중 6세기 이전 시기와 관련되는 기사가 모두 47건이고, 나머지 4건은 7세기 후반 문무왕대의 기사가 3건(부록의 48, 49, 50번 기사), 9세기초 애장왕대의 기사가 1건(부록의 51번 기사)이다.

백제본기에서는 총 10건의 관련 기사가 보이는데, 시기적으로는 4세기말·5세기초에 7건(부록의 54, 55, 56, 57, 58, 59, 60번 기사)이 집중되어 있고, 상당한 시간적 낙차를 두고 7세기에 이르러 3건의 기사(부록의 61, 62, 63번 기사)가 보인다.

한편 열전에서는 모두 네 군데에서 관련 기사가 확인되는데, 김유신 열전(부록 69번, 70번 기사)과 석우로 열전(부록 71번 기사), 그리고 박제상 열전(부록 72번 기사) 등의 기사가 그것이다. 이 가운데 석우로와 박

---

1) '왜(倭)'라는 글자만을 대상으로 해서 한 기사에 여러 번 중복되어 나오는 사례들까지 모두 합산한다면, 총 110건이 검출된다(백승충, 1998 「문헌에서 본 가야·삼국과 왜」『한국민족문화』 12, pp.269~271 참고).

제상은 6세기 이전의 인물이고, 김유신은 7세기의 인물이다.

본고에서 주로 다루고자 하는 시기는 6세기 이전이므로,[2] 자연히 신라본기의 47건의 기사와 백제본기의 7건의 기사, 그리고 석우로 열전과 박제상 열전의 2건의 기사, 모두 합해서 56건의 기사가 분석의 대상이 된다.

대부분의 기사가 신라와 관련되어 나오며, 백제와 관련된 기사의 숫자는 전체의 12.5% 정도에 불과하다. 이는 백제 관련 사료의 멸실에서 기인한 바가 크겠지만, 한편으로는 지리적으로 가까운 위치에 있었던 신라와 왜가 이른 시기부터 장기간에 걸쳐 다양한 형태의 접촉을 한 사실을 반영하는 것일 수 있다.

그리고 백제본기에 나오는 왜 관련 기사들은 모두 백제와 왜 사이의 우호적인 관계를 반영하는 기사들임에 반해, 신라본기와 석우로 열전, 박제상 열전 등에 보이는 왜 관련 기사들은 신라와 왜 사이의 우호 관계에 관한 기사뿐 아니라 전쟁과 같은 갈등 양상을 전하는 기사들이 많아 대조를 이룬다. 특히 왜의 신라 침탈에 관한 기사들은 신라본기에 혁거세 8년조에 보이는 첫 기사부터 소지왕 22년조의 마지막 기사까지 총 29회에 걸쳐 나오고 있으며, 3건의 기사(부록의 16, 21, 32번 기사)는 신라 조정의 왜에 대한 적대감을 반영한 기사들이다. 반면 왜와 우호 관계를 맺었다는 내용의 기사는 불과 8건(부록의 5, 9, 10, 11, 22, 23, 24, 29 기사)뿐이다. 석우로 열전과 박제상 열전의 기사들은 전체적으로 왜와 갈등을 빚은 내용으로 되어 있다. 결국 신라와 왜의 관계는

---

2) 본고는 4세기대의 한일 관계의 실상을 밝히는 것에 초점을 맞추고 있으나, 검토 대상이 되는 기사의 폭을 상하로 조금 확장하여, 4세기 이전부터 서기 500년까지의 관련 기사를 검토하고자 한다. 이는 4세기대에 해당하는 기사에 등장하는 왜가 이미 그 이전 시기부터 등장하는 왜와 성격상 연결되고, 5세기대 기사의 왜 역시 4세기대 기사의 왜와 성격상 구별하기 어렵다고 보기 때문이다.

갈등과 대립, 적대 관계가 꾸준히 이어졌다고 할 수 있고, 그러한 갈등은 거의 대부분 왜가 신라를 끊임없이 침탈함으로써 빚어진 것이라고 할 수 있겠다.

그렇다면 무엇 때문에 왜가 신라를 자주 침탈하였을까? 그리고 그 왜의 성격은 어떻게 보아야 할 것인가?

2. 신라를 침탈한 '왜(倭)'의 성격에 대한 기존의 논의

1) 『삼국사기』 신라본기의 '왜' 관련 기사를 보는 관점의 문제

『삼국사기』, 특히 그 신라본기에 나오는 '왜'의 성격에 관한 논의는 그간 일본 학계에서 꾸준히 이루어져 왔다. 여기서는 우선 일본 학계에서 신라본기의 '왜' 관련 기사를 어떤 관점에서 바라보았는가부터 살펴보도록 한다.

논자에 따라 입장의 차이가 있기는 하지만, 일본 학계의 기본적인 입장은 4세기대까지의 관련 기사는 사실로 인정하기 어렵다는 것이었다. 그 대표적인 논자는 쓰다 소우기치(津田左右吉)인데, 그는 『삼국사기』 신라본기의 '왜' 관련 기사들은 모두 후대에 조작된 것으로 사실성을 인정할 수 없다고 주장하였다.[3] 『일본서기』에 나오는 기사들과 일치하지 않는다는 것이 주된 이유이다. 그는 이들 기사들은 후대에 있었던 일본 해적의 신라 침입 사실을 기초로 하여 날조된 것이라고 단언하였다.

이러한 관점은 스즈키 히데오(鈴木英夫)에게서도 나타나는데, 그는

---

3) 津田左右吉, 1912 「新羅征討地理考」 『朝鮮歷史地理』 1

『삼국사기』의 왜국 관련 사료들은 중국 사서의 영향을 받아 조작되었을 것으로 추정되는 부분이 있다고 주장하며,[4] 5세기 후반의 왜인, 왜병 관련 기사들은 비교적 신뢰할 수 있으나, 기원 전후 및 1, 2세기 등 이른 시기의 왜인, 왜병 관련 기사들은 『삼국사기』 편찬 시에 사관이 조작하여 삽입한 것으로 보았다.[5]

이러한 견해들이 갖고 있는 근본적인 문제점은 과연 『일본서기』가 『삼국사기』의 관련 기사들의 신빙성 여부를 가늠하는 데 유효한 척도가 될 수 있느냐라는 것이다. 『삼국사기』 초기기록이 모두 신뢰할 수 있는 것은 아니고, '왜' 관련 기사들 가운데서도 사실성이 의심되는 기사들이 여럿 있기는 하지만, 그렇다고 신라와 왜 사이의 대립 관계를 보여주는 관련 기록 전체를 믿을 수 없는 것으로 치부하는 것은 사료를 다루는 온당한 태도라고 말하기 어렵다. 그리고 『삼국사기』의 석우로 열전의 관련 전승이나 박제상 열전의 관련 전승은, 물론 후대 사관의 윤색이 가미된 것이지만 앞뒤의 맥락을 놓고 볼 때, 『일본서기』의 관련 전승보다 구체성과 정확성이 더 앞선다. 따라서 4세기 이전의 신라-왜 관계를 전하는 『삼국사기』의 기록은 상당 부분 역사적 사실을 반영한 것으로 보고, 그로부터 신라-왜 관계의 실상을 규명하는 쪽으로 연구의 방향을 잡는 것이 합리적이라고 사료된다.

2) 『삼국사기』 신라본기의 '왜' 관련 기사의 성격 구분을 둘러싼 문제

한편 『삼국사기』 신라본기에 등장하는 '왜' 관련 기사들을 성격상 두

4) 아달라이사금기에 보이는 '倭女土 卑彌乎' 등을 거론한다.
5) 鈴木英夫, 1977 「三國史記新羅本紀倭人倭兵記事の檢討」『國史學』 101

가지로 구분하여 이해하는 것이 그간 일본 학계의 많은 학자들에게서 유행하였다.

대표적인 논자는 이노우에 히데오(井上秀雄)인데, 그는 『삼국사기』에 보이는 '왜' 관련 기사를 크게 두 부류로 구분하였다. 즉 '왜인(倭人)' 또는 '왜병(倭兵)'으로 표기된 기사군과 '왜국(倭國)'으로 표기된 기사군이 그것이다.[6] 이 가운데 왜인, 왜병 관련 기사군은 6세기 진흥왕대의 『국사(國史)』 편찬과 관련이 있는 것들이고, 왜국 관련 기사군은 8세기 후반 이후, 곧 신라 하대에 만들어진 사서가 원전일 것이라고 본 것이다.

원전구분론이라고도 부를 수 있는 이러한 견해는 기노시타 레이진(木下禮仁)에 의해 계승되었는데, 그는 『삼국사기』 신라본기의 '왜' 관련 기사들을 왜인·왜병 관련 기사와 왜국 관련 기사로 구분하는 이노우에의 입장을 받아들인 바탕 위에서, 왜인 또는 왜병은 신라의 동해안을 침범하여 해변의 민을 약탈하고 때로는 왕도인 금성을 핍박하였다는 유형이 비교적 많으며, 삽량성과 같은 남서부로의 침공은 비교적 적고 시대가 내려가는 것이 특징이라고 하여, 왜인·왜병 기사 내에서의 성격 구분을 시도하기도 했다.[7]

이러한 원전구분론자들과는 달리 왜인, 왜병 관련 기사군과 왜국 관련 기사군을 성격적으로 구분하여 보는 것에 반대하는 논자들도 있다.

하타다 다카시(旗田巍)는 『삼국사기』 신라본기에 보이는 왜인, 왜병, 왜적과 왜국, 왜국왕, 왜왕, 왜여왕은 의미가 다르지만, 전혀 다른 상대를 가리키는 것은 아니고 상태의 차이를 나타내는 데 불과하다고 말하

---

6) 井上秀雄, 1970「日本書紀の新羅傳說記事」『日本書紀研究』4
7) 木下禮仁, 1982「五世紀以前の倭關係記事 -三國史記を中心として-」『倭人傳を讀む』

며, 몇몇 일련의 기사에서 왜인, 왜병, 왜국이라는 단어가 함께 사용되고 있다는 사실이 그것을 증명한다고 한다. 그에 의하면, 내습하는 경우에는 왜인, 왜병이라고 하고, 강화가 성립하면 왜국이라고 바꾸어 말한 것일 뿐이며, 실체는 같은 것이라고 한다.[8]

다나카 도시아키(田中俊明)도 같은 입장인데, 그는 『삼국사기』에는 '왜'자 단독으로 쓰이는 것이 전혀 없으며, 이것은 '왜'가 한 글자여서 안정감이 없다고 여겼기 때문일 것이고, 후대의 사료 편찬 단계에서 두 글자 혹은 그 이상으로 정리한 것으로 파악하였다.[9]

그러면, 이 문제를 어떻게 처리하는 것이 합리적일까?

이노우에 이래의 원전구분론은 『삼국사기』 신라본기에 보이는 '왜' 관련 기사들이 서로 다른 원전에서 채록된 것이라는 전제에서 출발하고 있다. 그럴 가능성을 전혀 배제할 수는 없다. '왜' 관련 기사들이 하나의 원전에서 채록된 것이라고 단정할 만한 증거는 없기 때문이다. 그렇지만, 그렇다고 해서 '왜인, 왜병' 관련 기사와 '왜국' 관련 기사로 성격을 구분하고, 그 원전을 구별하는 것이 타당한 방법론이라고 할 수는 없다. 만약 이런 논리가 가능하다면, 신라와 교전과 교류를 거듭한 백제나 고구려 관련 기사들도 성격을 구분하고, 나아가 그 원전을 구별해서 보아야 한다는 것인데, 그럴 수 없다는 것은 너무나도 명백한 것이다.

국가와 국가 사이의 관계란 우호적인 때도 있는 것이고, 갈등을 빚는 때도 있는 것이며, 그에 관계된 사실이 일정 시기에 사서가 편찬될 때 함께 기록된다는 것은 하등 이상할 것이 없다. 덧붙여 말하자면, 신라와 외교 관계를 맺은 대상이 왜인이나 왜병으로 표현될 수 없는 것

8) 旗田巍, 1975「三國史記新羅本紀にあらわれた倭」『日本文化と朝鮮』2
9) 田中俊明, 1982「三國史記にみえる倭關係記事について」『歷史公論』1982-4월호

은 너무나도 당연한 것이다. 외교 관계의 대상은 국가이지 사람이나 군대가 아니기 때문이다. 마찬가지로 신라를 침탈한 주체가 왜인이나 왜병으로 표기되는 것도 당연한 것이다. 침략을 감행하는 것은 사람이지 나라 자체가 아니기 때문이다. 따라서 신라 침탈 기사에서의 왜인, 왜병과 외교 관계 수립 기사에서의 왜국을 서로 별개의 실체로 구분하거나, 더 나아가 아예 원전 자체가 달랐을 것으로 주장하는 것은 그 출발부터가 잘못된 전제에서 이루어진 것으로, 설득력을 지니기 어렵다고 할 것이다.

3) 『삼국사기』 신라본기에 보이는 '왜'의 근거지를 둘러싼 문제

사실 이 문제는 임나일본부설과 관련하여 매우 중요한 의미를 지니는데, 그간 일본 학계에서는 '왜'의 근거지를 한반도 남부 지방, 즉 가야로 보는 설이 제기되어 많은 논란을 일으킨 바 있다.

먼저 '왜'의 근거지를 가야 지방으로 보는 설들부터 검토해 보자.

대표적인 논자는 이노우에 히데오(井上秀雄)이다.[10] 그에 의하면, 『삼국사기』 신라본기에 보이는 왜인과 왜병은 바다를 건너 침략하였다고 특별히 기술하고 있는 것도 있지만, 왕성 또는 경주분지 안에서의 전투를 기록한 것이 많기 때문에, 땅으로 이어지는 지역의 왜인이 침략의 주체였다고 보아야 한다는 것이다. 그리고 다른 사료에 의하면 왜인이 신라와 땅으로 이어진 가라 지방의 주인이라는 설은 옛부터 있었기 때문에, '왜'는 가라 지방의 별명으로 보아야 한다는 주장이다.

10) 井上秀雄, 1970 앞 논문. 그에 앞서 미지나 쇼에이(三品彰英)도 『삼국사기』 초기 기록에 보이는 가야와 '왜'의 동질성을 주장한 바 있다(三品彰英, 1959 『日本書紀朝鮮關係記事考證』 上, 吉川弘文館, pp.170~172).

기노시타 레이진(木下禮仁)도 "조선의 사서에 보이는 왜인의 경우, 그것이 조선 남부의 가라 지방에 있던 종족인지, 현재의 구주 또는 그것을 포함하는 일본열도에 있었던 종족을 가리키는 것인지 확연하게 구별되지 않는 경우가 많다."고 주장하였다. 전술한 바와 같이, 그는 "『삼국사기』 신라본기의 왜 관련 기사들 가운데 왜인·왜병 관련 기사에는 왜인 또는 왜병이 신라의 동해안을 침범하여 해변의 민을 약탈하고 때로는 왕도인 금성을 핍박하였다는 유형이 비교적 많으며, 삽량성과 같은 남서부로의 침공은 비교적 적고 시대가 내려가는 것이 특징"이라고 주장하며, "낙동강 하류역에서부터 경상남도의 동남해안 지대, 거기에 대마 부근까지를 포함하는 지역이 왜인, 왜병의 거주 지역이 아니었을까?"라고 추정하고 있다.[11)]

스즈키 히데오(鈴木英夫) 역시 신라와 '왜'의 주요 교전지 가운데 하나는 왕도 부근 및 영일만, 울산 지방이며, 다른 하나는 삽량성 등의 가야 지방인데, 전자는 배를 이용한 것이며, 후자는 땅으로 침입한 것으로 보아야 한다고 주장하였다. 그리고 전자의 경우도 '가야-특히 삽량 지방-'에 거주하는 왜인과 왜병이 해로를 통해 침입한 것으로 보이므로, 육로든 해로든 '왜'가 가야에 있었던 점에는 틀림이 없다고 단언하였다.[12)]

한편 이러한 '왜'의 가야지역 거주설에 대해 부정적인 입장을 표명하고 있는 논자들도 많은데, 하타다 다카시(旗田巍), 야마오 유키히사(山尾幸久), 스즈키 야스타미(鈴木靖民) 등이 대표적이다. 아울러 북한의 김석형도 이러한 입장에 서 있다.

하타다의 경우, 왜인과 왜국의 실체가 다르다고 볼 수 없으며, 그 왜

11) 木下禮仁, 1982 앞 논문.
12) 鈴木英夫, 1977 앞 논문.

인이 사는 왜국은 바다 건너에 있는 것으로 나오는 이상, 그렇게 보는 것이 합당하고, 왜국에는 왜국왕, 왜왕, 왜여왕 등으로 불리는 존재가 있었다는 주장을 펴고 있다. 그는 '왜'의 군사 거점으로서 대마도가 명시되고 있음을 보아, '왜'의 주된 근거지, 그리고 그들의 국왕 소재지가 일본열도의 어딘가에 있었을 것이며, '왜'의 내습의 계절성도 '왜'가 일본열도에 거주하는 존재였음을 보여주는 것이라고 주장한다.13)

김석형은 이른바 분국설의 입장에서 『삼국사기』 신라본기에 보이는 '왜'는 모두 일본열도 내에 존재하는 세력으로 보고, 그것을 신라와 대립하고 있던 '왜'와 신라와 적대·대립하고 있지 않았던 '왜'로 분류하여 전자를 북구주의 백제계 왜왕국, 후자를 이즈모(出雲)·기비(吉備)의 신라계 왜왕국으로 규정하였다.14)

그렇다면, 이 문제를 어떻게 풀어야 할까?

우선 이노우에처럼 왕도에서의 전투 기록이 많다는 것을 근거로 '왜'의 근거지가 가야였다고 하는 주장은 설득력을 갖기 어렵다. 전투가 벌어진 곳이 바로 도성 주변이었기에 오래 세월 동안 기억에 남을 수 있었고, 그로 인해 후대의 기록에 많이 전할 수 있었다고 볼 수도 있기 때문이다. 그리고 스즈키 히데오처럼 교전지나 침입로를 왜의 근거지 고찰의 결정적인 단서로 삼는 것도 논리적으로 비약일 뿐이지 아무런 적극적 근거를 얻을 수 없는 것이다.

한편 김석형의 분국설에 입각한 일본열도 내의 백제, 신라 계통 '왜'의 존재설도 사실로 입증하기에는 많은 어려움이 뒤따른다.

문제는 이노우에처럼 '왜'가 가야지역에 근거를 두고 있었다고 본다면, 이것은 임나일본부설의 부정이 아니라 또 다른 측면에서의 보강이

---

13) 旗田巍, 1975 앞논문.
14) 김석형, 1966 『초기조일관계연구』, 사회과학원출판사.

되는 것이라는 점이다. 「광개토왕릉비문」에서 보듯이 왜병이 가야 영역에 들어와 있었던 것은 인정할 수 있지만, 그것이 곧 『삼국사기』 신라본기에 등장하는 왜병의 근거지가 가야지역이었다는 설로 비약할 수는 없는 것이다.

4) 『삼국사기』 신라본기에 보이는 '왜'의 성격을 둘러싼 문제

이 문제는 임나일본부설과 관련하여 매우 중요한 의미를 지니는 것으로, 지금까지 일본 학계에서는 다양한 견해들이 표출되었다.

먼저, 왜인·왜병을 단순 해적집단으로 보는 설이다. 대표적인 논자는 하타다 다카시(旗田巍)인데, 그는 왜인은 바다를 건너 끊임없이 내습하였고, 그 계절은 여름철(4, 5, 6월)에 집중된 것으로 나타나므로, 아마도 계절풍과 관련이 있을 것이라고 보았다. 그리고 당시까지 왜인은 계절풍의 제약을 극복할 만한 조선술이나 항해술을 지니지 못했던 것 같다고 덧붙이면서, 왜인은 신라의 수도인 금성을 비롯하여 신라의 성읍을 위협할 정도의 강한 힘을 지니고 내습했지만, 지속적인 점령과 지배를 한 흔적은 없다고 하고, 왜인의 내습은 물건이나 인간의 약탈을 목적으로 한 것인 듯하다고 주장하였다. 결론적으로, 신라를 습격한 왜인은 일본열도에서 계절적으로 바다를 건너 내습하여 물건과 사람을 약탈하는 해적 집단이었다는 것이다.[15]

두 번째로 5세기 이전의 왜인·왜병은 단순 해적집단이지만, 5세기 후반의 경우는 왜 왕권과 관련이 있으며, 왜국은 일본 열도의 정치세력이라고 보는 설이다. 이 설의 주창자는 스즈키 히데오(鈴木英夫)인데, 그에 의하면 『삼국사기』에 신라를 자주 습격했다고 기록되어 있는

15) 旗田巍, 1975 앞논문.

왜인, 왜병이라는 무장 집단은 정치권력체와 국가 조직을 배후로 가지지 않는 해적 집단의 인상이 짙다고 하며, 『삼국사기』에 왜국과 왜인, 왜병으로 구별되는 두 가지 종류의 표기가 존재하는 것은 어떤 차이를 반영하는 것으로, 왜국 관계 기사는 대체로 일본열도의 정치세력을 가리키는 것으로 이해할 수 있다고 한다.

한편 신라본기에 실린 신라 고유 사료인 왜인, 왜병 사료군은 개개의 기사 내용을 분석하면, 일본열도의 정치권력이라고 간단하게 단언할 수 없는데, 『삼국사기』에는 국가적 세력인 백제, 고구려가 침입하는 경우에는 국명으로 표기하는 것이 일반적이나, '왜'의 경우에는 왜국이라는 국명이 아니라 왜인, 왜병으로 표기하였고, 이런 점에서 본다면, 이 왜인이나 왜병은 신라인에게는 국가적 세력으로는 인식되지 않았다고 생각하는 것이 온당하다는 것이다. 그러므로 왜인, 왜병의 신라 공격은 왜국, 왜왕과는 아무런 관련이 없다는 것인데, 그렇지만 하타다처럼 왜인, 왜병을 모두 해적집단으로 이해하는 것도 곤란하며, 『삼국사기』의 기사들 가운데는 이들을 해적집단으로 보기 어려운 기사들도 존재하는바, 460년대 무렵에는 해적의 약탈 행위가 아니라 명확한 정치 목적을 지닌 일본열도의 정치세력, 곧 왜국, 왜왕권의 군대가 파견되어 신라를 침범한 것으로 볼 수 있다는 것이다. 그리고 이 '왜'는 「광개토왕릉비문」에 보이는 '왜'를 계승한 것이라는 입장을 취하고 있다.

그는 신라가 460년대까지도 여전히 고구려의 통제를 받고 있었으며 고구려의 지배 위협은 가야의 일부에도 미치고 있었던 듯한데, 가야가 이러한 압력으로부터 자립하려고 한 것은 역사적 추세였다고 주장하며, 왜 왕권도 백제 지원, 고구려와의 대립이라는 정책에서 가야 재지세력과 공통된 입장에 서 있어, 가야를 지원할 필요성이 있었을 것이라고 주장하고 있다.16)

세 번째의 설은 『삼국사기』에 보이는 '왜'를 가라로 보는 설인데, 앞서 거론한 바와 같이 이노우에 히데오(井上秀雄)가 그 주창자이다. 그는 『삼국유사』에 신라가 남쪽으로 왜와 접하고 있다는 기록이 있음을 중시하여, 『삼국사기』에 보이는 '신라를 자주 침공한 왜인 또는 왜병'은 일본열도의 야마토 정권과 무관하며, 한반도 남부 가야 지역에 거주하고 있던 왜인으로 추정하였다.17)

네 번째의 설은 '왜'를 일본열도의 야마토 정권으로 보는 설인데, 기노시타 레이진(木下禮仁)으로 대표되지만 실제로 많은 수의 일본 학자들이 동조하고 있다고 판단된다.

그렇다면, 이 문제를 어떻게 풀어야 할 것인가?

우선 『삼국사기』에 보이는 '왜'가 꼭 동일한 실체를 가리킨다고 전제할 필요는 없다. 일본에서 야마토 정권이 확립되기 이전 시기인 3세기경까지의 관련 기사에서의 '왜'는 당연히 야마토 정권이라고 볼 수 없다. 신라인들의 관념 속에 뭉뚱그려 '왜'로 인식되었을 뿐이지 그 실체는 다양하였을 수 있다는 것이다. 때로는 해적적인 성격의 집단이 일본열도의 여러 정치 세력들을 주도해 가던 집단의 통제를 받지 않고 침탈을 자행했을 수 있다.

다만 4세기 후반 이후, 일본열도에서 나름의 정치질서가 형성된 이후에는 무작정 해적집단의 침탈이라고만 단정할 수도 없다. 예컨대 『삼국사기』의 석우로 전승과 박제상 전승에 보이는 '왜'는 분명히 야마토 정권과 일정하게 관련이 있는 집단으로 보는 것이 합리적인데, 이에 대해서는 절을 바꾸어서 검토해 보자.

16) 鈴木英夫, 1977 앞 논문.
17) 井上秀雄, 1970 앞 논문.

3. 『삼국사기』 신라본기에 보이는 '왜'의 성격

『삼국사기』 신라본기에 보이는 '왜'가 단일한 정치 세력을 지칭하는 것이 아닐 가능성이 크지만, 문제는 그렇다고 해서 일본열도의 정치적 주도 세력과는 전혀 무관한 것으로 단정할 수 있느냐이다. 즉 기나이(畿內)를 중심으로 세력을 형성하고 있던 야마토 정권이 신라본기에 등장하는 '왜'와는 아무런 관련이 없다고 볼 수 있느냐이다.

우리 학계에서는 대체로 규슈 지역의 독자적 정치 세력이 『삼국사기』 신라본기 등에 나타난 '왜'의 실체일 것으로 보는 경향이 강하고, 기나이의 야마토 정권을 배제하려는 분위기가 일반적이다.[18] 위에서도 언급했듯이, 기나이의 정치 세력으로서의 야마토 정권은 대체로 4세기 이후에 그 모습을 본격적으로 드러낸 것으로 판단된다.[19] 따라서 『삼국사기』 신라본기에서 3세기까지의 관련 기록에 등장하는 '왜'는 분명히 야마토 정권과는 관련이 없는 별개의 집단으로 보는 것이 합리적이다. 그렇지만, 4세기 이후의 관련 기록에 등장하는 '왜'가 당시 일본열도의 주도적인 정치 세력으로서의 입지를 굳힌 야마토 정권이 아니었다고 미리부터 배제하는 것은 합당하지 않다.

특히 『삼국사기』 석우로 열전과 박제상 열전에 등장하는 '왜'는 야마토 정권과 무관하다고 단정하기 어렵다. 야마토 정권의 역사를 기록한

---

18) 李鍾恒, 1977 「三國史記에 보이는 倭의 實體에 대하여」 『國民大學論文集』(인문과학편) 11
延敏洙, 1988·1989 「5世紀 以前의 新羅의 對倭關係」 『日本學』 7, 8·9
金澤均, 1990 「三國史記 新羅의 對倭 關係 記事 分析」 『江原史學』 6
李鍾旭, 1992 「廣開土王陵碑 및 三國史記에 보이는 '倭兵'의 正體」 『韓國史市民講座』 11

19) 이에 관해서는 강종훈, 2001 「4세기 백제-왜 관계의 성립과 그 배경」 『역사와 현실』 40 참고.

『일본서기』에 석우로와 박제상에 관련된 전승이 나오고 있기 때문이다. 물론 『일본서기』의 전승은 『삼국사기』의 전승과 차이를 보이는 부분이 적지 않다. 하지만, 줄거리에 있어서는 대체로 일치하는 모습을 보인다. 두 사서에서 전하는 내용이 서로 통한다는 점에서 석우로 전승과 박제상 전승은 역사적 사실을 일정하게 반영하고 있다고 보아도 좋다. 그리고 그 두 전승에서 나타나는 '왜'의 실체가 야마토 정권이었을 가능성은 대단히 높다. 이 두 전승에서의 '왜'를 규슈의 독자 세력이었을 것이라고 추정하는 것은 아무래도 적극적인 근거를 확보하기는 힘들다고 여겨진다.

요컨대, 4세기와 5세기에 신라는 야마토 정권의 '왜'와 여러 형태의 접촉을 가졌다고 보는 것이 옳겠다. 물론 계속 언급했듯이, 그 접촉이란 주로 '왜'가 신라를 침탈하는 형태로 이루어졌다. 4세기 후반 흘해이사금대와 내물이사금대에는 '왜'가 신라의 수도인 금성을 집중 공격하였는데, 이것은 그 이전 시기에 주로 신라의 변경을 약탈했던 것과는 분명히 차이를 보이는 것이다. 그렇다면 문제는 야마토 정권의 '왜'가 신라를 빈번하게 침략한 배경이 무엇이며, 그 침략이 무엇을 목표로 한 것이었는지를 밝히는 것이 된다.

4세기 후반의 신라는 진한의 거의 전 지역을 통합한 큰 세력으로 성장한 상태였다. 경주 지역을 주된 영역 범위로 하는 조그마한 나라가 아니라, 오늘날의 대구광역시를 포함한 경상북도 대부분의 지역과 부산광역시, 울산광역시를 포함한 낙동강 동쪽의 경상남도 지역을 자신의 영역으로 하는 자못 강성한 국가로 변모해 있었던 것이다. 그런데 바로 이 시기에 신라는 '왜'의 군사적 침탈을 심하게 겪고 있었다. 석우로 전승에서 전하는 바와 같이 때로는 왜병을 격멸한 경우도 있었지만, 수세에 몰린 적이 여러 번 있었다. 바다를 건너온 왜병의 규모가 신라가 상대하기에 버거울 정도로 많은 것은 분명 아니었을 텐데, 도대체 왜 신라는 이처럼 왜병의 공격에 계속 당하는 모습을 보였던 것일까?

그 이유는 역설적이게도 신라가 진한의 여러 소국들을 통합한 것에서 찾을 수 있다. 진한의 여러 소국들을 군사적으로 정복하거나 위협과 압박을 통해 복속시킨 이후, 신라는 과거 진한의 요충 지역에 자신들의 병력을 나누어 파견하여 감시와 통제를 시행하였다. 자연히 수도인 경주 지역의 방어력은 전에 비해 허약해질 수밖에 없었을 것이고, 행여 내부 또는 외부로부터 적이 수도를 급습할 경우 신속하고 적절한 대처가 어려운 지경에 빠질 수 있었던 것이다. 4세기 후반 유례이사금대에는[20] 청도 지역에 있던 옛 이서국의 잔여 세력이 반란을 일으켜 경주 지역을 급습하는 바람에 신라는 큰 위기를 겪기도 했는데, 이것은 바로 진한 통합으로 인해 야기된 수도 방위의 허점을 그대로 노출시킨 사건이라고 할 수 있다.

신라가 이전보다 국력이 더 강해졌음에도 불구하고 바다를 건너온 왜병의 공격에 시달릴 수밖에 없었던 이유는 바로 여기에 있었던 것이다. 왜는 바다를 통해 급습해 오기 때문에 동해안에 가까운 지역에 수도를 둔 신라로서는 대처하기가 더욱 힘들었을 것이다.

그렇다면 '왜'는 신라의 이러한 방어상의 문제점을 알고서, 아예 신라를 정복하고 지배할 목적으로 바다를 건너온 것일까? 물론 그렇게 볼 수는 없다. 당시의 상황에서는 '왜'가 한반도의 남부 지역에 자기의 영역을 확보하고 군사적으로 지배를 실행하기란 거의 불가능했을 것이

---

20) 『삼국사기』에는 유례이사금이 3세기 후반에 재위한 것으로 나오지만, 그의 실제 재위 연대는 4세기 후반으로 보는 것이 합리적이다(강종훈, 2000 『신라상고사연구』 서울대출판부, 제2장 참고).

기 때문이다. 일시적인 약탈과 그 과정에서의 극히 단기간의 점령은 가능할 수도 있었겠지만, 현해탄을 건너 연락과 지원마저 용이하지 않은 그야말로 '사지(死地)'[21]에 장기간에 걸쳐 영역을 확보하고 유지하기란 애초부터 불가능한 것이다. 엄청난 유지비용을 감안할 때 해외 영역 확보와 군사 지배는 실효성이 전혀 없는 것으로, 일본열도 각지의 정치세력을 감시하고 통제하기에도 바빴을 야마토 정권이 신라를 군사적으로 정복하고 직접 지배한다는 것은 꿈조차 꾸기 어려운 일이었을 것이다.

결국 '왜'의 신라 침탈은 그것이 해적적 성격의 집단에 의해서 이루어졌건 야마토 정권 차원에서 이루어졌건 기본적으로 약탈의 차원을 벗어나기는 어려운 것이라고 하겠다. 다만 야마토 정권의 경우 한반도에서 일어나는 상황의 변화에 따라 상대하는 나라들과 그에 대한 대응 양식이 바뀌었던 것으로 보인다.

예컨대 백제본기에 보이는 '왜'는 야마토 정권임이 거의 확실한데, 관련 기사 모두가 백제와 '왜' 사이의 우호 관계에 관한 것이다. 야마토 정권이 신라와는 달리 백제와 우호 관계를 유지한 것은 물론 백제 측이 원해서였을 수도 있지만, 애초에 백제와 '왜' 사이에 교류가 시작될 때는 백제와 우호 관계를 맺고자 하는 '왜'의 의지가 대단히 강하였다.[22] '왜'는 백제를 통해 중국의 선진 문물을 간접적으로 전수받을 수 있었기에, 자신들의 입장에서 백제는 매우 중요한 외교 상대일 수밖에 없었다. 백제가 필요로 할 때는 군사를 보내어 백제의 전쟁 수행을 도와주지 않을 수 없었으며, 369년에 있었던 백제의 마한 정벌 때 왜병이 동원되었던 것은 그 구체적인 실례이다. 4세기말 고구려의 광개토

21) 부록의 28번 기사에 '死地'라는 표현이 보인다.
22) 이에 관한 설명은 강종훈, 2001 앞 논문 참조.

왕이 백제를 군사적으로 압박하자, 궁지에 몰린 백제는 '왜'의 군사 원조를 절실히 필요로 하게 되었고, 이 바람에 '왜'가 백제에 대해 우월의식을 갖게 되었을 수도 있지만, 여하튼 백제와의 관계가 경색된 상태에서는 자신들이 원하는 선진 문물의 전수가 힘들어지기 때문에 우호 관계를 스스로 깨는 행동을 하기는 어려웠을 것이다.

신라에 대해서는 간혹 우호 관계를 맺어 평화적인 교류를 행하기도 했지만, 자신들이 필요로 하는 물자를 원하는 만큼 얻기 어려운 상황이 되면, 약탈을 감행하여 적대적인 관계로 돌아서곤 했다. 그리고 4세기말 백제와 고구려 사이의 대립이 격화되었을 때는, 고구려의 영향권 내에 존재하면서 백제에게는 잠재적인 적대 세력으로 인식되던 신라를 공격하여 백제를 측면 지원하는 한편 자신들의 물질적인 욕구를 충족시키려 하기도 했다. 신라는 결국 고구려의 도움을 받아 '왜'의 침탈에서 벗어나게 되었지만, '왜'는 신라에게는 늘 지겨운 '거머리'와 같은 존재로 남을 수밖에 없었던 것이다.

『삼국사기』에 나타난 '왜'는 백제에게는 협조자, 신라에게는 원수로 그려져 있다. 그들이 한반도 남부 지역에 자기 세력을 부식하고, 그를 통해 백제와 신라를 지배했다는 것은 적어도 『삼국사기』에 의하는 한 아무런 근거를 얻을 수 없는 것이다. 마치 고려말 조선초의 왜구가 그랬던 것처럼 이 시기의 '왜'는 신라를 괴롭히기는 했지만, 두 나라를 지배할 수 있는 상황은 결코 아니었으며, 실제로 그럴 수 있는 능력도 갖추지 못한 상태였다. 후대의 일본 사관들이 자기 왕실의 권위를 높이기 위해 『일본서기』 등에 야마토 정권의 한반도 남부 지역에 대한 지배와 백제·신라의 복속 등을 조작해 넣었을 수는 있으나, 그것은 실상과는 거리가 먼 것이고, 단지 자신들의 환상과 염원을 역사서에 투영한 것일 뿐이다. 따라서 이러한 왜곡된 역사 인식에 기초하여 구축된 임나일본부설은 애초부터 합리성을 결여한 것이었고, 그것을 계속 고집하는 것은 21세기의 바람직한 한일관계의 정립에도 아무런 도움이 되지 못하는 것이라 할 것이다.

4. 소결

그동안 일본 학계에서 견지되어온 임나일본부설은 4세기 중엽부터 6세기 중엽까지 200여년에 걸쳐 고대 일본이 한반도 남부의 여러 나라를 직접 또는 간접적으로 지배했다고 하는 것을 근간으로 하고 있다. 그 타당성을 검증하는 데 있어, 우리 측의 문헌 자료에서 과연 그러한 사실이 입증될 수 있는지를 확인하는 것은 매우 유용한 작업이 될 수 있다. 『삼국사기』에는 4세기 이전부터 '왜'가 신라를 비롯한 우리 고대 국가들과 관계를 맺은 사실이 다수 기록되어 있다. 본고에서는 이에 대한 분석을 통해 임나일본부설의 타당성을 검증하고자 하였으며, 기존의 연구 성과를 비판적으로 점검하고, 새로운 시각에서의 접근을 모색하였다.

기존의 연구는 주로 일본 측 학자들에 의해 이루어진 것이 많고, 남북한의 몇몇 학자들이 가끔씩 자신의 견해를 드러낸 정도이다. 일본 측의 연구에서 두드러지는 것은 4세기 일본의 정치적 주도 세력인 야마토 조정의 한반도 출병을 기정사실화하고, 그것이 곧 한반도 남부의 가야를 비롯한 여러 나라들에 대한 군사적, 정치적 영향력 행사를 위한 것이었다는 것을 전제로 하고 있다는 것이다. 본고에서는 그와 같은 시각의 접근이 잘못된 것이며, 4세기 당시에 신라를 집중적으로 침탈하던 왜는 생활 물자의 조달을 위해 위험을 무릅쓰고 바다를 건너온 해적적 성격의 집단이 주류를 이루고 있고, 설사 야마도 조정이 군사 파견의 주체였다고 하더라도 그것은 신라를 위시한 한반도 남부의 여러 나라들을 군사적으로 지배할 목적에서가 아니라 선진 문물에 대한 갈증을 해소하기 위해 단발적인 침탈을 자행한 것으로 보아야 함을 지적하였다.

부록 : 『삼국사기』의 '왜' 관련 기사 일람

1) 三國史記 卷 第一 新羅本紀 第一 始祖 赫居世居西干 八年

왜인이 군사를 이끌고 와서 변경을 침범하려다가 시조가 거룩한 덕을 지니고 있다는 말을 듣고서 되돌아갔다.[23)]

2) 三國史記 卷 第一 新羅本紀 第一 始祖 赫居世居西干 三十八年

봄 2월에 호공을 마한에 보내 예방하였다. 마한왕이 호공을 꾸짖어 말하였다.

"진한과 변한 두 나라는 우리의 속국인데 근년에 공물(貢物)을 보내지 않으니, 큰 나라를 섬기는 예의가 이와 같은가?"

[호공이] 대답하였다.

"우리나라는 두 성인이 일어나서부터 인사가 잘 다스려지고 천시가 순조로워, 창고는 가득 차고 백성은 공경하고 겸양할 줄 압니다. 그래서 진한의 유민으로부터 변한·낙랑·**왜인**에 이르기까지 두려워하는 마음을 품지 않음이 없습니다."

호공이라는 사람은 종족과 성을 자세히 알 수 없으나 본디 왜인이었다. 처음에 박을 허리에 매고서 바다를 건너온 까닭에 호공이라 불렀다.[24)]

3) 三國史記 卷 第一 新羅本紀 第一 南解次次雄 十一年

왜인이 병선 백여 척을 보내 바닷가의 민가를 노략질하므로, 6부의 날랜 군사를 보내어 그들을 막았다.[25)]

---

23) "倭人行兵 欲犯邊 聞始祖有神德 乃還"

24) "春二月 遣瓠公聘於馬韓 馬韓王讓瓠公曰 辰·卞二韓 爲我屬國 比年不輸職貢 事大之禮 其若是乎 對曰 我國自二聖肇興 人事修天時和 倉庾充實 人民敬讓 自辰韓遺民 以至卞韓·樂浪·倭人 無不畏懷 瓠公者 未詳其族姓 本倭人 初以瓠繫腰 渡海而來 故稱瓠公"

25) "倭人遣兵船百餘艘 掠海邊民戶 發六部勁兵以禦之"

4) 三國史記 卷 第一 新羅本紀 第一 脫解尼師今

성은 석씨이고 왕비는 아효부인이었다. 탈해는 본래 다파나국에서 태어났는데, 그 나라는 **왜국**의 동북쪽 1천 리 되는 곳에 있다.26)

5) 三國史記 卷 第一 新羅本紀 第一 脫解尼師今 三年

여름 5월에 **왜국**과 우호관계를 맺고 사신을 교환하였다.27)

6) 三國史記 卷 第一 新羅本紀 第一 脫解尼師今 十七年

왜인이 목출도에 침입하였다. 왕이 각간 우오를 보내 그들을 방어하게 했으나 이기지 못하고 우오는 전사하였다.28)

7) 三國史記 卷 第一 新羅本紀 第一 祇摩尼師今 十年

여름 4월에 **왜인**이 동쪽 변경에 침입하였다.29)

8) 三國史記 卷 第一 新羅本紀 第一 祇摩尼師今 十一年

여름 4월에 큰 바람이 동쪽에서 불어 나무가 부러지고 기와가 날아갔는데 저녁이 되어서야 그쳤다. 서울 사람들이 "**왜병**이 크게 쳐들어온다"고 말을 잘못 퍼뜨리고는 다투어 산골짜기로 도망하여 숨었다. 왕이 이찬 익종 등에게 명하여 타일러 말렸다.30)

---

26) "姓昔 妃阿孝夫人 脫解本多婆那國所生也 其國在倭國東北一千里"

27) "夏五月 與倭國結好交聘"

28) "倭人侵木出島 王遣角干羽烏禦之 不克 羽烏死之"

29) "夏四月 倭人侵東邊"

30) "夏四月 大風東來 折木飛瓦 至夕而止 都人訛言 倭兵大來 爭遁山谷 王命伊翌宗等諭止之"

9) 三國史記 卷 第一 新羅本紀 第一 祇摩尼師今 十二年

봄 3월에 **왜국**과 화해하였다.[31]

10) 三國史記 卷 第二 新羅本紀 第二 阿達羅尼師今 五年

봄 3월에 … **왜인**이 와서 예방하였다.[32]

11) 三國史記 卷 第二 新羅本紀 第二 阿達羅尼師今 二十年

여름 5월에 **왜 여왕** 비미호가 사신을 보내와 예방하였다.[33]

12) 三國史記 卷 第二 新羅本紀 第二 伐休尼師今 十年

6월에 **왜인**이 크게 굶주려, 먹을 것을 구하러 온 사람이 천여 명이나 되었다.[34]

13) 三國史記 卷 第二 新羅本紀 第二 奈解尼師今 十三年

여름 4월에 **왜인**이 변경을 침범하였으므로 이벌찬 이음을 보내 군사를 거느리고 막게 하였다.[35]

14) 三國史記 卷 第二 新羅本紀 第二 助賁尼師今 三年

여름 4월에 **왜인**이 갑자기 와서 금성을 에워쌌다. 왕이 몸소 나가 싸우니 적이 흩어져 도망하였으므로, 가볍게 무장한 날랜 기병을 보내 그들을 추격하여 천여 명을 죽이거나 사로잡았다.[36]

---

31) "十二年 春三月 與倭國講和"
32) "五年 春三月 … 倭人來聘"
33) "夏五月 倭女王卑彌乎 遣使來聘"
34) "六月 倭人大饑 來求食者千餘人"
35) "夏四月 倭人犯境 遣伊伐湌利音 將兵拒之"
36) "夏四月 倭人猝至圍金城 王親出戰 賊潰走 遣輕騎追擊之 殺獲一千餘級"

15) 三國史記 卷 第二 新羅本紀 第二 助賁尼師今 四年

5월에 **왜병**이 동쪽 변경을 노략질하였다.

가을 7월에 이찬 우로가 **왜인**과 사도에서 싸웠는데, 바람을 이용하여 불을 놓아 배를 불태우니 적들이 물속에 뛰어들어 모두 죽었다.37)

16) 三國史記 卷 第二 新羅本紀 第二 沾解尼師今 三年

여름 4월에 **왜인**이 서불한 우로를 죽였다.38)

17) 三國史記 卷 第二 新羅本紀 第二 儒禮尼師今 四年

여름 4월에 **왜인**이 일례부를 습격하여 불질러 태우고는 백성 1천 명을 붙잡아 갔다.39)

18) 三國史記 卷 第二 新羅本紀 第二 儒禮尼師今 六年

여름 5월에 **왜병**이 쳐들어온다는 소문을 듣고 배와 노를 수리하고 갑옷과 무기를 손질하였다.40)

19) 三國史記 卷 第二 新羅本紀 第二 儒禮尼師今 九年

여름 6월에 **왜병**이 사도성을 공격하여 함락시켰으므로, 일길찬 대곡에게 명하여 군사를 거느리고 가서 구원하고 지키게 하였다.41)

20) 三國史記 卷 第二 新羅本紀 第二 儒禮尼師今 十一年

여름에 **왜병**이 장봉성을 공격해 왔으나 이기지 못하였다.42)

---

37) "五月 倭兵寇東邊 秋七月 伊飡于老與倭人戰沙道 乘風縱火焚舟 賊赴水死盡"
38) "夏四月 倭人殺舒弗邯于老"
39) "夏四月 倭人襲一禮部 縱火燒之 虜人一千而去"
40) "夏五月 聞倭兵至 理舟楫 繕甲兵"
41) "夏六月 倭兵攻陷沙道城 命一吉飡大谷 領兵救完之"
42) "夏 倭兵來攻長峯城 不克"

21) 三國史記 卷 第二 新羅本紀 第二 儒禮尼師今 十二年

봄에 왕이 신하들에게 말하였다.

"**왜인**이 자주 우리의 성읍을 침범하여 백성들이 편안하게 살 수가 없다. 나는 백제와 꾀하여 일시에 바다를 건너 그 나라에 들어가 공격하고자 하는데 어떠한가?"

서불한 홍권이 대답하였다.

"우리나라 사람은 물에서의 싸움은 익숙하지 않은데, 위험을 무릅쓰고 멀리까지 가서 정벌한다면 뜻하지 않은 위험이 있을까 두렵습니다. 하물며 백제는 거짓이 많고 항상 우리나라를 집어삼키려는 마음을 가지고 있으니 또한 함께 도모하기는 어려울 듯합니다."

왕이 "옳다"고 하였다.[43)]

22) 三國史記 卷 第二 新羅本紀 第二 基臨尼師今 三年

봄 정월에 **왜국**과 사신을 교환하였다.[44)]

23) 三國史記 卷 第二 新羅本紀 第二 訖解尼師今 三年

봄 3월에 **왜국 왕**이 사신을 보내 자신의 아들을 위해 혼인을 청하였으므로 아찬 급리의 딸을 보냈다.[45)]

24) 三國史記 卷 第二 新羅本紀 第二 訖解尼師今 三十五年

봄 2월에 **왜국**에서 사신을 보내와 혼인을 요청하였으나, 딸이 이미 시집갔다고 하여 사절하였다.[46)]

---

43) "春 王謂臣下曰 倭人屢犯我城邑 百姓不得安居 吾欲與百濟謀 一時浮海 入擊其國 如何 舒弗邯弘權對曰 吾人不習水戰 冒險遠征 恐有不測之危 況百濟多詐 常有呑噬我國之心 亦恐難與同謀 王曰 善"

44) "三年 春正月 與倭國交聘"

45) "春三月 倭國王遣使 爲子求婚 以阿飡急利女送之"

46) "春二月 倭國遣使請婚 辭以女既出嫁"

25) 三國史記 卷 第二 新羅本紀 第二 訖解尼師今 三十六年

봄 2월에 **왜왕**이 글을 보내와 국교를 끊었다.[47]

26) 三國史記 卷 第二 新羅本紀 第二 訖解尼師今 三十七年

왜병이 갑자기 풍도에 이르러 변방의 민가를 노략질하였다. 또 진군하여 금성을 에워싸고 급하게 공격하였다. 왕이 군사를 내어 상대하여 싸우고자 하였으나 이벌찬 강세가 말하였다.

"적은 멀리서 왔으므로 그 칼날을 당해낼 수가 없으니, 그것을 늦추었다가 그 군사가 피로해지기를 기다리는 것만 못합니다."

왕이 그렇다고 여겨 문을 닫고 나가지 않으니 적은 식량이 떨어져 장차 물러가려 하였다. 강세에게 명하여 날쌘 기병을 이끌고 추격하여 쫓아 버렸다.[48]

27) 三國史記 卷 第三 新羅本紀 第三 奈勿尼師今 九年

여름 4월에 **왜병**이 대거 이르렀다. 왕이 듣고서 대적할 수 없을까 두려워 풀로 허수아비 수천 개를 만들어 옷을 입히고 무기를 들려서 토함산 아래에 나란히 세워 두었다. 그리고 용맹한 군사 1천 명을 부현의 동쪽 들판에 숨겨놓았다. **왜인**이 자기 무리가 많음을 믿고 곧바로 나아가자 숨어 있던 군사가 일어나 불의에 공격하였다. **왜인**이 크게 패하여 달아나므로 추격하여 그들을 거의 다 죽였다.[49]

---

47) "春二月 倭王移書絶交"

48) "三十七年 倭兵猝至風島 抄掠邊戶 又進圍金城急攻 王欲出兵相戰 伊伐湌康世曰 賊遠至 其鋒不可當 不若緩之待其師老 王然之 閉門不出 賊食盡將退 命康世率勁騎 追擊走之"

49) "九年 夏四月 倭兵大至 王聞之 恐不可敵 造草偶人數千 衣衣持兵 列立吐含山下 伏勇士一千於斧峴東原 倭人恃衆直進 伏發擊其不意 倭人大敗走 追擊殺之幾盡"

28) 三國史記 卷 第三 新羅本紀 第三 奈勿尼師今 三十八年

여름 5월에 **왜인**이 와서 금성을 에워싸고 5일 동안 풀지 않았다. 장수와 병사들이 모두 나가 싸우기를 청하였으나, 왕이 “지금 적들은 배를 버리고 육지 깊숙이 들어와 ‘사지(死地)’에 있으니 그 칼날을 당할 수 없다.” 고 말하고 성문을 닫았다. 적이 아무 성과 없이 물러가자 왕이 용맹한 기병 200명을 먼저 보내 돌아가는 길을 막고, 보병 1천 명을 보내 독산까지 추격하여 양쪽에서 공격하여 크게 쳐부수었는데, 죽이거나 사로잡은 사람이 매우 많았다.[50]

29) 三國史記 卷 第三 新羅本紀 第三 實聖尼師今 元年

3월에 **왜국**과 우호를 통하고, 내물왕의 아들 미사흔을 볼모로 삼았다.[51]

30) 三國史記 卷 第三 新羅本紀 第三 實聖尼師今 四年

여름 4월에 **왜병**이 와서 명활성을 공격하였으나 이기지 못하고 돌아갔다. 왕이 기병을 이끌고 독산의 남쪽 길목에서 기다리고 있다가 두 번 싸워 그들을 격파하여 300여 명을 죽이거나 사로잡았다.[52]

31) 三國史記 卷 第三 新羅本紀 第三 實聖尼師今 六年

봄 3월에 **왜인**이 동쪽 변경을 침범하였다.

여름 6월에 또 남쪽 변경을 침범하여 100명을 약탈해 갔다.[53]

---

50) “三十八年 夏五月 倭人來圍金城 五日不解 將士皆請出戰 王曰 今賊棄舟深入在於死地 鋒不可當 乃閉城門 賊無功而退 王先遣勇騎二百 遮其歸路 又遣步卒一千 追於獨山 夾擊大敗之 殺獲甚衆”

51) “三月 與倭國通好 以奈勿王子未斯欣爲質”

52) “夏四月 倭兵來攻明活城 不克而歸 王率騎兵 要之獨山之南 再戰破之 殺獲三百餘級”

53) “春三月 倭人侵東邊 夏六月 又侵南邊 奪掠一百人”

32) 三國史記 卷 第三 新羅本紀 第三 實聖尼師今 七年

봄 2월에 왕은, **왜인**이 대마도에 병영을 설치하고 무기와 군량을 쌓아 두고서 우리를 습격하려고 한다는 말을 듣고서 그들이 일을 일으키기 전에 우리가 먼저 정예 군사를 뽑아 적의 진영을 격파하고자 하였다. 서불한 미사품이 말하였다.

"신이 듣건대 '무기는 흉한 도구이고 싸움은 위험한 일이다.'라 합니다. 하물며 큰 바다를 건너서 다른 사람을 정벌하는 것은 말할 것도 없습니다. 만에 하나 이기지 못하면 후회해도 돌이킬 수 없으니, 험한 곳에 의지하여 관문을 설치하고 그들이 오면 막아서 쳐들어와 어지럽힐 수 없게 하다가 유리할 때 나아가 그들을 사로잡는 것만 같지 못합니다. 이것은 이른바 남을 유인하지만 남에게 유인당하지 않는다는 것이니, 가장 좋은 계책입니다."

왕이 그 말에 따랐다.[54]

33) 三國史記 卷 第三 新羅本紀 第三 實聖尼師今 十四年

가을 8월에 **왜인**과 풍도에서 싸워 이겼다.[55]

34) 三國史記 卷 第三 新羅本紀 第三 訥祇麻立干 二年

가을에 왕의 동생 미사흔이 **왜국**으로부터 도망쳐 돌아왔다.[56]

35) 三國史記 卷 第三 新羅本紀 第三 訥祇麻立干 十五年

여름 4월에 **왜병**이 동쪽 변경을 침범해 와 명활성을 에워쌌다가 아무런

---

54) "春二月 王聞 倭人於對馬島置營 貯以兵革資粮 以謀襲我 我欲先其未發 揀精兵擊破兵儲 舒弗邯未斯品曰 臣聞 兵凶器 戰危事 況涉巨浸以伐人 萬一失利 則悔不可追 不若依嶮設關 來則禦之 使不得侵猾 便則出而禽之 此所謂致人而不致於人 策之上也 王從之"

55) "秋八月 與倭人戰於風島 克之"

56) "秋 王弟未斯欣 自倭國逃還"

성과 없이 물러갔다.[57]

36) 三國史記 卷 第三 新羅本紀 第三 訥祇麻立干 二十四年

왜인이 남쪽 변경에 침입하여 백성을 붙잡아 갔다.

여름 6월에 또 동쪽 변경을 침범하였다.[58]

37) 三國史記 卷 第三 新羅本紀 第三 訥祇麻立干 二十八年

여름 4월에 **왜병**이 금성을 열흘 동안 에워싸고 있다가 식량이 떨어져 되돌아갔다. 왕이 군사를 내어 그들은 추격하려고 하자, 좌우에서 말하였다. "병가(兵家)의 말에 '궁지에 몰린 도적은 뒤쫓지 말라.'고 하였으니 왕께서는 그 일을 그만두십시오."

그러나 왕은 듣지 않고 수천의 기병을 이끌고 독산 동쪽까지 뒤쫓아가 싸우다가 적에게 져서 장수와 사졸 가운데 죽은 사람이 반이 넘었다. 왕은 허겁지겁 말을 버리고 산에 올라가니 적이 몇 겹으로 에워쌌는데, 갑자기 안개가 어둑하게 끼어 바로 앞에 있는 것도 알아볼 수 없었다. 적들이 이르기를 "신이 돌보아 주는구나." 하고는 군사를 거두어 물러갔다.[59]

38) 三國史記 卷 第三 新羅本紀 第三 慈悲麻立干 二年

여름 4월에 **왜인**이 병선 100여 척으로 동쪽 변경을 습격하고 나아가 월성을 에워싸고는 사방에서 화살과 돌을 비오듯이 퍼부었다. 왕성을 굳게 지키자 적들이 장차 물러가려고 하였다. 이에 군사를 내어 공격하여 쳐부수고 북쪽으로 바다 어구까지 뒤쫓아갔다. 적들 중에 물에 빠져 죽은 사람이 반이 넘었다.[60]

---

57) "夏四月 倭兵來侵東邊 圍明活城 無功而退"

58) "倭人侵南邊 掠取生口而去 夏六月 又侵東邊"

59) "夏四月 倭兵圍金城十日 糧盡乃歸 王欲出兵追之 左右曰 兵家之說曰 窮寇勿追 王其舍之 不聽 率數千餘騎 追及於獨山之東 合戰爲賊所敗 將士死者過半 王蒼黃棄馬上山 賊圍之數重 忽昏霧 不辨咫尺 賊謂 有陰助 收兵退歸"

39) 三國史記 卷 第三 新羅本紀 第三 慈悲麻立干 五年

여름 5월에 **왜인**이 활개성을 습격하여 깨뜨리고 백성 1천 명을 사로잡아 갔다.[61]

40) 三國史記 卷 第三 新羅本紀 第三 慈悲麻立干 六年

봄 2월에 **왜인**이 삽량성에 침입하였으나 이기지 못하고 돌아갔다. 왕이 벌지와 덕지에게 명하여 군사를 거느리고 중도에 숨어서 기다리고 있다가 공격하여 크게 쳐부수었다.

왕은 **왜인**들이 자주 우리 땅을 침입한다고 생각하여 변경에 두 성을 쌓았다.[62]

41) 三國史記 卷 第三 新羅本紀 第三 慈悲麻立干 十九年

여름 6월에 **왜인**들이 동쪽 변경에 침입하였으므로 왕이 장군 덕지에게 명하여 공격하여 쳐부수고 200여 명을 죽이거나 사로잡았다.[63]

42) 三國史記 卷 第三 新羅本紀 第三 慈悲麻立干 二十年

여름 5월에 **왜인**이 군사를 일으켜 다섯 방면의 길로 침입하였으나 끝내 아무런 성과 없이 되돌아갔다.[64]

43) 三國史記 卷 第三 新羅本紀 第三 炤知麻立干 四年

5월에 **왜인**이 변경을 침입하였다.[65]

---

60) "夏四月 倭人以兵船百餘艘 襲東邊 進圍月城 四面矢石如雨 王城守 賊將退 出兵擊敗之 追北至海口 賊溺死者過半"

61) "夏五月 倭人襲破活開城 虜人一千而去"

62) "春二月 倭人侵歃良城 不克而去 王命伐智·德智 領兵伏候於路 要擊大敗之 王以倭人屢侵疆場 緣邊築二城"

63) "夏六月 倭人侵東邊 王命將軍德智擊敗之 殺虜二百餘人"

64) "夏五月 倭人擧兵 五道來侵 竟無功而還"

44) 三國史記 卷 第三 新羅本紀 第三 炤知麻立干 八年

여름 4월에 **왜인**이 변경을 침범하였다.66)

45) 三國史記 卷 第三 新羅本紀 第三 炤知麻立干 十五年

가을 7월에 임해진과 장령진 두 진을 설치하여 **왜적**에 대비하였다.67)

46) 三國史記 卷 第三 新羅本紀 第三 炤知麻立干 十九年

여름 4월에 **왜인**이 변경을 침범하였다.68)

47) 三國史記 卷 第三 新羅本紀 第三 炤知麻立干 二十二年

봄 3월에 **왜인**이 장봉진을 쳐서 함락시켰다.69)

48) 三國史記 卷 第六 新羅本紀 第六 文武王 五年

가을 8월에 왕이 칙사 유인원, 웅진도독 부여융과 함께 웅진 취리산에서 맹약을 맺었다. … 그 맹세문은 다음과 같다.

"지난날 백제의 앞 임금은 반역과 순종의 이치에 어두워 이웃나라와 사이좋게 지내지 못하였고 인척간에 화목하지 못하였다. 고구려와 결탁하고 **왜국**과 서로 통하여 함께 잔인함과 포악함을 일삼아 신라를 침략하여 고을을 겁탈하고 성을 도륙하여 거의 편안한 날이 없었다. …"

이것은 유인궤가 지은 글이다. 피를 마신 다음 희생과 예물을 제단의 북쪽 땅에 묻고, 그 글을 우리 종묘에 간직하였다. 이에 인궤는 우리 사신과 백제, 탐라, **왜인** 네 나라의 사신을 거느리고 바다를 건너 서쪽으로 돌아가 태산의 제사에 참석하였다.70)

---

65) "五月 倭人侵邊"

66) "夏四月 倭人犯邊"

67) "秋七月 置臨海·長嶺二鎭 以備倭賊"

68) "十九年 夏四月 倭人犯邊"

69) "春三月 倭人攻陷長峰鎭"

49) 三國史記 卷 第六 新羅本紀 第六 文武王 十年

왜국이 이름을 고쳐 **일본**이라 하였는데, 스스로 말하기를 해뜨는 곳에 가깝기 때문에 이렇게 이름 붙였다고 하였다.[71]

50) 三國史記 卷 第七 新羅本紀 第七 文武王 十一年

가을 7월 26일에 당나라 총관 설인귀가 임윤법사를 시켜 편지를 보내왔다. … 대왕이 답서에서 일러 말하였다.

"… 용삭 3년(663)에 이르러 총관 손인사가 군사를 거느리고 부성을 구원하러 왔는데, 신라 군사 또한 나아가 함께 정벌하여 주류성 아래에 이르게 되었습니다. 이때 **왜국**의 수군이 백제를 도우러 와, **왜선** 1천 척은 백강에 정박해 있고 백제의 정예기병이 언덕 위에서 배를 지키고 있었습니다. … 총장 원년(668)에 이르러 백제가 함께 맹세했던 곳에서 국경을 옮기고 푯말을 바꿔 농토를 빼앗았으며 우리 노비를 달래고 우리 백성들을 꾀어 자기나라 안에 감추고는 번번이 찾아도 끝내 돌려주지 않았습니다. 또 소식을 들으니 '당나라가 배를 수리하는 것은 겉으로는 **왜국**을 정벌한다고 하지만 실제는 신라를 치고자 하는 것이다.' 하여, 백성들이 그 말을 듣고 놀라고 두려워서 불안해하였습니다. …"[72]

---

70) "秋八月 王與勅使劉仁願 熊津都督扶餘隆 盟于熊津就利山 … 其盟文曰 往者百濟先王 迷於逆順 不敦好 不睦親姻 結託高句麗 交通倭國 共爲殘暴 侵削新羅 剽邑屠城 略無寧歲 … 劉仁軌之辭也 訖 埋牲幣於壇之壬地 藏其書於我之宗廟 於是 仁軌領我使者及百濟・耽羅・倭人四國使 浮海西還 以會祠泰山"

71) "倭國更號日本 自言近日所出以爲名"

72) "秋七月二十六日 大唐摠管薛仁貴 使琳潤法師寄書 … 大王報書云 … 至龍朔三年 摠管孫仁師 領兵來救府城 新羅兵馬 亦發同征 行至周留城下 此時 倭國船兵來助百濟 倭船千艘 停在白江 百濟精騎 岸上守船 … 至總章元年 百濟於盟會處 移封易標 侵取田地 我奴婢 誘我百姓 隱藏內地 頻從索取 至竟不還 又通消息云 國家修理船 外託征伐倭國 其實欲打新羅 百姓聞之 驚懼不安 …"

51) 三國史記 卷 第十 新羅本紀 第十 哀莊王 三年

겨울 12월에 균정에게 대아찬의 관등을 주어서 가짜 왕자[假王子]로 삼아 **왜국**에 볼모로 보내려 하였으나 균정이 이를 사양하였다.73)

52) 三國史記 卷 第十五 高句麗本紀 第三 太祖大王 八十年

가을 7월에 수성이 **왜산**에서 사냥하였다.74)

53) 三國史記 卷 第十五 高句麗本紀 第三 太祖大王 九十四年

가을 7월에 수성이 **왜산** 아래에서 사냥하였다.75)

54) 三國史記 卷 第二十五 百濟本紀 第三 阿莘王 六年

여름 5월에 왕이 **왜국**과 우호를 맺고 태자 전지를 볼모로 보냈다.76)

55) 三國史記 卷 第二十五 百濟本紀 第三 阿莘王 十一年

여름 5월에 사신을 **왜국**에 보내 큰 구슬을 구하였다.77)

56) 三國史記 卷 第二十五 百濟本紀 第三 阿莘王 十二年

봄 2월에 **왜국**의 사신이 왔다. 왕이 이를 맞아 위로함이 특히 후하였다.78)

57) 三國史記 卷 第二十五 百濟本紀 第三 腆支王

전지왕은 … 아신왕의 맏아들이다. 아신이 재위 제3년에 태자로 삼았고,

---

73) "三年 冬十二月 授均貞大阿飡爲假王子 欲以質倭國 均貞辭之"
74) "秋七月 遂成獵於倭山"
75) "九十四年 秋七月 遂成獵於倭山之下"
76) "夏五月 王與倭國結好 以太子腆支爲質"
77) "夏五月 遣使倭國求大珠"
78) "春二月 倭國使者至 王迎勞之特厚"

6년에 **왜국**에 볼모로 보냈다. 14년에 왕이 죽자 … 전지가 **왜**에서 부음을 듣고 소리내어 울며 귀국하기를 청하니 **왜왕**이 병사 100명으로써 호위해 보냈다. 국경에 이르러, … 전지는 **왜인**을 머물러 두어 자기를 호위하게 하고, 바다의 섬에 의거하여 기다렸다.[79]

58) 三國史記 卷 第二十五 百濟本紀 第三 腆支王 五年

왜국이 사신을 파견하여 야명주를 보내니 왕이 후한 예로 대접하였다.[80]

59) 三國史記 卷 第二十五 百濟本紀 第三 腆支王 十四年

여름에 사신을 **왜국**에 파견하여 흰 면포 열 필을 보냈다.[81]

60) 三國史記 卷 第二十五 百濟本紀 第三 毗有王 二年

봄 2월에 **왜국** 사신이 이르렀는데 수행자가 50명이었다.[82]

61) 三國史記 卷 第二十七 百濟本紀 第五 武王 九年

봄 3월에 사신을 수나라에 보내 조공하였다. 수나라 문림랑 배청이 **왜국**으로 사신이 되어 갔는데, 우리나라 남쪽 길을 지나갔다.[83]

62) 三國史記 卷 第二十八 百濟本紀 第六 義慈王 十三年

가을 8월에 왕은 **왜국**과 우호를 통하였다.[84]

---

79) "腆支王 … 阿莘之元子 阿莘在位第三年 立爲太子 六年 出質於倭國 十四年 王薨 … 腆支在倭聞訃 哭泣請歸 倭王以兵士百人衛送 旣至國界 … 腆支留倭人自衛 依海島以待之"
80) "倭國遣使 送夜明珠 王優禮待之"
81) "夏 遣使倭國 送白綿十匹"
82) "春二月 倭國使至 從者五十人"
83) "春三月 遣使入隋朝貢 隋文林郎裴淸奉使倭國 經我國南路"
84) "秋八月 王與倭國通好"

63) 三國史記 卷 第二十八 百濟本紀 第六 百濟 復興運動

무왕의 조카 복신이 일찍이 군사를 거느렸는데 이때 승려 도침과 함께 주류성에 근거하여 반란을 일으켰다. 그리고 일찍이 **왜국**에 볼모로 가 있던 옛 왕자 부여풍을 맞아다가 왕으로 삼았다. … 얼마 있지 아니하여 복신이 도침을 죽이고 그 군사를 아우르니 풍은 능히 제어하지 못하고 다만 제사를 주관할 뿐이었다. … 이때 복신이 이미 권세를 오로지 하면서 부여풍과 점차 서로 질투하고 시기하였다. 복신은 병을 핑계로 하여 굴 속 방에 누워서 풍이 문병 오는 것을 기다려 잡아 죽이려고 하였다. 풍이 이것을 알고 친하고 믿을만한 자들을 거느리고 복신을 엄습하여 죽이고는 사신을 고구려와 **왜국**에 보내 군사를 청하여 당나라 군사를 막았다. … 유인궤 및 별장 두상과 부여융은 수군과 군량선을 이끌고 웅진강에서 백강으로 가서 육군과 만나 함께 주류성으로 갔다. 도중에 백강 어귀에서 **왜인**을 만나 네 번 싸워 모두 이기고 그 배 400척을 불태우니 연기와 불꽃이 하늘을 붉게 하고 바다 물도 빨개졌다. 왕 부여풍이 몸을 빼서 달아났는데 있는 곳을 알지 못하였다. 혹은 고구려로 달아났다고 하였다. 당나라 군사들이 그의 보검을 얻었다. 왕자 부여충승과 충지 등이 그의 무리를 거느리고 왜인과 함께 모두 항복했으나 홀로 지수신 만이 임존성에 웅거하여 항복하지 않았다.[85]

64) 三國史記 卷 第三十七 雜志 第六 地理四 高句麗·百濟

구당서에서는 다음과 같이 기록하였다. "백제는 부여의 별종으로서, 동북

---

85) "武王從子福信嘗將兵 乃與浮屠道琛 據周留城叛 迎古王子扶餘豊 嘗質於倭國者 立之爲王 … 尋而福信殺道琛 幷其衆 豊不能制 但主祭而已 … 時福信旣專權 與扶餘豊相猜忌 福信稱疾 臥於窟室 欲俟豊問疾執殺之 豊知之 帥親信 掩殺福信 遣使高句麗·倭國乞師 以拒唐兵 … 劉仁軌及別帥杜爽·扶餘隆帥水軍及粮船 自熊津江往白江 以會陸軍 同周留城 遇倭人白江口 四戰皆克 焚其舟四百 煙炎灼天 海水爲丹 王扶餘豊脫身而走 不知所在 或云奔高句麗 獲其寶劒 王子扶餘忠勝·忠志等帥其衆 與倭人降 獨遲受信據任存城未下"

쪽은 신라이고, 서쪽은 바다를 건너 월주에 이르고, 남쪽은 바다를 건너 **왜**에 이르며, 북쪽은 고구려[高麗]였다. 그 왕이 거처하는 곳에는 동·서의 두 성이 있었다."

신당서에서는 다음과 같이 기록하였다. "백제의 서쪽 경계는 월주이고, 남쪽은 **왜**인데, 모두 바다를 건너 있으며, 북쪽은 고구려[高麗]였다."[86)]

65) 三國史記 卷 第三十七 雜志 第六 地理四 高句麗·百濟 三國有名未詳地分

조준향 … **왜산** …[87)]

66) 三國史記 卷 第三十七 雜志 第六 地理四 高句麗·百濟 三國有名未詳地分

고사주는 본래 고사부리로서 5현이 있는데, **평왜현**은 본래 고사부촌이었다.[88)]

67) 三國史記 卷 第三十八 雜志 第七 職官 上 領客府

영객부의 본래 명칭은 **왜전**이었는데 진평왕 43년(621)에 영객전으로 고쳤다[후에 또 **왜전**을 별도로 설치하였다.]. 경덕왕이 또 사빈부로 고쳤으나 혜공왕이 옛 이름대로 하였다.[89)]

68) 三國史記 卷 第三十九 雜志 第八 職官 中 倭典

왜전 이하 14 관청의 관원수는 빠져 있다.[90)]

---

86) "舊唐書云 百濟 扶餘之別種 東北新羅 西渡海至越州 南渡海至倭 北高麗 其王所居 有東西兩城 新唐書云 百濟西界越州 南倭 皆踰海 北高麗"

87) "調駿鄉 … 倭山 …"

88) "古四州 本古沙夫里 五縣 平倭縣 本古沙夫村 …"

89) "領客府 本名倭典 眞平王四十三年改爲領客典 後又別置倭典 景德王又改爲司賓府 惠恭王復故"

69) 三國史記 卷 第四十二 列傳 第二 金庾信 中

용삭 3년 계해(문무왕 3년: 663)에 백제의 여러 성이 몰래 부흥을 꾀하여 그 장수들이 두솔성에 근거하며 **왜**에 군사를 청하여 후원을 삼으니 대왕이 친히 유신, 인문, 천존, 죽지 등 장군을 인솔하고 7월 17일에 정벌에 나서 웅진주에 이르러 주둔하던 유인원과 군사를 합쳐 8월 13일에 두솔성에 이르렀다. 백제인과 **왜인**이 진영에서 나오자 아군이 힘껏 싸워 크게 이겼다. 백제와 **왜인**이 모두 항복하였다. 대왕이 **왜인**들에게 말하였다.

"우리나라와 너희 나라는 바다를 사이에 두고 강역이 나뉘어 있어 일찍이 전쟁한 일이 없고 단지 우호관계를 맺어 사신을 서로 교환하여 왔는데 무슨 까닭으로 금일 백제와 죄악을 함께 하여 우리나라를 도모하는가? 지금 너희 군졸은 나의 손아귀 속에 들어 있으나 차마 죽이지 않겠다. 너희는 돌아가 너희의 국왕에게 전하라! 그리고 너희는 가고 싶은 대로 가라!"[91]

70) 三國史記 卷 第四十三 列傳 第三 金庾信 下

윤중의 서손 암은 본성이 총민하고 술법 배우기를 좋아하였다. … 대력 14년 기미(혜공왕 15년: 779)에 [암이] 왕명을 받고 **일본국**에 사신으로 갔는데, 그 국왕이 그의 현명함을 알고 억류하려 하였으나, 마침 당의 사신 고학림이 **일본**에 와서 서로 만나보고 매우 즐거워하니, **왜인**들은 암이 중국에도 알려진 것을 알고 감히 억류하지 못하자 이에 돌아오게 되었다.[92]

---

90) "倭典 已下十四官員數闕"

91) "龍朔三年癸亥 百濟諸城 潛圖興復 其渠帥據豆率城 乞師於倭爲援助 大王親率庾信・仁問・天存・竹旨等將軍 以七月十七日 征討 次熊津州 與鎭守劉仁願合兵 八月十三日 至于豆率城 百濟人與倭人出陣 我軍力戰大敗之 百濟與倭人皆降 大王謂倭人曰 惟我與爾國 隔海分疆 未嘗交構 但結好講和 聘問交通 何故今日與百濟同惡 以謀我國 今爾軍卒在我掌握之中 不忍殺之 爾其歸告爾王 任其所之"

92) "允中庶孫巖 性聰敏 好習方術 … 大曆十四年己未 受命聘日本國 其國王 知其賢 欲勒留之 會大唐使臣高鶴林來 相見甚 倭人認巖爲大國所知 故不敢留乃還"

71) 三國史記 卷 第四十五 列傳 第五 昔于老

석우로는 나해이사금의 아들이다. … 조분왕 4년 7월에 **왜인**이 침입해 왔으므로 우로가 사도에서 추격하여 싸웠는데, 바람을 따라 불을 놓아서 적의 전함을 불태우니 적이 모두 다 물에 빠져 죽었다. … 첨해왕 7년 계유에 **왜국** 사신 갈나고가 객관에 와 있었는데 우로가 대접을 맡았다. 사신과 희롱하여 말하기를 "조만간에 너희 왕을 소금 만드는 노예[鹽奴]로 만들고 왕비를 밥 짓는 여자로 삼겠다."고 하였다. **왜왕**이 이 말을 듣고 노하여 장군 우도주군을 보내 우리를 치니, 대왕이 우유촌으로 나가 있게 되었다. 우로가 말하기를 "지금 이 환난은 내가 말을 조심하지 않은 데서 생긴 것이니, 내가 당해내겠다." 하고 **왜군**에게로 가서 말하였다.

"전일의 말은 희롱이었을 뿐이었다. 어찌 군사를 일으켜 이렇게까지 할 줄 생각하였겠는가."

왜인이 대답하지 않고 잡아서, 나무를 쌓아 그 위에 얹어놓고 불태워 죽인 다음 돌아갔다.

[그때] 우로의 아들은 어리어서 걷지 못하므로 다른 사람이 안고 말을 타고 돌아왔는데, 후에 흘해이사금이 되었다. 미추왕 때에 **왜국** 대신이 와서 문안하였는데, 우로의 아내가 국왕에게 청하여 사사로이 **왜** 사신에게 음식을 대접하였다. 그가 몹시 취하자, 장사를 시켜 마당에 끌어 내 불태워 전일의 원한을 갚았다. **왜인**이 분하여 금성을 공격해 왔으나 이기지 못하여 군사를 이끌고 돌아갔다.[93]

---

93) "昔于老 奈解尼師今之子 … 助賁王 四年七月 倭人來侵 于老逆戰於沙道 乘風縱火 焚賊戰艦 賊溺死且盡 … 沾解王 七年癸酉 倭國使臣葛那古在館 于老主之 與客言 早晚 以汝王爲鹽奴 王妃爲婦 倭王聞之怒 遣將軍于道朱君 討我 大王出居于柚村 于老曰 今茲之患 由吾言之不愼 我其當之 遂抵倭軍 謂曰 前日之言 戲之耳 豈意興師至於此耶 倭人不答 執之 積柴置其上 燒殺之乃去 于老子 幼弱不能步 人抱以騎而歸 後爲訖解尼師今 味鄒王時 倭國大臣來聘 于老妻請於國王 私饗倭使臣 及其泥醉 使壯士曳下庭焚之 以報前怨 倭人忿 來攻金城 不克引歸"

72) 三國史記 卷 第四十五 列傳 第五 朴堤上

박제상은 시조 혁거세의 후손이며, 파사 이사금의 5세손이다. … 실성왕 원년 임인에 **왜국**과 강화하였는데, **왜왕**이 내물왕의 아들 미사흔을 볼모로 삼기를 청하였다. 왕은 일찍이 내물왕이 자기를 고구려에 볼모로 보낸 것을 원망하여, 그 아들에게 유감을 풀고자 하였음으로 거절하지 않고 보냈다. 또 11년 임자에는 고구려가 역시 미사흔의 형 복호를 볼모로 삼고자 하였으므로 대왕은 또 그를 보냈다.

눌지왕이 즉위하자 말을 잘하는 사람을 구하여 가서 [두 아우를] 맞이해 올 것을 생각하였다. …"나의 동생 두 사람이 **왜**와 고구려 두 나라에 볼모가 되어 여러 해가 되었어도 돌아오지 못하고 있다. 형제의 정이라서 그리운 생각을 억제할 수 없다. 제발 살아서 돌아오게 하여야겠는데 어찌하면 좋겠는가?" … 제상이 대답하였다.

"신은 비록 열등한 재목이오나 이미 몸을 나라에 바쳤으니 끝내 명을 욕되게 할 수 없습니다. 그러나 고구려는 큰 나라요, 왕 역시 어진 임금이므로 신이 한 마디의 말로 깨우치게 할 수 있었지만, **왜인**의 경우는 입과 혀로 달랠 수는 없으니 마땅히 거짓 꾀를 써서 왕자를 돌아오게 하겠습니다. 신이 저 곳에 가거든 청컨대 나라를 배반한 죄로 논하여, 저들로 하여금 이 소식을 듣도록 하소서!"

이에 죽기를 맹세하고 처자도 보지 않고 율포에 다다라 배를 띄워 **왜**로 향하였다. 그 아내가 듣고 포구로 달려가서 배를 바라다보며 대성통곡하면서 "잘 다녀오시오." 하였다. 제상이 돌아다보며 "내가 명을 받아 적국으로 들어가니 그대는 다시 볼 것이라고 기대하지 말라!" 하고는 곧바로 **왜국**으로 들어가서 마치 배반하여 온 자와 같이 하였으나 **왜왕**이 의심하였다.

백제인으로서 전에 **왜**에 들어간 자가 신라가 고구려와 더불어 왕의 나라를 도모하려고 한다고 참소하였으므로, **왜**가 드디어 군사를 보내 신라 국경 밖에서 순회 정찰케 하였다. 마침 고구려가 쳐들어와 **왜**의 순라군을 붙잡아 죽였으므로, **왜왕**은 이에 백제인의 말을 사실로 여겼다. 또한 신라왕이 미사흔과 제상의 가족을 옥에 가두었다는 말을 듣고 제상을 정말 배반한 자로 여겼다. 이에 군사를 보내 장차 신라를 습격하려 하였는데 겸하여 제상과 미사흔을 장수로 임명하는 한편 향도로 삼아 해중 산도에 이르렀다. **왜**의 여러 장수들이 몰래 의논하기를, 신라를 멸한 후에 제상과 미사흔의 처자를 잡아 데려 오자고 하였다. 제상이 그것을 알고 미사흔과 함께 배를 타고 놀며 고기와 오리를 잡는 척 하자, **왜인**이 이를 보고 딴 마음이 없다고 여겨 기뻐하였다.

이에 제상은 미사흔에게 슬그머니 본국으로 돌아갈 것을 권하니 미사흔이 말하기를 "제가 장군을 아버지처럼 받들었는데, 어떻게 혼자서 돌아가겠습니까?" 하였다. 제상이 말하기를 "만약 두 사람이 함께 떠나면 계획이 이루어지지 못할까 염려합니다." 하니, 미사흔이 제상의 목을 껴안고 울며 하직하고 귀국하였다.

[다음날] 제상은 방안에서 혼자 자다가 늦게서야 일어나니, 미사흔을 멀리 갈 수 있게 하려고 함이었다. 여러 사람이 묻기를 "장군은 어찌 이처럼 늦게 일어납니까?" 하니 "어제 배를 타서 몸이 노곤하여 일찍 일어날 수 없다."라고 대답하였다. [제상이] 밖으로 나오자, 미사흔이 도망한 것을 알고 드디어 제상을 결박하고, 배를 달려 추격하였으나 마침 안개가 연기처럼 자욱하고 어둡게 끼어 멀리 바라볼 수가 없었다. 제상을 **왜왕**의 처소로 돌려보냈더니, 그를 목도로 유배 보냈다가 곧 사람을 시켜, 섶에 불을 질러 전신을 불태운 후에 목베었다.[94)]

---

94) "朴堤上 始祖赫居世之後 婆娑尼師今五世孫 … 實聖王元年壬寅 與倭國講和 倭王請以奈勿王之子未斯欣爲質 王嘗恨奈勿王 使己質於高句麗 思有以釋憾於其子 故不拒而遣之 又十一年壬子 高句麗 亦欲得未斯欣之兄卜好爲質 大王又遣之 及訥祇王卽位 思得辯士 往迎之 … 問曰 吾弟二人 質於倭·麗二國 多年不還 兄弟之故 思念不能自止 願使生還 若之何而可 … 堤上報曰 臣雖奴才 旣以身許國 終不辱命 然高句麗大國 王亦賢君 是故 臣得以一言悟之 若倭人不可以口舌諭 當以詐謀 可使王子歸來 臣適彼 則請以背國論 使彼聞之 乃以死自誓 不見妻子 抵栗浦 汎舟向倭 其妻聞之 奔至浦口 望舟大哭曰 好歸來 堤上回顧曰 我將命入

▶ 본서에 실린 이 글의 원 게재지는 다음과 같다.

「『三國史記』에 보이는 '倭'의 성격」 『광개토대왕비와 한일관계』(한일관계사연구논집 1), 2005, 경인문화사.

敵國 爾莫作再見期 遂徑入倭國 若叛來者 倭王疑之 百濟人前入倭 讒言新羅與高句麗謀侵王國 倭遂遣兵 邏戍新羅境外 會高句麗來侵 幷擒殺倭邏人 倭王乃以百濟人言爲實 又聞羅王囚未斯欣・堤上之家人 謂堤上實叛者 於是出師將襲新羅 兼差堤上與未斯欣爲將 兼使之鄕導 行至海中山島 倭諸將密議 滅新羅後 執堤上・未斯欣妻孥以還 堤上知之 與未斯欣乘舟遊 若捉魚鴨者 倭人見之 以謂無心喜焉 於是堤上勸未斯欣潛歸本國 未斯欣曰 僕奉將軍如父 豈可獨歸 堤上曰 若二人俱發 則恐謀不成 未斯欣抱堤上項 泣辭而歸 堤上獨眠室內晏起 欲使未斯欣遠行 諸人問 將軍何起之晚 答曰 前日 行舟勞困 不得夙興 及出 知未斯欣之逃 遂縛堤上 行舡追之 適煙霧晦冥 望不及焉 歸堤上於王所 則流於木島 未幾使人以薪火燒爛支體 然後斬之"

三國史記

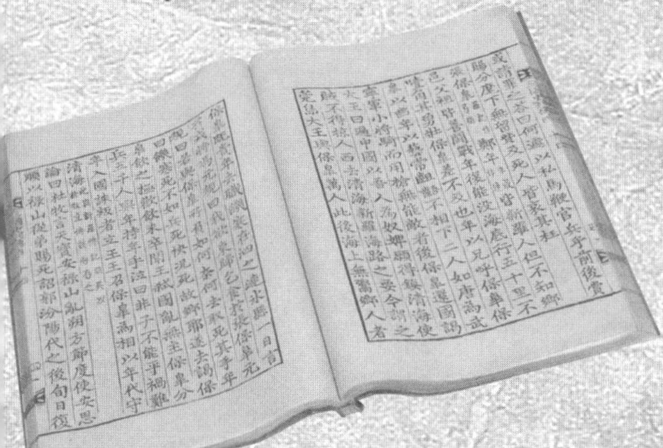

5장

『삼국사기』 지리지의 사료 비판

— 5세기 후반 신라와 고구려의 국경선 문제와 관련하여 —

5세기는 고구려의 전성기였다. 광개토왕 시기 사방으로의 대대적인 영역 확장과 장수왕대의 적극적인 남진 정책에 힘입어 고구려는 한반도와 만주 지역을 아우르는 강대국으로 위세를 떨쳤다.[1] 특히 475년 백제를 일시적으로 멸망시키고 오늘날의 경기도 전역과 충청도의 상당 부분을 자기 영토로 만들면서 고구려의 위상은 최고조에 달하였다.

그런데 바로 이 시기에 고구려와 신라 사이에는 경계가 어떻게 그어졌을까?

당시 백제와 군사적 동맹 관계에 있었던 신라에 대해서도 고구려의 압박이 거세게 가해졌을 것은 의심의 여지가 없다. 그 과정에서 신라 역시 백제처럼 상당한 정도의 영역을 고구려에게 상실 당했을 가능성을 머리 속에 그려볼 수 있겠다. 실제로 중·고등학교 국사 교과서를

---

1) 중국 길림성 집안시에 소재한 「광개토왕릉비」와 우리나라의 충주시에 남아 있는 「중원고구려비」는 이 시기 고구려의 위상을 극명하게 보여주는 증거물이다.

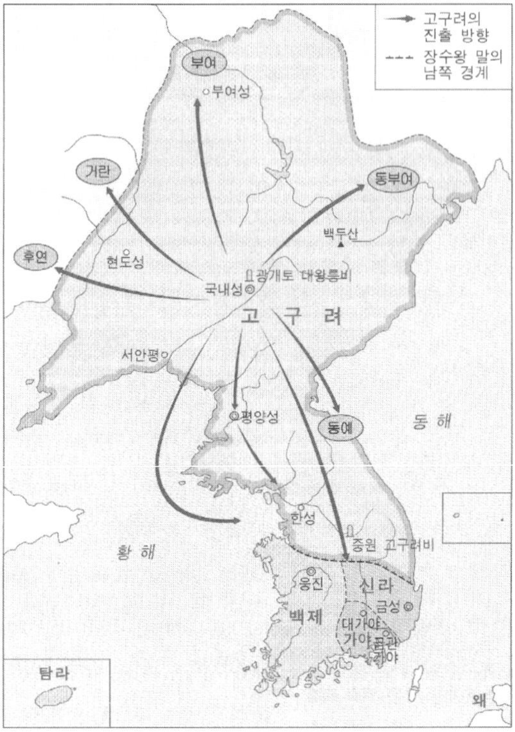

5 세기 고구려 전성기의 세력 판도

<지도 1> 현행 고등학교 교과서(2006)에 실린
고구려 전성기의 세력 판도 관련 지도

보면, 5세기 고구려 전성기의 판도를 제시하면서 경주 바로 위쪽의 포항 일대까지 고구려 영역이었던 것으로 그려놓고 있다. 그 서쪽의 청송, 영양, 봉화 등 경상북도 내륙 산간 지대도 마찬가지로 고구려 영역으로 표시하였다.2) 중학교 교과서에서는 고구려의 한강 유역 점령을

2) 국사편찬위원회, 2006 『고등학교 국사』 p.51 및 국사편찬위원회, 2002 『중학교 국사』 p.47 참조. 초등학교 학생들이 사용하는 사회과부도를 포함하여 각종 역사부도에도 양상은 마찬가지이다.

설명한 후, “이 때의 고구려 영토는 아산만에서 소백 산맥을 넘어 영일만을 연결하는 지역에까지 미쳤는데, 이러한 사실은 중원 고구려비를 통해 알 수 있다.”고 적어놓기도 했다.[3)]

5세기 후반에 고구려가 지금의 포항이나 청송 등지까지 영역을 확대한 것이 사실이라면, 경주에 수도를 두고 있었던 신라로서는 그야말로 풍전등화에 늘상 직면해 있었다는 이야기가 된다. 그런데 『삼국사기』 신라본기 등을 살펴보면, 당시 신라가 고구려의 군사적 위협에 전전긍긍하고 있었던 것은 틀림없지만, 백제와 연결하여 고구려의 남진에 강하게 저항하고 있었음이 도처에서 확인된다. 468년경 신라는 고구려와 말갈의 공격을 받았는데, 그 위치는 지금의 삼척 지역에 비정되는 실직성이었다. 이 사건이 있고 나서 신라는 현재의 강릉 일대로 여겨지는 하슬라 지역의 사람들을 동원하여 ‘니하(泥河)’라는 곳에 성을 쌓았다고 전한다.[4)] 이런 기록은 당시 동해안 지역에 대한 신라의 지배권이 적어도 삼척-강릉 일원까지 미쳐 있었음을 시사하는 것이다. 481년에는, 위치를 정확히 알 수는 없으나 논자에 따라 함경도 안변 지역으로도 비정되는 ‘비열성(比列城)’에 신라의 소지왕이 행차했다고 하며, 곧이어 고구려와 말갈 연합군의 침공에 맞서 신라, 백제, 가야의 연합군이 ‘니하’ 서쪽, 즉 강릉 부근에서 큰 승리를 거두었다고도 전해진다.[5)]

결국 『삼국사기』 신라본기의 기록을 중시할 경우, 고구려가 경주의 코앞이라고 할 수 있는 포항 일대까지 영역화하였다는 주장은 선뜻 동의하기 어려운 점이 있다. 그러면 도대체 교과서나 역사부도 등에서는 무엇을 근거로 고구려 영역이 이렇게 남쪽까지 확장되었던 것처럼 서술하거나 그려놓고 있는 것일까?

---

3) 국사편찬위원회, 2002 『중학교 국사』 p.49.
4) 『삼국사기』 신라본기3 자비마립간 11년조.
5) 윗 책, 소지마립간 3년조.

1. 기존의 논의

이 문제를 둘러싼 논란은 『삼국사기』 지리지(권35 지리2 및 권37 지리4)에 경상북도의 봉화, 순흥(영주시), 부석(영주시), 도산(안동시), 예안(안동시), 임하(안동시), 청송, 안덕(청송군), 진보(청송군), 울진, 영덕, 영해(영덕군), 청하(포항시) 등지가 '본래 고구려(高句麗) 군현(郡縣)'이었다가 신라에 귀속되었다고 기록된 것에서부터 출발한다.

<표 1> 『삼국사기』 지리지에 실린 현 경상북도 지역의 '고구려 군현' 관련 기사 일람

州名	경덕왕대 개정 군현명	본래의 군현명	현재 지명	비고
朔州	奈靈郡	本 '百濟' 奈已郡	경북 영주시	婆娑王取之
	善谷縣	本 高句麗 買谷縣	경북 안동시 도산면 및 예안면 일대	
	玉馬縣	本 高句麗 古斯馬縣	경북 봉화군 봉화읍	
	岌山郡	本 高句麗 及伐山郡	경북 영주시 순흥면	
	鄰豊縣	本 高句麗 伊伐支縣	경북 영주시 부석면	
溟州	曲城郡	本 高句麗 屈火郡	경북 안동시 임하면	
	緣武縣	本 高句麗 伊火兮縣	경북 청송군 안덕면	
	野城郡	本 高句麗 也尸忽郡	경북 영덕군 영덕읍	
	眞安縣	本 高句麗 助欖縣	경북 청송군 진보면	
	積善縣	本 高句麗 靑已縣	경북 청송군 청송읍	
	有鄰郡	本 高句麗 于尸郡	경북 영덕군 영해면	
	海阿縣	本 高句麗 阿兮縣	경북 포항시 청하면	
	蔚珍郡	本 高句麗 于珍也縣	경북 울진군 울진읍	
	海曲縣	本 高句麗 波旦縣	경북 울진군 원남면	

* 현재 지명은 한국정신문화연구원에서 간행한 『역주 삼국사기』의 비정에 따름.

이 기록은 일제시기 이래 주로 일본 학자들에 의해 그대로 믿기 어렵다는 쪽으로 의견이 모아진 바 있고,[6] 1970년대까지의 우리 학계의 연구 성과를 총정리한 책으로 평가되는 『한국사강좌 -고대편』에서도 죽령과 조령 등 소백산맥이 고구려의 남쪽 경계였다고 설명함으로써[7] 경북 일원에 고구려 군현이 설치되었다는 것을 사실로 인정하지 않았다.

한편 1959년에 간행된 진단학회의 『한국사 -고대편』에서는 『삼국사기』 지리지 기록을 일부 수용하여 고구려의 남쪽 경계가 죽령 이남의 영주, 봉화, 순흥, 예안 등지와 동해안의 울진, 영덕에까지 이르렀다고 서술해 놓기도 하였다.[8] 이들 지역보다 더 남쪽의 청송·영양·청하 등지는 고구려 영역에 포함시키지 않았는데, 그 자세한 이유는 적혀 있지 않다. 영덕까지가 고구려 영역의 남한계였다는 이 주장은 이후 교과서나 개설서 등 많은 책에 반영되어, 5세기 후반의 고구려 국경이 서쪽으로는 아산만에서 동쪽으로 영덕에까지 이르는 것으로 서술되거나 지도상에 표시되기도 했다(158쪽 지도 참조).

청송 등의 경북 내륙 지역과 청하 등의 동해안 일대가 고구려 영역이었다는 주장이 우리 학계에서 본격적으로 거론되기 시작한 것은 1980년대 후반에 들어서면서부터였다(이하 '신설'로 지칭함). 1979년에 충주 지역에서 발견된 「중원고구려비」에 '신라토내(新羅土內) 당주(幢主)'를 비롯하여 고구려가 신라 영역 내에 군사를 주둔시키고 있었음을 시사하는 내용이 나온다는 것과, 1985년에 새로 알려진 영주시 순흥면 지역의 고구려 계통의 벽화고분(순흥 읍내리 벽화고분)이 이 일대에 대한 고구려의 영향력을 그대로 보여준다는 것 등이 신설 제기의 주된 배경이 되었다. 신발견의 금석문 자료와 고고학 자료가 그간 신뢰성에 의심을 받아온 『삼국사기』 지리지의 '본래 고구려 군현(本高句麗郡縣)' 운운 기사에 새로운 생명을 불어넣은 셈이었는데, 이후 지금

---

6) 井上秀雄, 1961 「三國史記地理志の史料批判」 『朝鮮學報』 21·22합집.
7) 이기백·이기동, 1982 『한국사강좌 -고대편-』, 일조각, p.172.
8) 진단학회 편, 1959 『한국사 -고대편-』, pp.427~428.

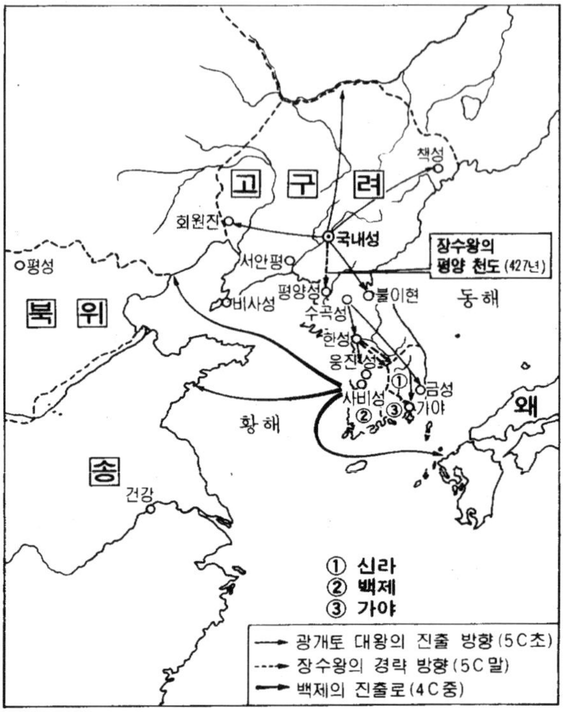

고구려 전성 당시의 국제 관계

<지도 2> 1982년판 고등학교 국사 교과서(상) p.25에
실린 고구려 전성기 영역 관련 지도

까지 많은 연구자들이 현재의 경상북도 북부와 동해안 일대가 5세기에는 고구려의 영토였다고 주장해 오고 있다.[9]

---

9) 이도학, 1987「신라의 북진경략에 관한 신고찰」『경주사학』6
이도학, 1988「고구려의 낙동강유역 진출과 신라·가야 경영」『국학연구』2
김정배, 1988「고구려와 신라의 영역문제 - 순흥지역의 고고학 자료와 관련하여-」『한국사연구』61·62합집
정운용, 1989「5세기 고구려 세력권의 南限」『사총』35
서영일, 1991「5~6세기의 고구려 동남경 고찰」『사학지』24
정운용, 1994「5~6세기 신라·고구려 관계의 추이 -유적·유물의 해석과 관련

한편 신설은 『삼국사기』 지리지의 기록을 신뢰한다는 측면에서는 공통점을 보이고 있으나, 고구려 군현이 설치된 시기와 존속 기간 등에 대해서는 많은 이견이 드러나 있기도 하다. 이하에서 그간의 논의를 간략하게 정리해 보기로 하자.

먼저 최초 주창자라 할 수 있는 이도학의 경우, 400년 고구려군의 남정을 계기로 소백산맥 이남의 신라 영역이 고구려의 군현 지배를 받았을 것으로 추정하고, 5세기 후반 신라에 의해 소백산맥 일대를 대상으로 한 축성 사업이 대대적으로 벌어진 사실을 보면 그 이전에 고구려의 직접 지배는 끝났을 것으로 파악할 수 있으므로, 고구려 군현의 존속 기간은 대략 50여 년 정도라고 하였다.

한편 이도학과 거의 같은 시기에 이 문제를 본격적으로 거론한 김정배는 신라가 4세기 말에서 5세기 초에 걸쳐 고구려에 실성이나 복호 등의 인질을 파견한 것을 보아 고구려가 신라에 강한 영향력을 행사했음을 알 수 있고, 「광개토왕릉 비문」이나 호우총 출토 청동 호우 등에서도 그러한 분위기를 감지할 수 있으므로, 고구려가 신라 영역에 군현을 설치한 것은 대략 이 시기일 것이라고 추정하였다. 그리고 5세기 중엽 이후 고구려와 신라 사이에 적대적 관계가 형성되기는 했지만, 순흥 지역에서 발견된 고구려계 벽화고분의 예를 볼 때, 6세기 초까지

하여-」『신라문화제학술논문집』 15(신라의 대외관계사 연구)

高寬敏, 1994 「三國史記新羅本紀の國內原典」『古代文化』 46-9・10; 1996 『三國史記の原典的研究』에 재수록.

정운용, 1999 「순흥 읍내리벽화고분의 신라사적 의의」『백산학보』 52

이명식, 2002 「5세기 신라의 대고구려관계」『대구사학』 69

김현숙, 2002 「4~6세기경 소백산맥 이동지역의 영역 향방 -삼국사기 지리지의 경북지역 '고구려군현'을 중심으로-」『한국고대사연구』 26

장창은, 2004 「신라 자비~소지왕대 축성・교전지역의 검토와 그 의미 -소백산맥 일대 신라・고구려의 영역향방과 관련하여 」『신라사학보』 2

는 고구려가 이 지역을 직접 지배했을 것으로 보았다.

김정배의 영향을 강하게 받은 정운용은 사실상 이 문제에 가장 많은 관심을 갖고 논문을 여러 편 써왔는데, 김정배와 마찬가지로 고구려가 소백산맥 이남 지역에까지 지배력을 행사하기 시작한 것을 5세기 전반부터로 보고, 「중원고구려비」에 보이는 주요 사건의 발생 시점을 449년으로 상정한 후, 이 무렵 신라 영역 안에 고구려군이 주둔한 것이 곧 『삼국사기』 지리지에서 죽령 이남 지역을 본래 고구려 군현으로 표기한 이유라고 주장하였다. 그는 『삼국사기』 신라본기에 소지마립간이 영주 지역에 출행한 것으로 나오는 500년 무렵까지 이 일대를 대상으로 한 고구려의 군사 지배가 이어졌던 것으로 파악하였으며, 일반적으로 539년에 축조된 것으로 여겨지고 있는 순흥 읍내리 벽화고분의 축조 연대를 그보다 60년 앞선 479년으로 올려보면서, 당시 고구려 세력의 이 지역 지배의 산물이라고 연결시켜 이해하고 있다.

서영일도 4세기 말 광개토왕의 백제 공략을 통해 남한강 일대는 물론 죽령 이남 지역에까지 고구려의 세력이 미치게 되었다고 보면서 500년경까지 그 지배가 이어진 것으로 파악하였다. 그는 특히 481년에 고구려군이 말갈병과 함께 신라를 침공한 것을 청하 방면까지 고구려 군현이 설치된 계기로 이해하고 있다.

일본에서 활동하고 있는 재일교포 사학자 고관민은 『삼국사기』 지리지의 '본래 고구려 군현(本高句麗郡縣)' 기사를 사실의 반영으로 인정하면서, 417년 눌지왕 즉위 이후 어느 시점에 고구려의 군현 설치가 이루어졌고, 481년 고구려군의 신라 침공이 실패로 끝난 것이 바로 이 일대 고구려 군현의 소멸을 의미한다고 주장하였다.

순흥 읍내리 벽화고분의 최초 발견자 이명식은 이 벽화고분이야말로 고구려의 경북 북부 지역에 대한 군현 지배의 강력한 증거라고 이해하고 있는데, 481년 신라 미질부성까지 고구려군의 침공 결과 소백산맥 이남 지역과 동해안 일대가 고구려의 영역이 되었으며, 흥해·영덕·울진 등지의 동해안 일대는 6세기 초반 지증왕대에 신라의 북진이 이루어지면서 다시 신라 영역으로 바뀌었고, 순흥을 비롯한 내륙 지역의 고구려 군현은 6세기 중엽 진흥왕대에 본격적인 북진 경략이 시작될 때에야 비로소 신라에 귀속되었다는 주장을 펴고 있다.

김현숙은 399년 신라가 고구려에 구원을 요청할 때 일부 영토를 고구려에 넘겨주기로 약속했다고 추측한 후, 고구려군의 남정 결과 신라의 수도에 이르는 주요 통로상의 지역이 고구려의 직접 지배를 받게 되었던 것으로 파악하였다. 이후 고구려와 신라 사이의 관계가 악화되면서, 눌지왕 말년 무렵인 450년대부터 480년 사이에 임하 이남의 지역이 신라로 들어갔고, 그 이북 지역인 순흥·부석·봉화·예안 등지는 481년부터 500년 사이에 다시 신라 영역이 되었다고 이해하였다.

마지막으로 근래에 장창은은 그간의 논의를 정리하면서 나름의 견해를 제시하였는데, 일단 죽령 이남 지역에 고구려 군현이 처음 설치된 것은 다수의 논자들이 주장한 것처럼 내물왕에서 눌지왕대에 걸쳐 고구려가 신라 내정에 간섭할 때 이루어진 것으로 보고, 고구려 군현의 소멸 시점은 눌지왕 말년 무렵에 나제동맹이 본격적으로 가동되면서 고구려군이 신라 영역에서 축출된 때에서 찾고 있다. 이는 애초에 이도학이 설정했던 고구려 군현의 존속 시기와 매우 근접한 것으로 판단된다.

이상의 논의를 표로 정리하여 제시하면 다음과 같다.

<표 2> 경북 일원의 고구려 군현 설치 및 소멸 시기에 관한 기존 논의

논자명	군현 설치 시기	군현 소멸 시기
이도학	5세기 초(400년 직후)	5세기 중엽
김정배	5세기 초	6세기 초
정운용	5세기 초	5세기 말(500년)
서영일	4세기말(396년 직후)	5세기 말(500년)
고관민	5세기 전반(417년 이후)	5세기 후반(481년)
이명식	5세기 후반(481년 이후)	6세기 초(동해안), 6세기 중엽(경북 북부 내륙)
김현숙	5세기 초(400년 직후)	5세기 중후반(임하 이남 지역), 5세기 말(경북 북부 내륙)
장창은	5세기 전반	5세기 중엽

지금까지 살펴본 것처럼 경북 동부 내륙 지역과 동해안 일대가 한때 고구려 영역이었다는 주장은 많은 학자들에 의해 강하게 제기되었다. 그들의 주장처럼 관련 기록이 분명히 있고, 금석문이나 고고학 자료 등을 통해서도 뒷받침할 수 있다고 하니, 이 신설은 그대로 수용되어야 하는 것일까? 아울러 현행 교과서 등에 표시된 고구려와 신라의 국경선은 아무런 문제가 없는 것으로 받아들여져야 할까?

그러나 이 문제는 그렇게 간단히 풀릴 성질의 것이 아니다. 관련 기록이 있다고 하더라도 과연 그것이 어느 정도 정확한 사실을 반영하고 있는지 면밀하게 따져보아야 하고, 금석문이나 고고학 자료 역시 그 내용과 전후 맥락을 꼼꼼히 살펴보고 나서 결론을 도출하지 않으면 안 된다. 아쉽게도 신설은 이 점에서 많은 문제점을 노출하고 있다. 이하에서 그 문제점을 하나씩 짚어보도록 하자.

2. 『삼국사기』 지리지 기사의 사료 비판

먼저 『삼국사기』 지리지 기사의 신뢰도부터 저울질해보면, 여러 가지 측면에서 의문이 제기될 수 있다. 『삼국사기』 권35 지리2에는 한주와 삭주, 명주 소속 군현의 이름이 실려 있는데, 그 대부분이 '본래 고구려의 ○○군(또는 ○○현)'으로 기록되어 있다. 그렇지만 전혀 예외가 없는 것도 아니다. 삭주 소속 '나령군(奈靈郡)'과 명주 소속 '삼척군(三陟郡)'에 관한 기록이 그것으로, 전자의 경우 본래 백제의 나이군이었는데, 파사왕대에 신라의 영역이 되었고, 8세기 중엽 경덕왕대에 전국적인 지명 개정 때 나령군이 되었다고 기록하고 있으며, 후자의 경우에는 본래 실직국이었는데 파사왕대에 신라에 항복하였고, 6세기 초 지증왕대에 주(州)가 설치되었다고 적어 놓았다.[10)]

여기서 나령군은 지금의 경북 영주 지역에 해당하는데, 『삼국사기』 지리지 기록을 그대로 받아들일 때 이곳은 본래 '백제'의 군현으로 있다가 비교적 이른 시기부터 신라 영역이 되었을 뿐 고구려 영역이 된 적은 없다는 해석이 가능하다. 느닷없이 '백제'가 거론된 것도 수상하지만 현재 같은 영주시의 행정 구역에 속해 있는 순흥이나 부석, 그리고 인근의 봉화·예안 등지가 고구려 군현으로 존재하던 시기에 유독 이 지역만 고구려 군현에서 배제되고 있다는 것도 의아하기는 마찬가지이다.[11)]

---

10) "奈靈郡 本百濟奈已郡 婆娑王取之 景德王改名 今剛州"
"三陟郡 本悉直國 婆娑王世來降 智證王六年 梁天監四年 爲州 以異斯夫爲軍主 景德王改名 今因之"

11) 그래서 후대의 역사서인 『고려사』 등에서는 '本百濟奈已郡'을 '本高句麗柰已郡'이라고 고쳐 적기도 했다. 나름대로 합리적 해석을 시도한 것이라고 할 수 있겠으나, 어떤 뚜렷한 근거가 있었던 것으로 보이지는 않는다. 『삼국사기』

삼척군은 현재도 그 이름이 그대로 사용되고 있는 강원도 삼척 지역으로, 고구려 군현이 설치되었다고 전해지는 지역들에 의해 둘러싸인 정도가 영주에 비해 훨씬 높다. 파사왕대에 신라의 영역이 되어 줄곧 그 상태가 유지되었다고 한다면, 5세기 무렵 이곳은 바다에 면해 있는 동쪽을 제외하고 북·서·남의 삼면에서 고구려 군현에 완전히 포위되어 있었다는 이야기가 된다. 특히 남쪽의 울진·영덕·청하 등지가 고구려의 영역 지배를 받고 있었다면, 신라로서는 연락 자체가 용이할 수 없었다고 보는 편이 순리일 것이다. 그런데 앞서 거론했듯이 신라본기의 관련 기록을 통해 볼 때, 삼척 지역은 5세기 후반 당시 신라의 영역으로 존재했음이 거의 분명하다. 결국 이것은 삼척 이남의 동해안 지역이 고구려 영역이었다는 『삼국사기』 지리지 기록의 신빙성에 문제가 있음을 역으로 보여주는 사례가 될 수 있고, 나아가 지리지 기록 전체의 신뢰성에 의문을 제기하게 만드는 것이기도 하다.

한편 지리지 전체를 대상으로 문제에 접근하면, 논란의 여지는 더욱 커진다. 『삼국사기』 권36 지리3 웅주조에는 지금의 공주에 해당하는 웅주의 연혁을 기록하면서 "백제의 옛 도읍으로, 당 고종이 소정방을 보내어 평정하고 웅진도독부를 두었는데, 문무왕이 그 땅을 빼앗았다."고 하였다.12) 웅진이 한때나마 백제의 수도였던 것은 사실이므로 이 기록을 놓고 굳이 시비를 벌일 필요가 없다고 할 수도 있겠지만, 정작 나당연합군에 의해 백제가 멸망할 당시의 수도였던 사비, 곧 현재의 부여 지역에 대해서는 "본래 백제의 소부리군이었으며, 당나라 장수 소정방과 신라의 김유신이 평정하였고, 문무왕대에 총관을 두었다."고

지리지의 나이군 관련 문제에 대해서는 李康來, 1996 「新羅奈己郡考」 『新羅文化』 13에서 사료적 검토가 이루어진 바 있다.

12) "熊州 本百濟舊都 唐高宗遣蘇定方平之 置熊津都督府 新羅文武王取其地有之"

만 기록하고 있어[13] 적지 않은 의문을 자아내게 한다. 여기서 '소부리군'이라는 행정 단위명은 문무왕 11년(671)에 설치된 '소부리주'가 신문왕 6년(686)에 군으로 강등되면서 생긴 이름이며, 백제 당시의 지명과는 별 상관이 없다.[14] 만약 『삼국사기』 지리지의 편자가 사실을 정확하게 인지하고 기술했다면, "부여군은 본래 백제의 옛 도읍으로, 문무왕대에 소부리주가 설치되었다가 신문왕대에 소부리군이 되었다."는 정도로 했어야 마땅할 터이다. 그러나 이 당연하면서도 중요한 사실을 『삼국사기』 지리지에서는 외면하고 있다.

웅주와 관련하여 또 하나 거론할 수 있는 의문점은 오늘날의 청주 지역에 해당하는 서원경의 유래를 적으면서, '본래 백제의 ○○군(또는 ○○현)이었다.'는 기록은 없이 "신문왕 5년에 처음 서원소경을 두었다."고만 기술하고 있다는 것이다.[15] 청주 지역이 6세기 이래 낭성 또는 낭비성으로 불렸다는 것은 주지의 사실인데, 『삼국사기』 지리지는 관련 사실을 전혀 드러내고 있지 않다. 이는 결국 『삼국사기』 지리지가 그동안 많은 연구자들이 기대하고 수용한 만큼의 사료적 가치를 지니지 못함을 말해주는 것이라 할 수 있다.

『삼국사기』 지리지의 문제점은 비단 여기에만 그치는 것이 아니다. 본래 가야 영역에 해당되는 지역의 군현을 기록한 권34 지리1의 양주와 강주조에서 김해소경과 고령군, 함안군 정도에만 그 지역에 과거에 존재했던 가야 소국에 관한 이야기를 적어놓고 있을 뿐, 다른 군현의

13) "扶餘郡 本百濟所夫里郡 唐將蘇定方與庾信平之 文武王十二年置摠管"
14) 성왕대 사비 천도를 전하는 백제본기 기사에는 "사비를 일명 소부리라고도 한다."는 세주가 붙어 있는데(『삼국사기』 권26 성왕 16년조), 이것이 곧 백제인 스스로가 부른 것이라고 단정지을 수는 없다. 후대 신라인의 지명 관념이 소급 적용된 것일 가능성이 상존하기 때문이다.
15) "西原京 神文王五年 初置西原小京 景德王改名西原京 今淸州"

경우에는 함구하고 있다.[16] 지리지의 편자가 제대로 된 정보를 갖고 있었다면, 적어도 합천이나 진주・고성・사천 등지의 가야 소국에 대해서는 언급이 나왔어야 한다. 그러나 김해와 고령, 함안 지역의 저명한 가야 소국 이외에는 전혀 거론을 하지 못하고 있다.[17] 이는 편자가 지녔던 정보 및 지식의 한계를 그대로 보여주는 것에 다름아니다. 6세기 중엽 진흥왕대의 영토 확장과 함께 새로이 신라 영역으로 들어온 지역에 대해 거의 빠짐없이 '본래 고구려의 ○○군(또는 ○○현)'이라고 기록한 편자가 거의 같은 시기까지 남아 있던 가야의 소국들에 대해서는 입을 닫고 있는 이 기이한 현상을 도대체 어떻게 설명할 수 있을까?[18]

경주와 가깝고, 따라서 비교적 일찍부터 신라 영역으로 편제되었을 현재의 경상북도 중서부와 남부 지역, 울산 지역 경우도 사정이 크게 다르지 않다. 이 지역은 대개 상주와 양주 관할 군현으로 이루어졌는데, 지리지에는 대부분 '본래 ○○군(현)'이라는 식으로 표시되어 있다.

---

16) 의외로 상주에 속한 고녕군(古寧郡)에 대해 '본래 고녕가야국'이었다는 전승을 기록하고 있는데, 이에 대해서는 엄밀한 사료 비판이 따로 필요하다. 관련 논의는 김태식, 2002 『미완의 문명 7백년 가야사』 1권, pp.59~61 참고.

17) 함안 지역의 가야 소국은 '아시량국(阿尸良國)'이었던 것으로 전해지는데, 신라 법흥왕대에 멸망되어 군으로 편제되었다고 되어 있다(咸安郡 法興王以大兵滅阿尸良國[一云阿那加耶] 以其地爲郡). 함안의 안라국의 멸망 시기는 정확하게 알 수는 없지만, 560년 전후로 파악되고 있다(김태식, 2002 앞 책 pp.232~234). 이 시기는 법흥왕대가 아니라 진흥왕대이다. 결국 지리지 기록의 신뢰성을 높게 볼 수 없는 이유는 여기서도 찾아진다.

18) 지리지의 편자가 고구려의 군현 설치에 관한 기록은 충분히 확보하고 있었지만, 가야 관련 기록은 별반 갖고 있지 않았기 때문에 그랬을 것이라고 보는 견해도 있을 수 있다. 그렇지만 이러한 추측은 성립하기 어렵다. 『삼국사기』 고구려본기가 5세기 이후의 고구려 내부 사정을 제대로 전하지 못하고 있는 상황에, 지리지 편찬 당시 고구려의 군현 설치 관련 기록만 특별히 잔존했을 것이라고 추정할 수는 없기 때문이다.

그렇지만 상주와 그 휘하의 문소군(지금의 의성군 금성면 지역), 개령군(현재의 김천시 개령면 지역), 양주 소속의 장산군(지금의 경산시 압량면 지역), 임천현(지금의 영천시 지역), 하곡현(지금의 울산시 지역), 음즙화현(지금의 경주시 안강읍 일원) 등은 '본래 ○○군(현)'이라는 표기 방식 대신 신라에 복속되기 전 그 지역에 있었던 소국의 이름을 특기해 놓고 있다. 사벌국·소문국·감문소국·압량소국·골화소국·굴아화촌·음즙벌국 등의 명칭이 그것이다. 이들은 표현상 약간 차이가 보이지만, 모두 신라본기에 이름이 등장하는 소국들이다.[19] 이들 말고도 독자 세력을 구축했던 소국들이 다수 있었을 테지만, 거기에 대해서는 전혀 거론되어 있지 않다. 이는 결국 편자가 그 유래를 알고 있는 곳에 대해서는 소국의 명칭을 특기하고, 그렇지 못한 곳에는 그냥 그대로 두었다는 식으로 해석할 수밖에 없다. 지리지의 기록은 전적으로 신뢰하기에는 부족함이 너무 많은 자료라는 결론에 다시 도달하게 된다.

물론 그렇다고 하여 지리지 기록에 보이는 '본래 고구려(또는 백제)의 ○○군(또는 ○○현)'의 군현 명칭이 다 조작되었거나 믿을 수 없다고 단정해서도 곤란하다. 그것은 어느 특정 시기의 실상을 보여주는 것일 수 있는데, 대체로 경덕왕대 지명 개정이 있기 직전의 군현명이었을 것이다. 『삼국사기』 지리지의 편자는 통일신라 초반 시기에 사용되던 군현명이 적힌 자료, 그것이 경덕왕대에 다른 이름으로 변경된 내역이 적힌 자료를 접하고, 개정 이전의 군현 명칭이 처음 사용된 시기를 자

19) 이밖에 경북 청도 지역에 있었던 이서국과 부산 동래 일원으로 추측되는 거칠산국, 울산광역시 울주군 웅촌면 지역으로 추정되는 우시산국 등은 『삼국사기』 신라본기와 열전(권44 거도)에 이름이 보이지만, 지리지에는 관련 사실이 반영되지 않았다. 지증왕대에 소경이 설치된 것으로 신라본기에 전하는 '아시촌'의 경우, 지리지에서는 상주 안현현조에 단지 "안현현은 본래 아시혜현이었다."고만 적혀 있고, 소경과 관련한 언급은 보이지 않는다.

의적으로 끌어올려 고구려나 백제 당시부터 사용된 명칭인 것으로 일괄 정리했을 가능성이 높다. 이 과정에서 그는 『삼국사기』 신라본기의 초고나 그 저본이 된 자료를 통해 얻게 된 지식을 동원하여, 몇몇 군데에서는 '본래 ○○국(本○○國)' 등의 파격을 행한 것으로 추측된다.[20]

이러한 오해와 비약은 어쩌면 지리지 서두의 총론 부분에서 이미 예고된 것이기도 했다. 지리지의 서두에는 신라가 통일 후 9주를 설치한 사실을 거론하고서, 본래 신라의 경계 내에 3주, 과거 백제 영역에 3주, 그리고 옛 고구려의 남쪽 지역에 3주를 두었다고 적혀 있다.[21] 이는 대체로 보아 크게 틀린 것이라고는 할 수 없으나, 신문왕대 9주 정비시 한주, 삭주, 명주에 속하게 된 군현 모두가 처음에 고구려의 군현이었던 것으로 파악하는 것은 사실과는 거리가 먼 오해이다. 논리적으로 되풀이하여 이야기하자면, "옛 고구려 영역의 남쪽이 신라에 의해 한주나 삭주, 명주 소속의 군현으로 편제되었다."고 하는 것은 참이 될 수 있지만, 그 명제의 역인 "한주나 삭주, 명주 소속의 군현은 옛 고구려 영역의 남쪽에 해당한다."는 것은 참이 아닌 것이다. 그런데 지리지의 편자는 앞의 명제를 역으로 해석하여 후자와 같은 오류를 범한 것이라 할 수 있고, 그 오류는 편찬 당시에 시정이 되지 못한 채 지금까

---

20) 앞서 거론한 나령군의 경우, 지리지의 편자는 '本高句麗奈已郡'이 아니라 '本百濟奈已郡 婆娑王取之'라 하여 또 다른 파격을 범했다. 그런데 파사왕대에 영주 지역이 백제 땅이었다가 신라 영역으로 바뀌었다는 기록은 신라본기에서는 찾을 수 없다. 이는 아마도 지리지 편자가 접했던 저본 자료에서 나온 정보일 가능성이 크고, 그 자체 사료적 가치를 신중하게 따져볼 필요가 있다.

21) "始與高句麗百濟 地錯犬牙 或相和親 或相寇鈔 後與大唐侵滅二邦 平其土地 遂置九州 本國界內 置三州 王城東北當唐恩浦路曰尙州 王城南曰良州 西曰康州 於故百濟國界 置三州 百濟故城北熊津口曰熊州 次西南曰全州 次南曰武州 於故高句麗南界 置三州 從西第一曰漢州 次東曰朔州 又次東曰溟州"

지 계속 이어져 온 것이다.[22]

요컨대 이상과 같은 많은 문제점을 안고 있는 『삼국사기』 지리지의 '본래 고구려의 ○○군(또는 ○○현)' 기록을 무비판적으로 수용하여 현재의 경상북도 동부 내륙 지역과 동해안 지역을 본래 고구려의 군현이 설치되었던 지역이라고 주장하는 것은 결코 합리적이라고 할 수 없다.

3. 금석문 자료와 고고학적 자료의 활용 문제

지금까지 『삼국사기』 지리지의 사료 비판을 통해, 5세기 후반 고구려와 신라의 국경선을 교과서나 역사부도 등에서 흔히 표시해온 것처럼 죽령 이남의 경북 동부 지역과 포항 북쪽까지로 긋는 것은 신중할 필요가 있음을 지적하였다. 이제부터는 금석문 자료와 고고학적 자료를 통해 이 문제에 접근해 보기로 하자.

먼저 금석문 자료부터 살펴보면, 이른바 신설에서는 「중원고구려비」에 보이는 '신라토내(新羅土內) 당주(幢主)'가 고구려의 영역 지배를 입증하는 중요한 근거로 활용되고 있다.[23] '신라토내 당주'는 고구려 지휘관으로, 신라 영역 내에 주둔해 있던 고구려 군대의 존재를 확인시켜주는 것은 분명하다. 그러나 이것이 곧 경북 동부 내륙 지역과 동해안 지역에 대한 고구려의 군현 설치를 입증하는 근거가 될 수 있을까? 그렇

22) 『삼국사기』에는 지리지 외에도 여러 종류의 지가 실려 있는데, 후대 사관의 오해와 무지 등으로 인해 많은 오류가 빚어져 있다. 특히 제사지 서두에 보이는 신궁의 설치 시기 및 오묘제의 실시 시기에 관한 서술은 대표적인 두찬의 사례로 꼽힌다(강종훈, 1993 「신궁의 설치를 통해 본 마립간시기의 신라」 『한국고대사논총』 6, pp.187~192).

23) 정운용, 1989 앞 논문, p.23, p.29.

게 보기는 어렵다. 왜냐하면 고구려 군대가 주둔하던 지역이 엄연히 '신라토내(新羅土內)'라고 되어 있기 때문이다. 비록 신라 영토 내에 고구려 군대가 주둔한 게 사실이라 해도, 그것이 곧 고구려 영역임을 보여준다는 주장은 성립할 수 없다.[24] 이는 현재 남한에 미군이 주둔해 있다고 대한민국이 곧 미국 영토라 주장할 수 없는 것과 같은 이치이다.

사실 금석문 자료를 활용하여 이 문제를 다룸에 있어서는 전혀 다른 방향에서의 접근이 필요하다. 주지하다시피 금석문은 당대인들이 남긴, 당대의 실상을 보여주는 일급의 자료이다. 물론 거기에도 왜곡과 조작이 들어갈 여지가 없는 것은 아니지만, 지명과 인명 등의 기초적인 사항에 있어서는 후대의 문헌 자료와 비교할 수 없는 높은 가치를 가지는 것이 또한 분명하다.

이는 곧 금석문 자료는 문헌 자료의 신빙성을 측정하는 데 결정적인 기준이 될 수 있다는 말이 된다. 그렇다면 「중원고구려비」를 비롯하여 5세기 한반도 중남부 지역의 실상을 보여주는 금석문 자료들은 앞 절에서 거론한 『삼국사기』 지리지에 보이는 한주와 삭주, 명주 소속의 '본래 고구려의 ○○군(또는 ○○현)' 기사의 신뢰도를 재는 데 있어 대단히 중요한 척도가 되는 셈이다.

5세기에 만들어진 금석문 자료 가운데 한반도 중남부 지역의 실상을 알려주는 것으로는 「중원고구려비」 외에도 「광개토왕릉비」가 있다. 특히 「광개토왕릉비」는 영락 6년조와 말미의 수묘인연호조에서 고구려가 새로 얻은 지역의 명칭을 나열하고 있다. 백제 공략의 결과 새로이 고구려 영토가 된 이 지역들은, 물론 애초에는 백제에서 사용된 지명일 수는 있으나, 상당 기간 그 지명이 유지되었던 것으로 파악된다.[25] 적

24) 이인철, 2000 『고구려의 대외정복연구』, 백산자료원, p.305에서도 이 점은 적절하게 지적된 바가 있다.

어도 5~6세기에 고구려가 한강 유역을 점령하고 있을 당시, 「광개토왕릉비」에서 거론된 지명들은 고구려의 지방행정단위의 명칭으로 사용되었을 가능성이 크다. 이는 곧 「광개토왕릉비」의 관련 기사에 나타나는 지명과 『삼국사기』 지리지의 '본래 고구려의 ○○군(또는 ○○현)' 기사에 보이는 지명을 비교하면, 후자의 사료적 신뢰도를 금방 확인할 수 있다는 이야기이다. 과연 그 비교의 결과는 어떻게 나올까?

광개토왕의 공략이 주로 후대의 한주 지역을 중심으로 이루어졌다고 가정하고, 한주 소속 군현과 「광개토왕릉비」에 보이는 지명을 대조하여 표로 제시하면 다음과 같다.

<표 3> 『삼국사기』 지리지와 「광개토왕릉비」[26]에 나오는 성(城)의 명칭 대조표*

『삼국사기』 지리지의 漢州 소속 '本高句麗郡(縣)' 명칭**	광개토왕릉비 영락 6년조의 城名***	광개토왕릉비 수묘인연호조의 城名****
㉠ 加火押(30-2), 皆伯縣(13-2), 皆次山郡(6), 高木根縣(23-2), 骨乃斤縣(4-1), 骨衣奴縣(13-1), 功木達縣(17-2), 駒城縣(1-2), 國原城(2), 屈押縣(21-2), 今勿奴郡(5), 黔浦縣(12-2) ㉡ 奈兮忽(7), 南川縣(1-1), 內米忽郡(26), 內乙買縣(16-1), 奴音竹縣(6-1)	㉠ 各模盧城(3), 閣彌城(5), 幹氐利城(4), 古利城(10), 古牟婁城(38), 古模耶羅城(15), 貫奴城(40), 臼模盧城(2), 勾牟城(14), 仇天城(43) ㉡ 那旦城(27), 婁賣城(25)	㉠ 各模盧城(3), 幹氐利城(4), 古牟婁城(38), 古模耶羅城(15), 勾牟客頭(14), 臼模盧城(2), 勾牟城(14) ㉡ 那旦城(27)

25) 「광개토왕릉비」보다 늦게 세워진 「중원고구려비」에는 '古牟婁城守事'가 확인되는데, 고모루성은 광개토왕대의 백제 공략 결과 새로 얻어진 것으로 능비에서 거론된 성이기도 하다.

26) 「광개토왕릉비문」의 판독은 한국고대사회연구소 편, 1992 『한국고대금석문』 제1권, p.10과 p.15에 의거하였다.

<table>
<tr>
<td rowspan="2">㉢ 達乙省縣(15-2), 唐城郡(9),
大谷郡(24), 德勿縣(22-1),
刀臘縣(25-1), 道西縣(5-1),
冬比忽(22), 冬彡忽郡(25),
冬音奈縣(23-1), 童子忽縣(12-3),
冬忽(30)
㉤ 麻田淺縣(20-3), 馬忽郡(16),
買省縣(14), 買召忽縣(10-3), 買忽郡(8)
㉥ 夫斯波衣縣(30-3), 釜山縣(9-2),
扶蘇岬(21), 斧壤縣(18-1), 夫如郡(18),
北漢山郡(13)
㉦ 沙伏忽(7-1), 蛇山縣(7-2),
上忽縣(9-1), 所邑豆縣(19-2),
水谷城縣(24-1), 首尒忽(12-1),
首知縣(23-3), 述尒忽縣(15-1),
述川郡(4), 僧梁縣(17-1),
息達(30-1), 息城郡(27),
十谷城縣(24-2)
㉧ 阿珍押縣(19-1), 若豆恥縣(21-1),
梁骨縣(16-2), 楊根縣(4-2),
五谷郡(29), 烏斯含達縣(19),
牛岑郡(20), 栗木郡(10),
伊珍買縣(19-3), 仍斤內郡(3),
仍伐奴縣(10-1), 仍忽縣(5-2)
㉨ 獐塞縣(29-1), 長淺城縣(20-2),
獐項口縣(11), 獐項縣(20-1),
濟次巴衣縣(10-2), 主夫吐郡(12),
津臨城(22-2),
㉩ 泉井口縣(15), 鐵圓郡(17),
七重縣(14-1)
㉬ 波害平史縣(14-2), 平唯押縣(12-4)
㉭ 漢山郡(1), 穴口郡(23), 鵂嵒郡(28)</td>
<td rowspan="2">㉢ 敦拔城(24),
豆奴城(19)
㉤ 牟盧城(6),
牟婁城(29),
彌沙城(7),
彌鄒城(20)
㉦ 散那城(26),
彡穰城(41),
析支利城(33),
細城(28),
掃加城(23),
蘇灰城(31)
㉧ 阿旦城(9),
巖門△城(34),
也利城(21),
於利城(18),
燕婁城(32),
寧八城(1),
奧利城(13),
于婁城(30),
閏奴城(39),
林城(35)
㉨ 雜珍城(12),
瑑城(17),
曾△城(42)
㉩ 就鄒城(36)
㉫ 太山韓城(22)
ⓧ △利城(11),
△拔城(37),
△舍蔦城(8),
△而耶羅城(16)</td>
<td>㉢ 豆奴城(19)
㉤ 牟婁城(29),
彌鄒城(20)
㉦ 舍蔦城韓穢(8),
散那城(26),
彡穰城(41),
細城(28)
㉧ 阿旦城(9),
也利城(21),
於利城(18),
奧利城(13),
閏奴城(39)
㉨ 雜珍城(12),
瑑城(17)
㉫ 太山韓城(22)</td>
</tr>
<tr>
<td>㉠ 客賢韓,
炅古城, 求底韓
㉡ 農賣城
㉢ 豆比鴨岑韓
㉤ 牟水城, 味城
㉥ 比利城(11?)
㉦ 沙水城,
須鄒城
㉩ 就咨城
㉬ 巴奴城</td>
</tr>
</table>

* 대조의 편의를 위해 각각 한글 가나다순으로 재배열하였음.

**『삼국사기』 지리지 소재 지명 뒤에 붙은 괄호 안의 숫자는 원래 지리지에 기재된 주군(州郡)의 순서를 의미함. 하이픈(-)은 영현(領縣)을 표시하는 것으로, 그 뒤에 붙은 숫자는 영현으로서의 기재 순서임.

*** 영락 6년조의 공취 58성 가운데 성 이름이 비교적 온전하게 전하는 성을 정리한 것으로, 괄호 안 숫자는 비문에서의 기재 순서를 표시함.

**** 수묘인연호조의 '신래한예(新來韓穢)'에 해당하는 성 명칭을 정리한 것임. 상단은 영락 6년조에 나온 성들로서, 괄호 안 숫자는 영락 6년조에서의 기재 순서에 따른 것임. 하단은 영락 6년조에서 확인되지 않는 성들로, 비문의 기재 순서와 관계없이 가나다순으로 배열함.

<표 3>에서처럼 양쪽은 단 한 건도 일치되는 게 없다. 비문이 마멸되어 글자 확인이 잘 안되는 부분이 있기는 하지만, 현재 파악되는 글자만의 비교로도 양자의 불일치는 이미 대세를 이룬다고 할 수 있다. 만약 『삼국사기』 지리지의 '본래 고구려의 ○○군(또는 ○○현)' 기사가 실제 상황을 반영하는 것이라면 도저히 이런 결과가 나올 수는 없다.

「중원고구려비」와 관련하여 같은 논의를 해도, 결과는 마찬가지이다. 「중원고구려비」는 워낙 마모도가 심하여 전체 내용의 파악이 매우 힘들지만, '우벌성(于伐城)'과 '고모루성(古牟婁城)'이라는 지명 두 개가 확인되고 있다. 고모루성은 「광개토왕릉비」에도 나온 바 있으나, 그 위치를 현재로서는 알 수 없다. 그런데 우벌성의 경우는 대체로 「중원고구려비」가 서 있는 바로 그 지역, 즉 충주 일대로 파악하고 있다.[27] 그렇다면 당연히 충주 지역은 '본래 고구려의 우벌군(또는 우벌현)이었다'는 식으로 『삼국사기』 지리지에 표기되었어야 한다. 그러나 지리지는 본래 고구려의 '국원성(國原城)'이었다는 다소 엉뚱한 내용을 기록하고 있을 뿐이다.[28]

---

27) 변태섭, 1979 「중원고구려비의 내용과 연대에 대한 고찰」 『사학지』 13, p.43. 한편 김현숙 등은 『삼국사기』 지리지의 기록에 구애되어, 음이 비슷하다는 이유를 들어 지금의 영주시 부석면 지역의 '이벌지현'이 곧 우벌성이라고 주장하였다(김현숙, 2002 앞 논문, p.95). 그러나 비문 내용상 우벌성은 '동이매금(東夷寐錦)'이 고구려의 소환에 응하여 직접 찾아온 곳으로, 현재 그 사건을 기념하는 비석이 세워져 있는 충주 지역으로 보는 것이 순리이다.

28) 사실 '국원(國原)'이라는 이름은 '나라의 들판'이라는 의미로서, 당시 왕실과 밀접한 연관을 가진 지역에 붙여질 수밖에 없는 이름이다. 고구려가 이 지역을 자신들의 왕실 연고지로 기억할 이유는 하나도 없다. 오히려 신라의 경우는 후대에까지, 국원소경을 거쳐 중원경의 이름을 달고 진골 귀족을 비롯하여 많은 지배층이 거주한 지역으로 중시되었다. 국원경이라는 이름은 고구려가 아닌 신라에 의해 붙여진 이름이 분명하며, 이것은 곧 『삼국사기』 지리지 기사의 신뢰성에 다시금 큰 의문을 갖게 만드는 것이다.

참고로 6세기 중엽 신라가 소백산맥을 넘어 북진을 시작할 때 고구려로부터 탈취한 지역 가운데 단양이 있다. 유명한 「단양적성비」가 발견된 곳으로, 550년 전후에 이 지역 명칭은 '적성(赤城)'이었다. 고구려가 붙인 이름일 가능성이 무척 높은데, 신라도 이곳을 장악한 후 계속 적성이라고 불렀음은 진흥왕대 신라인이 세운 적성비 자체가 증명한다. 그런데 이 단양 지역을 『삼국사기』 지리지는 '본래 고구려 적산현(赤山縣)'이었다고 적었다. 아마도 적성이라는 명칭이 후대에 현제(縣制)가 본격적으로 가동될 때 적산현으로 바뀐 게 아닐까 추측되는데, 지리지의 편자는 아예 그것이 고구려의 행정 단위 명칭이었던 것으로 왜곡해 놓은 것이다. 사소한 차이라고도 할 수 있겠지만, 엄밀하게 따지면 이 역시 지리지 기록의 신뢰성을 떨어뜨리는 것임에는 분명하다.

한편 고고학적 자료를 통해 볼 때도 이른바 신설은 많은 문제점을 드러낸다. 신설에서는 순흥 지역에서 발견된 고구려 계통의 벽화고분에 주목하여, 고고학적으로도 이 일대가 고구려 영역이었음이 입증된다고 주장해 왔다.29) 그렇지만 실제로 읍내리 벽화고분에 앞서 발견된 또 한 기의 벽화고분은 석실 내 묵서에 의해 '어숙지술간묘'로 불리고 있다. 여기서의 '술간'이 신라의 외위 가운데 하나임은 공지의 사실이다. 비록 고구려의 영향을 받은 벽화고분에 묻혔다고 하더라도 그 피장자는 고구려인이 아니라 이 지역의 토착 수장층인 것이며, 이는 읍내리 벽화고분의 경우도 크게 다르지 않다.

고구려 계통의 유적과 유물이 순흥 일대에서 상대적으로 많이 발견된 것은 나름의 이유가 있어서였을 것이다.30) 그것이 어떤 것이든 간

---

29) 김정배, 1989 앞 논문, pp.13~15.

30) 고구려 군대가 신라 영역 내에 주둔한 적이 있기 때문에, 어떤 형태로든 고구려 계통의 유물이나 유적이 지금의 경북 일원에서 확인될 여지는 충분히 있다고 보아야 한다. 특히 순흥 지역은 죽령 바로 남쪽에 위치하여, 소백산맥을

에 확실한 것은 지금 알려진 것만으로는 고구려의 영역 지배를 입증할 증거로 삼기에 부족하다는 것이다. 오히려 최근의 연구 결과는 이 일대에 많은 숫자의 5~6세기 신라 고분이 존재하며, 묘제나 출토 유물상 경주 지역과 강한 연관성이 확인된다는 점을 지적하고 있다.[31)]

실상 고고학적 자료로 『삼국사기』 지리지의 '본래 고구려의 ○○군(또는 ○○현)' 기사의 신뢰성을 이야기하려면, 순흥 지역보다는 더 남쪽에 해당하는 영양이나 청송·청하 등지에서 고구려 계통임이 확실한 벽화고분 등의 자료가 축적되어야 하고, 대신 5세기로만 시간폭을 좁히더라도 이 지역들에서 신라 계통의 유적이나 유물은 많지 않다는 것이 입증되어야 한다. 그러나 현재로서는 그런 결과를 기대하기가 어렵다는 것이 필자의 생각이다.

순흥 지역과 관련하여 한 가지 덧붙여 지적할 것은 1990년대 중반에 이루어진 영주시 순흥면 비봉산성의 발굴 결과, 이 산성이 5세기대에서 6세기대에 걸쳐 신라에 의해 축성되고 사용된 산성으로 밝혀졌다는 사실이다.[32)] 이는 곧 이 일대가 이른바 고구려 군현이 설정되었다고 하는 바로 그 시기에 신라 영역으로 확고히 자리잡고 있었음을 보여주는 중요한 자료라 할 수 있다. 그러므로 지금까지 줄곧 강조해 온 바와 같이, 『삼국사기』 지리지의 '본래 고구려의 ○○군(또는 ○○현)' 기

넘는 통로 상에 인후를 이루는 곳이다. 이런 요충지에 고구려군이 주둔해 있었을 가능성은 결코 작지 않아 보인다. 이런 배경이 곧 순흥 지역을 다른 지역에 비해 고구려 문화의 영향이 강한 곳이 되게 했을 것이며, 일정 기간 그 문화에 노출된 적이 있는 토착 세력들로 하여금 고구려적 색채가 짙은 유적이나 유물을 만들게 했을 것으로 여겨진다.

31) 이한상, 2003 「읍내리분묘군의 편년을 통해 본 5세기대 순흥지역의 위상」 『역사문화연구』 19, 한국외국어대학교 역사문화연구소.

32) 강종훈, 2004 「대구·경북 지역 삼국시대 신라 성지의 조사 및 연구」 『대구사학』 77.

사와 「중원고구려비」의 '신라토내(新羅土內) 당주(幢主)' 언급 부분, 그리고 읍내리 벽화고분 등에 의지하여 죽령 이남의 경북 동부 내륙 지역과 동해안 지역이 고구려의 영토였다고 주장하는 것은 대단히 무리한 것이라 하지 않을 수 없다.

4. 5세기 후반 고구려와 신라의 국경선

그러면 5세기 후반 고구려와 신라의 국경선은 어디에서 찾아야 할까? 『삼국사기』 신라본기 등의 문헌 자료를 통해 볼 때, 일단 소백산맥 이남으로까지 고구려 영역이 확대된 것 같지는 않다. 6세기 후반 고구려의 장수 온달이 신라를 공격하기에 앞서 "계립현과 죽령 서쪽 땅을 우리에게 귀속시키지 않으면 돌아오지 않겠다."라고 맹세했다는 기록이나,[33] 642년 신라의 김춘추가 고구려에 청병을 위한 사행을 갔을 때 고구려왕이 "죽령은 본시 우리 땅이니, 죽령 서북의 땅을 돌려준다면 군사를 내보낼 수 있다."라고 했다는 기록에서[34] 당시 고구려인이 갖고 있었던 영토 관념을 확인할 수 있다. 만약 고구려 영토가 5세기에 소백산맥의 죽령이나 계립령 이남으로 뻗어 있었다면, 온달이나 보장왕이 굳이 계립령과 죽령의 서쪽(또는 북쪽)을 운위할 필요가 없었을 것이다.

사실 소백산맥은 남하해 오는 세력의 입장에서 볼 때, 대단히 험한 장애물이다. 그곳을 넘어서 영역을 확대하더라도 후방, 즉 소백산맥 이북 지역과의 연락이 원활하게 이루어지지 않는다면 세력 유지에 한계

---

33) 『三國史記』 권45 溫達 列傳.
34) 『三國史記』 권5 善德王 11년조. 같은 책 권41 金庾信 列傳(上)에도 고구려 왕이 김춘추을 위협하며 "마목현과 죽령은 본래 우리나라 땅이니, 그 땅을 돌려주지 않으면 돌아갈 수 없다."고 했다는 기록이 실려 있다.

가 있을 수밖에 없다.[35] 고구려가 신라의 수도인 경주 지역을 완전히 장악하고 지금의 경북 내륙 지역을 통제할 수 있는 상황이었다면, 다시 말해 신라를 멸망에 빠뜨릴 수 있었다면, 고구려의 영역이 경북 내륙 지역 깊숙한 곳까지 확대되었을 수 있었을 것이다. 그러나 그런 일은 벌어지지 않았고, 따라서 고구려의 영역도 소백산맥 이북 지역에 고정되는 모습을 띠었다고 보는 것이 아무래도 합리적이다.

동해안 방면의 경우는 소백산맥처럼 자연적인 장애물이 거의 없기 때문에 국경에 대한 규명이 더욱 어려울 수밖에 없다. 하지만 5세기 중엽에 삼척 일대가 이미 신라 영역으로 되어 있었다는 것은 『삼국사기』 신라본기 기록을 통해 분명히 알 수 있고, 6세기 초 지증왕대에도 이사부의 실직 군주 임명 등을 보아 이 일대가 여전히 신라 영역 내에 존재했음을 짐작할 수 있다. 따라서 5세기 후반에는 대체로 삼척 이북, 좀 더 구체적으로 들어간다면 서두에서 언급한 것처럼 축성과 교전이 이루어진 '니하(泥河)', 즉 오늘날의 강릉 일대에서 고구려와의 국경을 찾을 수 있지 않을까 싶다. 최근 동해안의 포항에서부터 양양에 이르는 지역의 5~6세기대 분묘에서 경주 계통의 묘제와 토기, 장신구가 확인된다고 하는 고고학적 연구 결과가 나온 바 있는데,[36] 앞으로 관련 연구 성과를 계속 주목할 필요가 있다고 여겨진다.

---

35) 『三國史記』 권45 昔于老 列傳을 보면, 지금의 상주 지역에 위치해 있던 사량벌국이 본래 신라에 복속해 있다가 갑자기 배반하여 백제에 붙었으므로 우로가 토벌에 나섰다고 전한다. 이때 소백산맥은 사량벌국과 백제 사이의 원활한 연결을 방해하는 장애물이었음에 틀림없고, 신라는 그 약점을 이용하여 쉽게 사량벌국을 공략할 수 있었던 것으로 파악된다. 고구려의 경우도 설사 소백산맥을 넘어와 영역을 확대했다고 해도 그것이 오래 유지될 형국은 결코 아니었다고 판단된다.

36) 이한상, 2003 「동해안지역의 5~6세기대 신라분묘 확산양상」 『영남고고학』 32, 영남고고학회.

▶ **본서에 실린 이 글의 원 게재지는 다음과 같다.**

「5세기 후반 고구려와 신라의 국경선」『한국 고대 사국의 국경선』, 2008, 서경문화사.

6장

『삼국사기』 열전에 보이는 4~5세기 신라인의 활약상

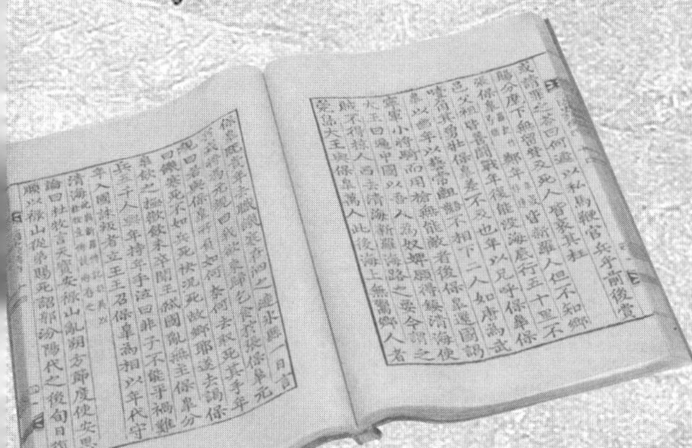

총 50권으로 편찬된 『삼국사기』의 마지막 열 권, 즉 권 41부터 권 50까지는 삼국시대와 통일신라시대를 살았던 주요 인물들의 전기인 '열전(列傳)'으로 이루어져 있다. 삼국통일의 주역 김유신의 전기가 앞부분인 권 41부터 권 43까지 세 권에 걸쳐 실려 있고, 나머지 일곱 권, 즉 권 44부터 권 50까지는 신라, 고구려, 백제 삼국의 명장, 충신, 학자, 순국열사, 효행 및 기예 인물, 그리고 반신과 역신의 열전으로 구성되어 있다.

편찬 때 확보되어 있던 자료의 다과가 주된 이유이겠지만, 열전에 실린 인물들은 삼국 가운데서도 신라 사람들이 대부분이다. 그런데 같은 신라인이라 하더라도 상고기에 해당하는 5세기 이전 시기에 활동했던 인물들은 상대적으로 드문 편이다. 이 역시 『삼국사기』 편찬 시까지 전해지던 자료가 부족했던 것에 근본적인 원인이 있을 것인데, 그런 가운데서도 5세기까지 활약했던 몇몇 인물들의 행적이 열전에 전해진다. 바로 거도(居道), 석우로(昔于老), 박제상(朴堤上), 물계자(勿稽子), 백결선생(百結先生) 등이 그들이다.

이들 중 거도는 3세기로 추정되는 탈해이사금 시기의 인물이고, 석우로와 물계자는 4세기, 박제상과 백결선생은 5세기에 활약하였다.[1] 석우로는 흘해이사금의 아버지로서 석씨 왕실 시기 왕족의 핵심 인물이었으며, 박제상은 혁거세의 혈통을 이은 박씨 족단의 인물로 당시 지배층에서 나름의 비중을 지닌 인물이었다. 둘은 모두 신라와 왜 사이의 갈등의 와중에서 희생된 인물이라는 공통점을 가지고 있다. 물계자와 백결선생은 둘 다 비록 왕경인이었으나 그다지 높은 신분의 인물은 아니었다. 전자는 공을 세우고도 은거한 인물로, 후자는 음악 방면에서 명성을 떨친 인물로 후대에 이름을 남겼고, 결국 『삼국사기』 열전에 입전되기에 이르렀다.

본고에서는 『삼국사기』 열전에 보이는 4~5세기의 신라 인물들 가운데 관련 기록이 비교적 풍부한 석우로와 박제상을 중심으로 그 활약상을 살펴보고, 물계자와 백결선생에 대해서는 간략히 언급하고자 한다.

1. 석우로의 활약상

석우로는 『삼국사기』 권45, 열전 5에 입전되어 있다. 열전 5에 함께 실린 인물들로는 고구려 고국천왕대의 명재상 을파소(乙巴素), 간언(諫

---

1) 필자는 『삼국사기』에 전하는 신라 초기의 기년에 대해 곧바로 믿을 수 없다는 입장이다. 그 실제 연대에 대해서는 이미 의견을 내놓은 바 있는데(강종훈, 2000, 『신라상고사연구』, 서울대출판부의 제2장), 본고에서는 필자의 선행 연구에서 수정한 연대에 맞추어 논의를 진행한다.

言)으로 정사를 바로잡는 데 기여한 신라 진평왕대의 김후직(金后稷)과 헌덕왕대의 녹진(祿眞), 고구려 동천왕대에 위나라의 침공을 격퇴하는 데 큰 공을 세운 밀우(密友)와 유유(紐由), 신대왕대의 국상(國相)으로 후한의 침략을 물리친 명림답부(明臨荅夫), 다음 절에서 다룰 신라 눌지왕대의 충신 박제상, 진평왕대에 원광법사로부터 세속오계를 받고 백제와의 아막성 전투에서 장렬히 순국한 귀산(貴山), 고구려 평원왕의 사위로 영양왕대에 신라에 빼앗긴 한강 유역을 수복하려고 출전했다가 전사한 온달(溫達) 등이 있다.

앞에 배치된 세 인물, 을파소와 김후직, 녹진 등은 국왕의 정치를 잘 보필했다는 점에서 충신으로 평가를 받아 열전 5에 입전된 것으로 보이고, 밀우와 유유, 명림답부 등은 중국 왕조와의 전쟁에서 나라를 지킨 공신으로 인정되어 열전 5에 이름을 올린 것으로 판단된다. 석우로나 박제상은 왜의 침략을 물리치는 과정 또는 왜에 인질로 간 왕족을 구출하는 과정에서 자신을 희생한 인물이기에 충신의 반열에 든 것으로 여겨지며, 귀산이나 온달은 각각 삼국 간 항쟁의 과정에서 나라를 지킨 인물과 빼앗긴 영토를 수복하려다 전사한 인물로서 역시 충(忠)의 모범 사례로 받아들여져 열전 5에 입전이 된 것으로 보인다. 전체적으로 보아 열전 5는 충신·공신 열전의 성격을 지닌다고 할 수 있겠다.

그러면 충신 내지 공신으로 평가된 석우로의 활동상을 『삼국사기』 석우로 열전의 내용을 통해 살펴보도록 하자. 제법 내용이 많지만, 이를 간단히 요약하면 다음과 같다.

1) 석우로의 가계 : 내해이사금의 아들. 일설에는 각간 수로(水老)의 아들이라고 함.

2) 조분왕 시기의 활동

① 조분왕 2년 : 이찬으로서 대장군이 되어 감문국(甘文國)을 정벌하고 군현으로 삼음.

② 조분왕 4년 : 왜인이 침입하자 사도(沙道)에서 싸워 화공으로 적의 전함을 불태우고 승리.

③ 조분왕 15년 : 서불한이 되고 군사의 일을 겸하여 맡음.

④ 조분왕 16년 : 북쪽 변경에 침입한 고구려군과 싸워서 패하고 마두책(馬頭柵)으로 물러남.

3) 첨해왕 시기의 활동

① 첨해왕 즉위 후 : 복속되어 있던 사량벌국(沙梁伐國)이 백제에 붙으므로 정벌하여 멸함.

② 첨해왕 7년 : 왜국 사신 갈나고(葛那古)를 접대하다가 왜국 왕을 조롱함. 이를 빌미로 왜왕이 우도주군(于道朱君)을 보내 신라를 침공하게 됨. 첨해왕이 유촌(柚村)으로 피신하는 상황 발생. 석우로가 왜병 진지를 직접 찾아가 사과함. 왜병이 우로를 붙잡아 불태워 죽이고 돌아감.

4) 석우로 사망 이후

① 석우로의 아들 : 당시 어린 나이로 걷지 못하여 다른 사람이 안고 말을 타고 돌아왔는데, 후에 흘해이사금이 됨.

② 석우로의 부인 : 미추왕 때에 왜국의 대신이 찾아오자 사사로이 대접하기를 청한 뒤, 술에 취한 그를 불에 태워 죽임. 이 일로 왜병이 금성을 공격해 왔으나, 이기지 못하고 퇴각함.

결국 석우로는 신라 석씨 왕실의 핵심 인물로서 군사적 측면에서 누차에 걸쳐 큰 공을 세웠으나, 왜와의 전쟁 과정에서 비극적인 최후를 맞은 것으로 정리될 수 있겠다. 그리고 그의 사후 부인에 의해 나름의 복수가 이루어졌는데, 이 사건은 신라 지배층의 뇌리에 깊숙이 각인되어 오랜 기간 전승되었던 것으로 판단된다.

석우로의 활동상은 『삼국사기』의 열전뿐만 아니라 신라본기에도 나오는데, 열전에 실린 내용과 크게 다르지는 않다.2) 특히 조분왕 시기의 활약에 관한 내용은 거의 같다. 다만 첨해왕 시기의 활동에 관해서는 다소 차이가 엿보이는데, 열전에 나오는 사량벌국 정벌 기사가 신라본기에는 보이지 않는다. 아울러 석우로의 사망 시기에 관한 전승에서도 열전에서는 첨해왕 7년이라고 나옴에 반해 신라본기에서는 3년으로 전하고 있어 차이를 보인다. 석우로의 사망 이후 벌어진 상황에 대해서는 신라본기에서는 아예 언급이 없고, 열전에서만 내용이 나온다.

『삼국유사』에는 석우로에 관한 기록이 따로 보이지 않는데, 다만 왕력에서 흘해이사금의 아버지로 '우로음각간(于老音角干)'이라는 이름과 '내해왕의 제2자'라는 가계 전승만 전할 뿐이다.

한편 일본의 고대 사서인 『일본서기』에도 석우로와 관련된 전승이 나와 흥미를 끈다. 『일본서기』 권9 신공황후 섭정전기 9년 12월조의 일설(一說)에 중애천황의 황후라는 신공의 이른바 '삼한정벌' 관련 기사가 실려 있다. 거기에 의하면 남편인 중애가 갑자기 병이 나서 죽은 후 신공이 남장을 하고 신라를 정벌하였는데, 신의 인도를 받아 바다를 건너가자 나아간 배가 일으킨 파도가 신라의 나라 안까지 미치니

2) 『삼국사기』 권2 신라본기 내해이사금 14년조에는 포상팔국의 난으로 위기에 빠진 가야를 구원하기 위해 태자인 '우로'와 이벌찬 '이음(利音)'에게 6부의 군사를 거느리고 출전하게 했다는 기록이 있다. 우로의 이름이 가장 이른 시기에 등장하는 사례이지만 석우로 열전에는 이에 관해 전혀 언급이 없고, 포상팔국의 난에 관한 또 다른 기록인 『삼국사기』 물계자 열전이나 『삼국유사』의 물계자조에도 우로의 이름은 보이지 않는다. 따라서 신라본기의 포상팔국의 난 관련 기사에서의 우로는 『삼국사기』 편찬 과정에서의 착오로 잘못 들어간 것으로 판단되며, 본고에서는 따로 거론하지 않는다.

신라의 '왕'인 '우류(宇流) 조부리지간(助富利智干)'이 마중을 나와 무릎을 꿇고 왕의 배를 잡고서 머리를 땅에 조아리며, "신은 앞으로 일본국에 계시는 신의 아들에게 내관가로서 끊이지 않고 조공을 바치겠습니다."라고 말했다고 한다. 여기서 신라의 왕으로 나온 우류 조부리지간의 우류는 바로 우로와 음이 가깝고, 조부리지간은 신라의 관등명 서불한 즉 각간과 통하기 때문에 결국 우로 각간을 가리키는 것으로 볼 수 있다. 석우로를 신라의 왕이라고 잘못 전하고 있지만, 이는 석우로가 왕을 대신하여 사과를 한 것을 마치 신라왕이 직접 항복을 한 것처럼 과대포장하려고 한 데서 생긴 왜곡으로 짐작된다.

한편 이 전승에 뒤이어 또 다른 일설이 전하고 있는데, 거기에서도 석우로와 관계되는 이야기가 실려 있다. 그에 의하면, 신공은 신라왕을 포로로 붙잡아 해변에 끌고 와서 그 무릎뼈를 뽑고서 돌 위에 포복을 시켰다가 목을 베어 모래 속에 묻고는 한 사람을 신라 '재(宰)'로 남겨두고 돌아갔다고 한다. 그 후 신라왕의 처가 남편의 시신이 묻혀 있는 곳을 몰라 재를 유혹하여 "그대가 왕의 시신을 묻은 곳을 알려주면 마땅히 후하게 보답하겠다. 그리고 그대의 처가 되겠다."고 하니, 재가 그 말을 믿고 시신이 묻혀 있는 곳을 말해주었고, 왕의 처와 국인은 공모하여 재를 죽이고는 왕의 시신을 꺼내어 다른 곳에 묻었는데, 그때 재의 시신을 왕의 묘 흙 밑에 묻고 왕의 관 아래에 놓은 뒤 "존비의 순서는 이와 같은 것이다."라고 말하였다고 한다. 천황이 그것을 듣고 매우 분노하여 군사를 크게 일으켜 신라를 멸망시키려 하여 군선이 바다에 가득하여 신라에 이르니, 신라 사람들이 모두 두려워하여 어찌할 바를 모르다가 서로 공모하여 왕의 처를 죽이고 사죄하였다는 것이다. 왜병의 재침공 결과와 관련된 마지막 부분에서 약간의 차이가 엿보이기는 하지만, 전체적으로 줄거리가 석우로 열전의 후반부 내용과 매우 흡사함을 바로 알아차릴 수 있다.

신공황후의 신라 정벌과 관련된 전승은 위의 일설들에 앞선 신공 섭정전기 9년 10월조에서부터 나오는데, 신공이 만삭의 몸으로 신의 인도를 받아 신라로 쳐들어가니 신라왕이 놀라서 항복을 하였고, 이후 항상 일본에 배 80척의 조공을 바칠 것을 맹세하였다고 한다. 게다가 고구려와 백제의 왕들도 신라의 항복 소식에 놀라 스스로 신공의 진영을 찾아와 앞으로 길이 '서번(西蕃)'이라 일컫고 조공을 그치지 않겠다고 약속했다고 한다. 그래서 신라를 포함한 해외의 '삼한'이 이때부터 모두 일본에 복속하게 되었다는 것이다.

신공의 이른바 '삼한 정벌'에 관한 전승은 심한 과장과 윤색으로 점철되어 있어 내용을 그대로 사실이라고 받아들일 수는 없다. 무엇보다도 고구려와 백제가 일본의 위세에 놀라 스스로 '서번'이라고 칭하면서 앞으로 끊임없이 조공을 바치겠다고 약속했다는 것은 『일본서기』가 편찬되던 8세기 초 일본 나름의 천하관에 입각하여 조작한 허무맹랑한 이야기일 뿐이다. 신라왕이 신공에게 항복을 청하고 '일본국'에 계시는 신의 아들에게 '내관가'로서 끊이지 않고 조공을 바치겠다고 약속했다는 것도 윤색과 과장이 들어 있어 사실로 믿기는 어렵다. 더 나아가 신공이 만삭의 몸으로 직접 왜병을 끌고 바다를 건너왔다는 것 자체가 꾸며진 이야기일 가능성이 크다. 일본 측 전승에서는 이름이 전하지 않지만, 『삼국사기』 석우로 열전에서 보듯이 당시 신라를 침공한 왜병의 총지휘관은 신공과 같은 여성이 아니라 '우도주군'이라는 남성이었다. 아마도 신공이 스스로, 그것도 출산 직전 상태에서, 험한 파도를 헤치고 신라를 공격하여 승전을 이끌었다고 하는 것이 그녀의 영웅적 면모를 부각시키는 데 유리하였을 것이고, 그로 인해 이런 가공의 전설이 끼어들어간 것이라고 판단된다.

그렇지만 그렇다고 해서 『일본서기』에 전하는 왜의 신라 침공 관련 기사를 전적으로 허구라고 내칠 수는 없다. 윤색과 과장이 심하다고 하더라도 뼈대는 사실로 인정할 부분이 있기 때문이다. 특히 일본 측의 전승만 남아 있는 것이 아니라 우리 측 기록인 『삼국사기』에도 관련 전승이 있다는 것은 사건 자체를 쉽게 부인할 수 없게 만드는 것이다.

그렇다면 『일본서기』에 나오는 신공의 '삼한 정벌' 전승 가운데 사실로 인정할 수 있는 것은 어디까지일까? 먼저 중애천황이 사망한 뒤 그의 부인 신공이 여자의 몸으로 사실상 천황의 지위를 대신하고 있던 시기에 왜병이 바다를 건너 신라를 침공했다는 것은 사실에 가깝다고 여겨진다. '신공 시기'(when)와 '신라 침공'(what)이라는 두 가지 키워드는 설화가 만들어지는 데 핵심 줄기가 된 것이기에 굳이 조작을 의심할 필요는 없다. 왜병의 빈번한 신라 침탈은 『삼국사기』 신라본기를 통해서도 확인되는 것이고 「광개토왕릉비문」에서도 언급하고 있는 것이므로, 그 자체를 인정하지 않으려는 것은 합리적인 이해라 하기 어렵다.

그리고 왜병의 침략을 받은 신라가 궁지에 몰렸다는 것, 또 그로 인해 신라의 최고 지배층 가운데 한 사람이 희생양이 되어 왜병에게 승전 및 퇴각의 명분을 만들어 주었다는 것 등도 사실로 보는 것이 타당하다. 『일본서기』에서는 일본의 위상을 끌어올리기 위해 전과를 과장하여 신라왕의 직접 항복을 받았다거나 아예 신라왕을 붙잡아 죽였다고 하였지만, 어쨌든 그들이 신라왕으로 표현할 만큼의 높은 위치에 있었던 왕족이 이때 죽임을 당했다는 이야기가 후대에 전해졌기에 관련 기록이 남게 되었을 것이다.[3]

---

3) 우리 측의 전승이 채록된 『삼국사기』 석우로 열전의 기사와 약간의 내용 차이는 있으나 전체적으로 동일한 사건을 전하는 것이 확실한 이상 굳이 날조된 사건이라고 내칠 수는 없다. 전승이란 각자 자기 입장에서 구전되고 채록되는 것이므로, 그 과정에서의 윤색과 왜곡은 불가피하게 나타나기 마련이다. 따라

여하튼 석우로 열전을 통해 그의 활동상을 정리한다면, 크게 두 가지 측면에서 살펴볼 수 있다. 하나는 그가 진한의 여타 소국들을 복속시키는 데 주도적 역할을 했다는 것이고, 다른 하나는 왜의 침략을 격퇴하는 데 큰 공을 세웠다는 것이다.

석우로가 활동하던 시기에 신라는 진한 통합을 완성해 가고 있었다. 경주 분지에서 일어나 탈해이사금 시기부터 주변의 소국들을 하나둘 복속시키면서 세력을 키운 신라는 벌휴이사금 때 의성 지역의 소문국(召文國)을 정벌하면서[4] 진한연맹체의 최강자로서의 입지를 굳혔다. 이 시기를 전후하여 현재의 경상북도 일원의 소국들이 상당수 신라에 정치적으로 복속되었지만, 여전히 독자적 행보를 취하는 소국들이 남아 있었다. 추풍령으로 통하는 길목에 자리잡은 김천 지역의 감문국은 그 대표적인 나라였다. 석우로는 조분왕의 재위 초반에 바로 그 감문국을 정벌하여 신라의 지배권을 확립시키는 데 결정적인 공을 세웠다. 이러한 위세에 놀란 소국들 가운데 군사적 정벌을 피하기 위해 스스로 신라에 복속되어 들어오는 나라들도 생겼는데, 경주 서쪽의 영천 지역에 있던 골벌국(骨伐國)이 바로 그런 나라였다.[5]

석우로는 조분왕을 뒤이은 첨해왕 시기에 상주 지역의 사량벌국 토벌을 주도하였다. 사량벌국은 앞서 신라에 복속된 나라였으나, 이 시기에 신라를 등지고 백제에 붙으려는 움직임을 보였다. 석우로는 사량벌국을 정벌하여 재복속시키고 그 지역에 대한 신라의 통제력을 강화하는 데 큰 공을 세운 것이다. 석우로의 사량벌국 토벌 기사는 신라의

서 윤색과 왜곡을 빌미로 사건 자체를 부정하는 것은 올바른 태도가 아니며, 바로 그 윤색과 왜곡을 걷어내고 실제의 사건을 재구성하는 것이 역사학자가 해야 할 몫이다.

4) 『삼국사기』 권2 신라본기 벌휴이사금 2년조.

5) 『삼국사기』 권2 신라본기 조분이사금 7년조.

진한 통합과 관련하여 『삼국사기』에서 확인되는 마지막 기사이다. 우로가 사망하고 난 뒤 유례이사금 시기에 지금의 청도 지역에 자리잡고 있던 이서고국(伊西古國)이 반란을 일으켜 신라의 수도 금성을 급습했다가 진압되는 일이 있기는 했지만,[6] 신라가 진한연맹체에 속한 다른 소국을 정벌하여 멸망시킨 기사는 사량벌국 토벌 이후에는 따로 보이지 않는다. 결국 석우로의 활약으로 신라는 진한 통합을 사실상 마무리 지은 것이라고 말할 수 있다. 그런 점에서 석우로는 무공을 통해 '진한'을 대신하는 '신라'를 탄생시킨 영웅이었다.

한편 석우로가 활동하던 시기에는 왜병의 침략이 잦았다. 석우로는 그 침략을 물리치는 데 결정적인 역할을 하였고, 결국 그 과정에서 장렬하게 순국하였다. 진한 통합 과정에서 드러난 전쟁의 양상은 주로 공세적 측면이 강했지만, 왜병과의 대결에서는 대체로 수세에 몰리거나 반격의 형태로 전쟁이 펼쳐졌다. 이 시기에 신라가 바다를 건너가 왜를 침탈한 것은 사료에 확인되지 않는데, 그것은 신라의 입장에서 주변의 진한 소국들을 통합하는 것이 시급했던 과제였기 때문이기도 하지만, 근본적으로는 굳이 험한 바다를 건너 일본열도를 침략할 필요성이 많지 않았기 때문이다. 우로 사후에 왜병의 침략이 계속 골칫거리가 되자 유례이사금은 백제와 연대하여 왜를 정벌할 생각까지 하였지만, 신라군이 수전에 능숙하지 않고 백제에게 오히려 신라를 침탈할 기회를 줄 수 있다는 이유로 결국 실행에 옮기지는 못하였다.[7] 그래서 신라와 왜의 군사적 대결은 거의 예외 없이 후자의 침략이라는 형태로 이루어졌고, 신라는 수세적 입장에서 그것을 방어하기에 급급하였다.

왜병은 현해탄이라는 험한 바다를 건너와야 했기 때문에 대규모의

---

6) 『삼국사기』 권2 신라본기 유례이사금 14년조.
7) 『삼국사기』 권2 신라본기 유례이사금 12년조.

출병은 사실상 쉽지 않았다. 그렇지만 목숨을 걸고 침략을 일삼았기 때문에 신라의 입장에서도 그 예봉을 꺾는 것은 쉬운 일이 아니었다.[8] 더욱이 신라의 수도인 금성이 동해안에서 가까운 곳에 위치해 있었기 때문에 왜병의 급습에 적절하게 대응하기에는 어려운 점이 많았다. 또 하나 간과해서는 안 될 중요한 사항은 신라의 진한 통합이 필연적으로 군사적 부담의 대폭 증가로 이어졌다는 것이다. 신라에 복속된 지역을 정치적, 군사적으로 통제하기 위해서는 요충지마다 적절한 숫자의 신라군이 주둔하면서 감시하는 것이 필수적이었다. 그것이 제대로 실현되지 않는다면 사량벌국이나 이서고국의 사례처럼 배반과 반란이 언제든지 일어날 수 있었다.

따라서 신라군의 주력이 한 곳에 집중되지 못하고 복속된 지역의 요충 곳곳에 분산 배치될 수밖에 없었고, 이것은 곧 수도 방위의 역량이 크게 줄어드는 결과를 초래하였다. 신라가 많지 않은 수의 왜병의 급습에도 시달릴 수밖에 없었던 것은 바로 이러한 데에 근본 원인이 있었던 것이다.

그렇다면 왜는 무슨 이유로 신라를 그렇게 자주 침탈했을까? 그 답은 『일본서기』에 나와 있는데, 이 시기에 신라는 왜의 지배층에게 '보물이 많은 나라[寶國]', '재물이 많은 나라[財寶國, 財土, 財國]', '금과 은의 나라[金銀之國]' 등으로 인식되고 있었다.[9] 일본열도에서 쉽게 얻

8) 『삼국사기』 권2 신라본기 흘해이사금 37년조를 보면, 왜병이 급습하여 금성을 에워쌌는데 왕이 군사를 내어 맞대결을 하려고 하자 이벌찬 강세가 "적은 멀리서 왔으므로 그 칼날을 당해낼 수가 없으니, 그들이 피곤해지기를 기다리는 것이 낫다."고 건의한 내용이 나오고, 같은 책 권3 신라본기 내물이사금 38년조에는 왜병이 금성을 에워싸고 5일 동안 포위를 풀지 않자 장수와 병사들이 모두 나가서 싸우기를 원했으나 왕이 오히려 "지금 적들이 배를 버리고 육지 깊숙이 들어와 사지(死地)에 있으니 그 칼날을 당할 수 없다."며 성문을 닫았다는 내용이 보인다.

기 어려운 물건들을 신라가 많이 갖고 있었다는 이야기이다. 그것이 꼭 금과 은 등의 귀금속 제품에만 국한된 것은 물론 아니었을 것이다. 중국으로부터 수입된 진귀한 물건들까지 포함하여 지배층의 관심을 끌 물건들이 모두 보물 또는 재물의 범주에 들어갔다고 여겨진다.

그런데 이 보물들을 당시 일본에서는 구하기가 어려웠다. 왜는 3세기만 하더라도 한반도 서북부에 자리잡고 있던 낙랑군 또는 대방군을 통해 중국제 진귀품의 직접 수입이 가능했다. 낙동강 하구의 금관가야가 중계 역할을 하기도 했지만, 중국의 관리가 일본열도로 건너가기도 했고 왜의 사신이 중국을 찾아가기도 했다.[10] 왜는 이러한 중국 왕조와의 통교를 통해 필요한 물건들을 충분히 입수할 수 있었다. 그러나 4세기 초반 낙랑군과 대방군이 고구려에 의해 축출되고, 그에 앞서 3세기 후반에 중국 왕조의 동방 제국과의 교섭 창구가 낙랑군 또는 대방군에서 요동의 동이교위부로 바뀌면서, 중국의 선진 문물을 얻을 수 있는 길이 점차 막혀버렸다. 특히 낙랑군과 대방군의 한반도 내에서의 소멸은 결정적인 타격을 가한 일대 사건이었다.[11]

기존의 선진 문물 수입 창구가 사라진 상태에서 왜는 다른 대안을 찾을 수밖에 없었는데, 그것은 바다 건너 가까운 위치에 자리잡은 가야 또는 신라였다. 백제는 아직 왜와 교류를 가진 적이 없었고 거리도 멀었지만, 가야나 신라는 이전부터 교류를 행해 왔고 또 비교적 교통이 유리한 가까운 지역에 있었다. 그 가운데서도 신라는 북쪽의 고구려를 통해 선진 문물의 수입이 가능하였던 반면, 가야는 왜와 마찬가

---

9) 『일본서기』 권8 중애천황 8년조, 권9 신공황후 섭정전기 9년 2월조, 4월조, 10월조, 12월조.

10) 『삼국지』 권30 위서 30 왜인전.

11) 이에 관한 상세한 설명은 강종훈, 2001 「4세기 백제-왜 관계의 성립과 그 배경」 『역사와 현실』 40, pp.8~20 참조.

지로 수입선이 막혀 있었다. 당연히 신라를 통해 진귀한 물품들을 확보하고자 했겠지만 항상 그들의 기대대로 될 수는 없었던 것이고, 그것이 곧 무력에 의한 강탈의 시도로 이어졌던 것이다. 『일본서기』 신공기의 내용은 바로 그러한 어려운 상황 속에서도 신라를 굴복시키는 데 성공하여 선진 문물의 확보가 가능해졌다는 무용담을 근거로 하여 온갖 윤색과 과장이 들어간 것이었다.

석우로가 활동하던 때는 바로 이런 시기였다. 선진 문물을 얻기 위해 결사적으로 신라를 침탈하는 왜와 그것을 물리쳐야 하는 신라 사이의 군사적 충돌이 단속적으로 일어났다. 왜의 침략은 4세기 중반 신라의 최대 골칫거리였던 것이며, 그 침략을 어떻게 격퇴하고 근절시킬 수 있느냐는 당시 신라의 입장에서 최대 현안 문제였다고 할 수 있다. 석우로는 그 현안 문제를 해결하기 위해 진력하였던 인물이었던 것이고, 진한 통합이 몰고 온 군사적 부담의 증가라는 시대적 모순 속에서 희생된 인물이었다고 평할 수 있겠다.

2. 박제상의 활약상

석우로와 함께 왜국과의 갈등 과정에서 비극적인, 그렇지만 장렬한 최후를 맞이한 인물로 후세인의 기억 속에 오랫동안 자리잡았던 자가 바로 박제상이다. 그의 행적을 구체적으로 살펴보기 위해 우선 『삼국사기』 열전 5에 실린 박제상 열전의 내용을 요약하면 다음과 같다.

1) 박제상의 가계 : 신라 시조 혁거세의 후손으로 파사이사금의 5세손이며, 할아버지는 아도(阿道) 갈문왕, 아버지는 물품(勿品) 파진찬.

2) 활동상

① 벼슬길에 나가 삽량주간(歃梁州干)이 됨.

② 이에 앞서 실성왕 원년에 내물왕의 아들 미사흔(未斯欣)이 왜에 인질로 보내졌고, 동왕 11년에는 미사흔의 형 복호(卜好)가 고구려에 인질로 보내짐. 눌지왕이 즉위한 후 동생들을 왜와 고구려로부터 구해 올 인재를 구하자, 수주촌간(水酒村干) 벌보말(伐寶靺), 일리촌간(一利村干) 구리내(仇里迺), 이이촌간(利伊村干) 파로(波老) 등이 박제상을 추천함. 눌지왕의 부름을 받은 박제상이 왕의 요청을 받아들임.

③ 박제상이 고구려로 가서 그 왕을 만나 복호를 귀환시켜 달라고 설득함. 복호와 함께 신라로 돌아옴.

④ 다시 왜로 건너감. 마치 신라를 배반하고 도망 온 것처럼 가장함. 왜왕이 처음에 의심함.

⑤ 신라와 고구려가 연합하여 왜를 침략하려 한다는 백제인의 참소를 듣고 왜왕이 군사를 보내 신라 국경에서 순찰을 하게 했는데, 고구려가 쳐들어와 왜의 순라군을 붙잡아 죽임. 또 신라왕이 미사흔과 박제상의 가족을 옥에 가두었다는 소식이 전해지자 왜왕은 박제상의 망명을 믿게 됨.

⑥ 왜왕이 신라를 공격하기 위해 미사흔과 박제상을 장수로 삼음. 바다 가운데 있는 섬 산도(山島)에 이르러 박제상이 미사흔에게 몰래 신라로 돌아갈 것을 권유함.

⑦ 미사흔을 배에 태워 먼저 보낸 후, 그 사실이 왜인들에게 발각되어 체포됨. 왜병이 미사흔을 붙잡기 위해 추격하였으나 안개로 인해 실패함. 박제상은 왜왕에게 끌려갔다가 목도(木島)로 유배됨. 얼마 있지 않아 화형을 당한 후 다시 참형에 처해짐.

⑧ 박제상의 순국 소식을 들은 눌지왕은 그를 대아찬으로 추증하고,

가족들을 포상함. 박제상의 둘째 딸을 미사흔의 부인으로 삼게 함.

이에 의하면, 박제상은 혁거세의 후손으로 당시 박씨 족단에서 나름의 비중을 지녔던 인물이었으며, 삽량주간으로 있다가 눌지왕의 부름을 받고서 고구려와 왜에 차례로 건너가 왕의 두 아우인 복호와 미사흔을 구출해 낸 충신이었다. 복호를 고구려에서 귀환시킬 때에는 고구려왕을 설득하여 성공하였으나, 미사흔을 왜에서 구해낼 때는 속임수를 썼다가 결국 왜인들의 손에 붙잡혀 죽임을 당하고 말았다. 앞서 살펴본 석우로와는 왜인에 의해 죽임을 당했다는 공통점을 보이지만, 석우로는 신라군의 최고 사령관으로서 누차에 걸쳐 전공을 세운 반면, 박제상은 외교관으로 활동하여 다른 나라에 붙잡혀 있던 왕족들을 구출해 냄으로써 큰 공을 세웠다는 점에서 차이점을 보인다.

박제상이 복호와 미사흔을 구출한 이야기는 『삼국사기』 신라본기 눌지마립간 2년조에도 간략하게 나오며, 『삼국유사』에서는 『삼국사기』의 박제상 열전에 못지않게 상세하게 전해지고 있다. 『삼국유사』에서는 '내물왕 김제상'의 이름으로 관련 내용이 실려 있는데, 간단히 요약하면 다음과 같다.

1) 미해(美海)의 왜 파견 : 17대 나밀왕(奈密王) 즉위 36년 경인년(390)에 왜왕이 신라에 사신을 보내와, "대왕의 신성함을 듣고 백제의 죄를 대왕께 아뢰니, 대왕은 왕자 한 명을 보내 달라."고 하여 셋째 아들 미해를 보냄. 미해의 나이가 10세여서 내신(內臣) 박사람(朴娑覽)을 부사(副使)로 딸려 보냈는데, 왜왕이 억류하여 30년 동안 돌려보내지 않음.
2) 보해(寶海)의 고구려 파견 : 눌지왕 즉위 3년 기미년(419)에 고구려의 장수왕이 왕의 아우 보해를 인질로 보내달라고 요청하여, 보해를 고

구려에 파견함. 내신 김무알(金武謁)을 함께 보내서 보좌하게 함. 장수왕도 보해를 억류하여 돌려보내지 않음.

3) 눌지왕의 제상 소환 : 눌지왕 10년 을축년(425)에 왕이 신하들과 국내의 호협(豪俠)을 불러 잔치를 베풀고, 두 아우를 데려올 계책을 물음. 백관이 모두 삽라군(歃羅郡) 태수 제상을 추천함. 이에 제상을 부르니, 제상이 충성을 바쳐 일을 성공시킬 것을 맹세함. 제상은 "듣건대 '왕에게 근심이 있으면 신하는 욕을 당하고, 왕이 욕을 당하면 신하는 죽어야 한다.'는 말이 있는데, 만약 일이 어렵고 쉬운 것을 헤아린 뒤에 행하면 그것은 충성되지 못하다고 할 것이요, 죽고 사는 것을 도모한 후에 움직이면 그것은 용기가 없다고 할 것입니다."라고 말하며 왕명을 받들겠다고 함.

4) 보해의 구출 : 제상이 곧장 고구려로 가서 보해를 만나 돌아갈 계책을 꾸민 뒤 5월 15일 고성(高城)의 수구(水口)에서 만나기로 함. 보해가 몰래 탈출하여 고성으로 와서 신라로 달아나 돌아왔는데, 이때 추격하던 고구려 병사들이 보해를 동정하여 모두 화살촉을 빼고 쏘아서 무사히 돌아올 수 있었다고 함.

5) 미해의 구출 : 제상은 다시 왜국으로 가서, 거짓으로 신라왕이 자신의 아버지와 형제들을 죄 없이 죽였기 때문에 도망을 왔다고 함. 제상이 미해를 만나 탈출을 논의함. 신라인 강구려(康仇麗)에게 미해를 호송하게 하고, 자신은 미해의 방에 들어가 시간을 끌어 미해의 탈출을 도움. 왜인들이 미해가 달아난 사실을 알고 쫓아갔으나, 미해를 잡을 수 없었음.

6) 제상의 최후 : 왜인에게 붙잡힌 제상은 자신이 계림 즉 신라의 신하이지 왜국의 신하가 아니라고 당당히 말하며, 왜왕의 협박과 회유에도 굴하지 않다가 결국 목도에서 화형을 당해 죽음. 이 과정에서 "차라리 계림의 개, 돼지가 될지언정 왜국의 신하가 될 수 없으며, 계림

의 형벌을 받을지라도 왜국의 작록을 받을 수 없다."는 말을 남김.

7) 제상의 순국 이후 : 눌지왕은 미해를 다시 만난 후, 국내에 사면령을 내리고 제상의 아내를 책봉하여 국대부인으로 삼고, 그의 딸을 미해공의 부인으로 삼음.

이야기의 줄거리가 『삼국사기』 박제상 열전의 그것과 거의 같음을 금방 알아차릴 수 있다. 그렇지만 세세한 부분에서 전승의 차이가 엿보이는데, 먼저 박제상의 성씨를 제목에서 '김제상'으로 전하는 것이 큰 차이에 해당한다. 『삼국사기』에서와는 달리 박제상의 계보를 구체적으로 제시하지 않음을 보면 『삼국유사』의 전승은 애초에 불완전한 면이 있고, 따라서 『삼국유사』의 기록을 근거로 그를 박씨가 아닌 김씨 족단의 인물이라고 보기는 어렵다.

두 번째로 차이를 보이는 것은 『삼국유사』에서 전하는 내용에서는 등장인물의 이름이 상대적으로 아화된 표현으로 나온다는 것이다. '미사흔'이 '미해(美海)'로, '복호'가 '보해(寶海)'로 표기된 것은 이 기록의 원자료가 만들어진 시기가 신라에서 인명을 한자의 의미에 맞춰서 사용하기 시작한 시점 이후임을 시사하는 것인데, 일연이 대체로 7세기 이후에 작성된 자료를 토대로 내용을 정리한 것이 아닌가 추측된다.

세 번째의 차이는 미해와 보해를 각각 왜와 고구려에 파견한 왕과 관련해서 찾아진다. 앞서 본 『삼국사기』에서는 둘 다 실성왕 시기에 인질로 파견되었다고 했는데, 『삼국유사』에서는 미해는 아버지인 내물왕이, 보해는 형인 눌지왕이 각각 보낸 것으로 달리 전하고 있다. 실성왕과 관련된 내용이 죄다 누락된 셈인데, 정황상으로 보면 『삼국사기』 쪽이 좀 더 사실에 가깝지 않을까 여겨진다.

네 번째의 차이로 거론될 수 있는 것은 눌지왕이 미사흔과 복호를 구출해 올 인재를 찾는 장면에서 등장했던 벌모말, 구리내, 파로 등의 '간(干)'들이 『삼국유사』에서는 따로 거명되지 않고 그냥 뭉뚱그려서 신하들과 국중 호협이라고만 했다는 점이다. 제상을 '삽량주간'이라고 표현하지 않고 '삽라군 태수'라고 표기했다는 것도 이와 연관지어 말할 수 있는 차이에 해당한다.

다섯 번째로 고구려에 인질로 간 보해를 구출해 내는 과정이 『삼국사기』에서 전하는 것과 상당한 차이를 보임을 지적할 수 있다. 즉 『삼국사기』에서는 박제상이 고구려왕을 설득하여 복호를 무사히 귀환시켰다고 되어 있음에 비해, 『삼국유사』에서는 마치 보해의 귀환도 미해의 왜로부터의 귀환처럼 상대 나라 왕의 허락을 받지 않고 도망쳐 나온 것으로 서술하고 있다. 신라가 고구려의 보호국처럼 되어 있던 당시 상황을 놓고 볼 때, 『삼국사기』의 전승 내용이 신빙성이 있다. 만약 도망쳐 나왔다면 신라에 주둔해 있던 고구려병에 의해 다시 고구려로 호송되었을 수 있고, 양국 관계가 곧바로 파탄에 이르렀을 텐데, 그런 흔적은 찾아지지 않기 때문이다. 아마도 『삼국유사』의 전승은 박제상의 활약을 더욱 극적으로 꾸미기 위해 조작이 들어간 것으로 판단된다.

미해의 구출 과정과 박제상의 순국 이후의 상황에 대한 서술은 『삼국사기』나 『삼국유사』의 전승에서 근본적으로 큰 차이는 없으나, 대체로 후자가 전자보다 훨씬 더 많은 윤색이 가미되었다고 할 수 있다. 사실 박제상이 눌지왕과 나눈 대화나 후에 왜왕에게 문초를 당하면서 한 이야기 등은 그의 영웅적 행적을 빛나게 하기 위해 상당히 많은 설화적 윤색이 들어간 것이라고 말할 수 있다. 그래서 여기에서는 일단 『삼국사기』의 전승을 주된 자료로 하고, 『삼국유사』의 전승은 참고 자료로 삼아 논의를 진행하고자 한다.

한편 석우로의 경우에서와 같이 박제상도 일본 측의 사서인 『일본서기』에 관련 전승을 남기고 있어, 비교 자료로서 유용하게 사용될 수 있다. 『일본서기』 신공황후 섭정전기 9년 10월조를 보면, 앞서 거론한 이른바 신공의 삼한정벌 관련 기사 중에 신라왕 '파사매금(波沙寐錦)'이 '미질기지파진간기(微叱己知波珍干岐)'를 인질로 삼아 금, 은, 비단 등을 실은 80척의 배에 딸려 일본으로 보냈다는 내용이 보인다.

여기서의 파사매금은 박제상의 4대조에 해당하는 파사이사금을 가리키고, 미질기지파진간기는 바로 내물왕의 셋째 아들이자 눌지왕의 아우인 미사흔을 지칭하는 것이다. '미질기지'가 이름에 해당되고 '파진간기'는 그가 지녔던 관등이라고 보면 큰 잘못은 없다. 여기서 우선 문제가 되는 것은 석우로의 활동 시기에 해당하는 신공 집권 초반기에 미사흔이 왜에 인질로 파견되었다는 것인데, 이는 전승이 시대착오를 일으킨 사례에 해당된다. 그리고 인질을 보낸 주체를 '파사매금'이라고 한 것도 전승 과정에서의 착오를 보여주는 것으로, 이는 추측컨대 박제상의 계보에 관한 전승이 잘못 끼어들어 혼란을 초래한 것이 아닐까 생각된다.

『일본서기』에서는 신공 섭정 5년 3월조에 위에서 거론한 미사흔 관련 이야기가 다시 나오는데, 바로 여기에 박제상의 활동상이 본격적으로 실려 있다. 이에 의하면, 신라왕이 오례사벌(汙禮斯伐)과 모마리질지(毛麻利叱智), 부라모지(富羅母智) 등을 보내어 조공을 바쳤는데, 앞서 인질로 와 있던 '미질허지벌한(微叱許智伐旱)'을 본국으로 귀환시킬 마음을 갖고 있었다고 한다. 미질허지벌한이 모마리질지 등으로부터 본국에 두고 온 처자가 모두 관노가 되었다는 소식을 들었다면서 신공황후에게 잠시 본국에 돌아가 사정을 살피고 돌아오겠다고 하니, 신공이 갈성습진언(葛城襲津彦)을 딸려서 신라로 향하게 했고, 일행이 쓰시마에 이르자, 모마리질지 등이 몰래 배와 뱃사공을 구해 미질한기를 태우고 신라로 도망가게 하고는 습진언에게는 미질한기가 병에 걸렸다고 거짓으로 보고하였으며, 곧 속은 것을 안 습진언이 신라의 사신 세 명을 붙잡아 불태워 죽이고, 신라로 건너가 도비진(蹈鞴津)에 진을 치고 초라성(草羅城)을 함락한 다음 돌아왔다는 것이다.

여기서 박제상이라는 이름은 보이지 않지만, 『삼국사기』 박제상 열전에 그의 다른 이름으로 '모말(毛末)'을 전하고 있음을 감안하면, 위의 기사에서 보이는 '모마리질지'가 바로 박제상임을 금방 알 수 있으며, 전체 이야기의 흐름이 박제상 열전에 나온 것과 매우 흡사하다는 것도 쉽게 알아차릴 수 있다. 눌지왕이 박제상을 소환하여 동생들을 구출하라는 요청을 하는 장면이나 박제상이 먼저 고구려에 가서 복호를 귀환시키는 장면 등은 빠져 있는데, 이는 자신들과는 별로 관계가 없는 이야기이기에 굳이 오랜 기간 전승되어야 할 이유가 없었기 때문일 것이다. 그렇지만 박제상이 일본열도로 건너와 미사흔을 구출하는 장면은 상당히 구체적일 뿐더러 『삼국사기』나 『삼국유사』 등에 전하는 이야기와 대동소이하다. 따라서 이 사건은 비록 윤색과 착오가 일부 있다고 하더라도, 실제로 있었던 일인 것은 의심의 여지가 없다.

그럼 이상의 자료를 토대로 박제상의 활약상을 재구성해 보자.

먼저 박제상은 혁거세와 파사이사금의 혈통을 이어받은 박씨 족단의 중요 인물이었다. 그의 조부가 갈문왕의 지위를 누렸고 부친이 파진찬을 지냈음을 볼 때, 그가 신라 지배층 내에서 차지하는 위상이 결코 낮지는 않았음을 쉽게 알아차릴 수 있다. 『삼국사기』에 '삽량주간', 『삼국유사』에 '삽라군 태수'로 기록되어 있음을 보면, 그는 눌지왕대 초반에 삽량 지역을 다스리는 관리로 파견되어 있었던 것으로 보인다. 그동안 박제상을 삽량 즉 지금의 경남 양산 지역의 토착 세력으로 보려는 견해들도 있었지만, 그의 계보에서 확실하게 드러나 있는 것처럼 비교적 좋은 혈통을 타고난 왕경인이었다고 보는 것이 순리이다. 그가 삽량 지역으로 나가 있었던 것은 변경의 요충을 지키는 군대의 지휘관으로 임명되었기 때문으로 생각된다. 눌지왕에게 그를 추천한 벌보말이나 구리내, 파로 등도 왕경인으로서 수주촌, 일리촌, 이이촌 등의 변경 지역에 파견된 군 지휘관으로 볼 수 있다.[12)]

눌지왕 당시 신라는 김씨 족단이 권력을 완전히 장악한 상태였다. 내물왕 시기부터 김씨에 의한 왕위 계승이 본격적으로 이루어졌고, 이전에 왕위를 차지한 적이 있던 박씨 족단과 석씨 족단은 권력의 핵심부에서 밀려나 있었다. 눌지왕은 애초에 벌보말, 구리내, 파로 등을 인질 구출 임무의 적임자로 생각하였으나,[13)] 이들 모두가 여러 이유로 난색을 표하였던 것 같고 대신 혁거세의 후손 박제상이 그 임무를 맡게 되었던 것 같다. 박제상으로서는 자신이 나서서 눌지왕에게 충성을 바침으로써 당시 쇠락해졌던 박씨 족단을 다시 일으켜 세울 수 있는 호기를 맞이한 셈이었다. 물론 그가 그런 계산에서 고구려와 왜로 향했는지는 확인할 길이 없지만, 결과적으로 그의 희생은 훗날 박씨 족단에게 김씨 족단과 연대하여 국정을 이끌어 갈 수 있는 길을 열어주었다.

미사흔과 복호가 차례로 왜와 고구려에 인질로 파견된 것은 당시 신라가 처했던 어려운 사정을 잘 보여준다. 왜의 경우는 앞서 석우로의 활동상을 정리할 때 언급을 한 바 있지만, 4세기 내내 신라를 침탈한

---

12) 종래 이들의 실체를 각 지역의 토착 유력인으로 보려는 견해들이 많았지만, 문맥상 그렇게 볼 여지가 없음은 이미 필자의 선행 연구에서 논단한 바가 있다(강종훈, 2000 앞책, pp.191~194 참조).

13) 이들의 계보는 전혀 알 수 없으나, 눌지왕의 머릿속에 처음 떠올랐던 후보들이었다면 그와 같은 족단인 김씨 족단에 속한 인물이었을 가능성이 매우 높다고 판단된다.

가장 큰 적대 세력이었다. 그들의 움직임을 제어하기 위해서는 무엇인가 특단의 조치가 필요했던 것이고, 그것이 곧 인질의 파견을 통한 우호 관계의 개설로 이어지게 되었던 것이다. 특히 『삼국사기』에 미사흔과 복호를 왜와 고구려에 인질로 보낸 왕으로 전하는 실성왕은 그 자신이 고구려에 인질로 갔다 온 경험이 있었고, 눌지와 복호, 미사흔 형제가 언제든지 자신의 왕위를 노릴 수 있는 잠재적 정치 라이벌이라고 생각했기 때문에 그들이 연대하여 자신에게 대항하는 사태를 막기 위해서라도 셋 중 둘을 외국에 인질로 파견하는 방안을 구상했을 가능성이 높다. 다시 말해 미사흔과 복호의 인질 파견은 실성왕의 입장에서 일석이조의 정치적 효과를 노리고 실행된 것이라는 이야기이다.

실성왕이 죽고 눌지왕이 즉위하면서 정치 지형이 급변하였다. 앞서 인질로 갔던 왕제 복호와 미사흔의 귀환이 추진된 것은 당연한 일이었다. 당시 신라가 고구려의 강한 정치적 영향권 내에 존재하고 있었다는 것은 이미 널리 알려진 사실이지만, 새로 즉위한 눌지로서는 자신을 지지해주고 행동을 함께 할 수 있는 강한 유대감을 가진 지원 세력이 절실한 상황이었다. 타의에 의해 외국에 인질로 나가 있던 아우 복호와 미사흔이 돌아온다면 자신의 든든한 보호막이 될 수 있는 것이었고, 김씨 족단의 왕위 독점도 더욱 강고해질 수 있는 것이었다.

눌지왕은 바로 그러한 정치적 기대를 갖고서 아우들의 귀환을 추진했던 것이며, 박제상은 비록 족단을 달리 하였지만 목숨을 바쳐서 그의 기대를 충족시켜줌으로써 김씨 왕실의 은인이자 공로자가 되었던 것이다. 『일본서기』에서 보듯이 사실 미사흔을 구하기 위해 왜로 건너가 목숨을 잃은 사람은 박제상만이 아니었을 것이다. 오례사벌이나 부라모지 등 『일본서기』에 함께 이름이 거명된 인물들이 모두 공신으로 기억되었을 것이지만, 그 가운데서도 특히 박제상의 역할이 컸기 때문에 『삼국사기』와 『삼국유사』는 물론 『일본서기』에까지 그의 행적을 중심으로 이야기가 만들어지고 전승되었던 것이라 생각된다. 『삼국유사』에서 박제상이 눌지왕이나 왜왕에게 한 말은 그의 충신으로서의 면모를 강하게 부각시키기 위해 후대 사람이 윤색을 가한 것이 틀림없지만, 그는 그런 윤색을 받아도 마땅할 정도의 큰 공을 세운 인물이라 평할 만하다.

3. 기타 인물들의 활약상

지금까지 석우로와 박제상을 중심으로 『삼국사기』의 열전에 실려 있는 4~5세기 신라 인물들의 활동상을 살펴보았다. 사실 그밖에도 열전에 이름을 올릴 만한 업적을 남긴 인물들은 적지 않았을 것이다. 그렇지만 상고기에 활동한 인물들에 대한 전승 자체가 매우 부족했던 탓에 열전에 입전된 인물들도 별로 없다. 그런 와중에서도 나름의 이름을 남긴 두 인물이 있으니, 바로 『삼국사기』 열전 8에 입전된 물계자와 백결선생이 그들이다.

먼저 물계자에 대해서 살펴보면, 그는 내해이사금 시기에 활동했던 인물로 왕경인이었으나 집안이 한미하였다고 한다. 그 무렵 남해안 포구의 여덟 나라, 즉 포상팔국이 가야를 공격하자 신라가 군사를 보내어 가야를 구원해 주었고, 포상팔국의 난은 진압되었다. 이 전쟁에서 물계자는 큰 공을 세웠으나, 당시 신라군의 최고 사령관이었던 왕족 나음(捺音)에게 미움을 사서 제대로 포상을 받지 못하였다. 삼년 뒤에 다시 골포(骨浦), 칠포(柒浦), 고사포(古史浦) 등의 세 나라 군대가 보복으로 신라의 갈화성(竭火城)을 공격해 왔는데, 이때에도 물계자는 큰 공을 세웠지만 역시 포상의 대상에서 제외되었다. 물계자는 오히려 두 차례의 전쟁에서 목숨을 바치지 못하고 자신을 버리지 못했음을 한탄하고, 머리를 풀고서 거문고를 들고 사체산(師彘山)에 들어가 돌아오지 않았다고 한다.

이상은 『삼국사기』의 물계자 열전에 실린 내용을 요약한 것인데, 『삼국유사』 권8 피은편의 물계자조에서도 같은 내용이 전해지고 있다. 후자가 전자에 비해 설화적 윤색이 더 강하게 나타난다. 『삼국사기』를 편찬한 김부식이나 『삼국유사』를 지은 일연이 모두 그의 이야기를 열전 등에서 소개한 것은 세속의 재물과 명예에 구애되지 않고 은거한 것을 높이 평가했기 때문이라고 생각되지만, 사실 그의 행적은 신분제 사회에서 하층민이 겪는 좌절과 비애를 극적으로 보여주는 사례라고 할 수 있다.

포상팔국의 난은 4세기 전반 한반도 서북부의 낙랑군과 대방군이 소멸함에 따라 한반도와 일본열도를 잇는 중계무역이 급속히 퇴조하는 상황에서 과거 가야연맹체를 이끌던 김해 지역의 금관국의 위상이 흔들리게 되자, 그 틈을 타서 남해안 일대의 여덟 나라가 금관국에 반기를 들면서 새로운 교역 체계를 모색하려 했던 사건이었다. 3세기 중반 한때 한반도 남부 지역에서 가장 강력한 힘을 가진 존재로 떠올랐던 금관국이 점차 몰락의 길을 밟게 되는 신호탄이기도 했지만, 신라의 입장에서는 가야의 주요 국가들을 모두 제압하거나 영향력을 행사하게 됨으로써 한반도 동남부 지역에서 패권 국가로 나아가는 데 계기가 된 사건이기도 했다. 앞서 살펴본 석우로 등의 활약으로 성취된 신라의 진한 통합은 바로 이러한 도약을 바탕으로 이루어진 것이었다.

다음으로 백결선생은 『삼국사기』 열전에서는 어느 시기의 사람인지에 대해 언급이 없다. 그런데 『삼국사기』 권32 악지(樂志)에서 대악(碓

樂)을 지은 인물로 자비왕 때의 사람 백결선생을 언급하고 있어, 대체로 5세기 후반에 생존했던 사람이라고 추정할 수 있다. 그는 경주 낭산 아래에 살았는데, 집이 가난하여 옷을 백 번이나 기워 입어서 사람들이 그를 백결선생이라고 불렀다고 한다. 거문고를 잘 탔으며, 방아찧는 소리에 아내가 신세 한탄을 하자 방아타령 즉 대악을 지어 아내를 위로했다고 한다. 그는 정치적으로 특별한 행적을 남긴 것은 없지만, 신라 음악의 발전에 나름의 기여를 한 것으로 평가할 수 있겠다.

4. 소결

4세기는 우리 역사에서 본격적인 삼국시대가 시작된 시기였다. 삼국이 영역을 맞대고 경쟁하게 되면서, 삼국의 역사는 더욱 역동적으로 전개되어 갔다. 이 시기에 각국에서 나름의 업적을 남기며 후대에 그 이름이 전해진 사람은 적지 않았을 것이다. 그렇지만 현재 우리가 알고 있는 인물들은 매우 제한적이며, 그나마 『삼국사기』의 열전에 이름이 올라 있는 사람들은 더욱 적다.

그런 가운데 4~5세기를 살다간 신라인으로 『삼국사기』 열전에 입전된 인물들이 네 명 있으니, 바로 열전 5에 들어간 석우로와 박제상, 열전 8에 들어간 물계자와 백결선생이 그들이다. 석우로는 석씨 왕실의 핵심 인물이었고, 박제상은 박씨 족단 내에서 상당한 비중을 지닌 인물이었는데, 모두 왜와의 갈등 과정에서 희생되었다는 공통점을 지니고 있다. 그들은 스스로 목숨을 바쳐 신라를 위기에서 구하고 왕실의 고통을 덜어주었다는 점에서 충신 또는 공신으로 평가를 받아 열전에 이름을 올린 것으로 생각된다. 물계자와 백결선생은 세상의 재물과 명리에 연연하지 않는 초탈적 모습을 보여줌으로써 후대인들에게 오랫동안 기억된 인물들이었다. 이들을 통해 우리는 4~5세기 신라가 처했던 상황을 생생하게 들여다 볼 수 있고, 위기와 고통을 극복하면서 신라의 발전을 견인해 간 인물들의 영웅적 면모를 만나볼 수 있는 것이다.

▶ **본서에 실린 이 글의 원 게재지는 다음과 같다.**

「삼국사기 열전에 보이는 4~5세기 신라인의 활약상」『신라문화』38집, 2011, 동국대 신라문화연구소.

7장

『삼국사기』 열전 7의 수록 인물 분석

우리 역사상 7세기는 대표적인 '전란의 시기'였다. 642년 백제의 대대적인 신라 공격으로 가열된 전쟁은 676년 나당전쟁이 끝나는 순간까지 이어졌다. 642년 이전에도 삼국간의 전쟁은 빈번하게 일어났고, 특히 백제와 신라 사이의 공방전은 7세기 벽두부터 쉴 새 없이 계속되었다. 한 세기의 3/4에 해당하는 긴 시간이 전쟁으로 점철되었으며, 이로 인해 당시 한반도에 살던 수많은 사람들은 큰 고통과 희생을 치러야 했다.

이 시기에 자신이 속한 나라를 위해 전쟁터에서 목숨을 바친 인물들은 그 수를 헤아릴 수 없을 만큼 많았을 것이다. 그렇지만, 그 가운데 극히 일부에 해당하는 수십 명의 인물들만이 순국에 얽힌 무용담을 후세에 남겼다. 고려시대에 김부식 등이 편찬한 『삼국사기』의 열전 7에 실린 인물들이 바로 그들이다.

본고에서는 바로 그 『삼국사기』 열전 7에 실린 인물들의 활동상을 정리하고, 그들의 의식세계를 조명해보려고 한다. 구체적인 논의 순서를 미리 소개하자면, 먼저 열전 7의 구성과 그 성격에 대해 간단히 살펴보고, 이어서 거기에 수록된 인물들을 활약 시기와 출신·신분 등을 기준으로 재분류하여 과연 어떤 특징들을 추출할 수 있는지 알아본 후, 마지막으로 그들의 의식세계에 대해 고찰하게 될 것이다.

1. 열전 7의 구성과 성격

총 50권으로 이루어진 『삼국사기』에서 마지막의 열 권, 즉 권 41부터 50까지가 열전에 해당한다.

권 41(열전 1)부터 43(열전 3)까지는 삼국통일의 명장 김유신(金庾信)의 전기이고, 권 44(열전 4)는 을지문덕(乙支文德)을 비롯한 나머지 명장들의 전기를 모아놓은 것이다.[1] 권 45(열전 5)는 충신들의 전기를 수록한 부분이라 할 수 있으며,[2] 권 46(열전 6)은 유학자나 문장가들의 열전으로 칭할 수 있다.[3] 그리고 본고의 관심 대상인 권 47(열전 7)은 주로 7세기 통일전쟁의 와중에 나라를 위해 목숨을 바친 순국 인물들의 이야기를 취합한 것이다.

---

1) 열전 4에 수록된 인물을 구체적으로 소개하면, 을지문덕(乙支文德), 거칠부(居柒夫), 거도(居道), 이사부(異斯夫), 김인문(金仁問), 김양(金陽), 흑치상지(黑齒常之), 장보고(張保皐), 사다함(斯多含) 등이다. 이들은 모두 전쟁을 승리로 이끌었거나 무공으로 이름을 날린 사람들이다.

2) 열전 5에 수록된 인물들을 구체적으로 살펴보면, 고구려의 재상 을파소(乙巴素)를 위시하여 김후직(金后稷), 녹진(祿眞), 밀우(密友), 유유(紐由), 명림답부(明臨荅夫), 석우로(昔于老), 박제상(朴堤上), 귀산(貴山), 온달(溫達) 등이다. 이 가운데 특히 마지막 두 인물, 귀산과 온달은 전쟁터에서 순국한 인물로, 성격상 열전 7에 실린 인물들과 큰 차이가 없으나, 『삼국사기』의 편찬자들은 이들의 업적을 보다 부각시키기 위해서인지는 몰라도 열전 5에 앞당겨 실어놓았다.

3) 열전 6에는 강수(强首)와 최치원(崔致遠), 설총(薛聰) 등이 실려 있다.

한편 권 48(열전 8)은 효행, 절의, 재능으로 이름을 떨친 사람들의 전기를 묶은 것이며,[4] 권 49(열전 9)는 군주를 폐위시키거나 시해한 역신들의 전기이고,[5] 권 50(열전 10)은 신라를 배반하고 자립한 후삼국 건국자 두 사람의 전기를 실은 것이다.[6]

전체적으로 보면, 『삼국사기』의 열전은 명장(名將) 열전 4권, 충신(忠臣) 열전 1권, 문호(文豪)·유자(儒者) 열전 1권, 순국인물(殉國人物) 열전 1권, 덕행자(德行者) 및 재사(才士) 열전 1권, 반신(叛臣)·역신(逆臣) 열전 2권 등으로 구성되어 있다고 할 수 있겠다.

순국 인물 열전인 열전 7에 입전된 인물들은 모두 13명이다. 구체적으로 거명하면, 해론(奚論)·소나(素那)·취도(驟徒)·눌최(訥催)·설계두(薛罽頭)·김영윤(金令胤)·관창(官昌)·김흠운(金歆運)·열기(裂起)·비령자(丕寧子)·죽죽(竹竹)·필부(匹夫)·계백(階伯)인데, 이들의 전기에 부수된 인물들까지 포함하면 그 수는 22명으로 늘어난다. <표 1>은 열전 7에 수록된 인물들을 부수된 인물까지 넣어서 정리한 것이다.[7]

---

4) 열전 8에는 향덕(向德), 성각(聖覺), 실혜(實兮), 물계자(勿稽子), 백결선생(百結先生), 검군(劒君), 김생(金生), 솔거(率居), 효녀(孝女) 지은(知恩), 설씨녀(薛氏女), 도미(都彌) 등의 전기가 실려 있다.

5) 열전 9에 실린 인물은 창조리(倉助利)와 개소문(蓋蘇文) 등이다.

6) 열전 10에는 궁예(弓裔)와 견훤(甄萱)의 전기가 실려 있다.

7) 『삼국사기』의 목차와 열전 7의 서두에 소개된 인물들을 뽑아서 정리한 것이며, 비록 부수(附隨) 인물로도 기록되지 않았지만 눌최 열전에 나오는 이름 미상의 노(奴), 김흠운 열전에 나오는 예파(穢破)와 적득(狄得), 보용나(寶用那), 그리고 죽죽 열전에 나오는 용석(龍石), 필부 열전에 나오는 본숙(本宿), 모지(謨支), 미제(美齊) 등도 입전된 사람과 더불어 순국한 인물들이다. 이들까지 합산하면, 열전 7에서 전쟁 영웅으로 거론된 인물은 모두 30명으로 늘어나게 된다.

<표 1>『삼국사기』 열전 7에 수록된 인물들

立傳 順序	立傳人物	附隨人	附隨人과 立傳人物과의 관계
①	奚論	讚德	父
②	素那	沈那	父
③	驟徒	夫果, 逼實	兄, 弟
④	訥催		
⑤	薛罽頭		
⑥	金令胤	欽春, 盤屈	祖父, 父
⑦	官昌		
⑧	金歆運		
⑨	裂起	仇近	휘하 병사
⑩	丕寧子	擧眞, 合節	子, 奴
⑪	竹竹		
⑫	匹夫		
⑬	階伯		

열전 7에 실린 인물들의 활약상을 간략하게 소개하면, 다음과 같다.

① **해론** : 왕경(王京)의 모량(牟梁) 출신으로 진평왕 40년(618)에 백제에게 빼앗긴 가잠성(椵岑城)을 되찾기 위해 출전하였다가 순국하였다. 그 아버지 찬덕은 같은 왕 32년(610)에 같은 장소에서 백제병을 막다가 성이 함락되기 직전에 자결한 인물이다.

② **소나** : 백성군(白城郡) 사산(蛇山) 출신으로 문무왕 15년(675)에 아달성(阿達城)에서 말갈의 침략을 막다가 순국하였다. 그 아버지 심나는 선덕여왕대에 백제병을 격퇴시키며 백성군 지역을 지킨 맹장이었다.

③ **취도** : 왕경의 사량(沙梁) 출신으로 본래 출가하여 승려로 있다가 무열왕 2년(655)에 백제가 조천성(助川城)을 공격해 오자, 승복을 벗고 삼천당(三千幢)에 들어가 전투에 참가하여 전사하였다. 그의 형인 부과는 문무왕 11년(671)에 백제의 잔여 세력과 웅진(熊津)에서 싸울 때 당주(幢主)로 출전하여 전사하였으며, 아우인 핍실은 신문왕 4년(684)에 보덕국(報

德國)의 반란을 평정하는 과정에서 전사하였다.

④ **눌최 :** 왕경의 사량 출신. 진평왕 46년(624)에 앵잠성(櫻岑城), 봉잠성(烽岑城), 기현성(旗懸城) 등지에서 벌어진 백제군과의 전투 때 순국하였다.[8)]

⑤ **설계두 :** 왕경인으로 골품제의 한계를 깨닫고 신라를 떠나 당나라로 들어가, 645년 당 태종의 고구려 정벌 때 참전하였는데, 요동(遼東)의 주필산(駐蹕山) 전투에서 전사하였다.

⑥ **김영윤 :** 왕경의 사량 출신으로 신문왕 4년(684)에 보덕국의 반란을 평정하기 위해 출전했다가 순국하였다. 그 할아버지 흠춘은 김유신의 아우로서 진평왕대에 화랑이 되었고, 무열왕 7년(660) 백제 정벌에 공을 세웠다. 김영윤의 아버지인 반굴은 백제 정벌에 부친을 따라 참가하여 황산벌(黃山伐) 전투에서 순국한 인물이다.

⑦ **관창 :** 장군 품일(品日)의 아들로 무열왕 7년(660)에 어린 나이로 백제 정벌에 참여, 황산벌에서 백제군 격멸에 큰 공을 세우고 순국하였다.

⑧ **김흠운 :** 내물왕의 8세손으로 무열왕 2년(655)에 백제군과 조천성(助川城)에서 맞서 싸우다가 순국하였다.[9)]

⑨ **열기 :** 출신을 알 수 없다. 문무왕 원년(661) 겨울 고구려 정벌 때 김유신 휘하의 보기감(步騎監)으로 참전하여, 고구려병의 저지를 뚫고 평양성(平壤城) 부근까지 달려가 당나라 장수 소정방에게 연락 임무를 수행하였다. 구근은 열기와 함께 이 임무를 완수한 사람 가운데 하나이다.

⑩ **비령자 :** 출신을 알 수 없다. 진덕왕 원년(647)에 무산성(茂山城), 감물성(甘勿城), 동잠성(桐岑城) 등을 공격해 온 백제군을 막기 위해 출전하였다가, 혈혈단신으로 적진에 뛰어들어가 장렬히 전사하였다. 그의 아들 거진과 노(奴) 합절도 비령자를 따라 적진에 들어가 싸우다 죽음으로써, 신라군의 사기를 크게 고무시켜 전투를 승리로 이끌었다.

⑪ **죽죽 :** 대야주 출신으로 선덕여왕 11년(642)에 백제군의 대야성(大耶城)

---

8) 그를 따르던 노(奴) 한 명이 함께 전사하였다.
9) 이때 대감 예파, 소감 적득이 김흠운과 함께 전사하였으며, 보기당주인 보용나도 그들의 장렬한 전사에 자극을 받아 분전하다가 뒤따라 전사하였다.

공격을 막다가 순국하였다.[10)]

⑫ **필부 :** 왕경의 사량 출신으로 무열왕 7년(660) 겨울에 칠중성(七重城) 부근 현의 현령으로 있던 중 고구려군의 공격을 받고 이에 맞서 싸우다가 칠중성에서 전사하였다.[11)]

⑬ **계백 :** 백제의 장수로 의자왕 20년(660) 나당 연합군이 백제를 정벌했을 때, 결사대 5천명을 거느리고 황산벌로 나아가 신라군과 맞닥뜨려, 수차의 전투에서 신라군을 물리쳤으나 중과부적으로 결국 순국하였다.

위에 소개한 입전 인물 13명 가운데 열기는 전쟁터에서 순국한 인물은 아니다. 그리고 부수 인물 9명 가운데 소나의 아버지인 심나와 김영윤의 조부인 흠춘, 그리고 열기의 휘하 병사인 구근 등 3명도 전사하지는 않았다. 그래서 사실 열전 7을 순국 인물들의 전기를 모아놓은 것으로 일반화시키기에는 다소 무리가 따를 수 있다. 차라리 전쟁영웅전이라고 이름을 붙이는 게 더 타당할지도 모르겠다. 다만 전쟁영웅전이라고 하면, 열전 1부터 4까지에서 거론된 명장들의 열전과 차별이 없어지고, 그것들과 떨어져서 뒤에 따로 붙은 이 열전의 특징을 살리기도 어려운 점이 있다. 『삼국사기』를 편찬한 김부식 등이 열전 7의 성격을 어떻게 인식하였는지는 알 수 없으나, 수록된 인물들 모두 죽음을 무릅쓰고 전쟁에 참여하여 큰 전공을 세웠고, 대부분이 전쟁터에서 장렬한 최후를 맞이한 인물들이므로, 크게 보면 순국 인물의 전기라고 이름하여도 과히 어긋나지 않다.

열전 7에 실린 인물들은 앞서도 거론했듯이 대부분이 신라인이라는 특징을 지니고 있다. 계백만이 백제인으로 22명 가운데 유일하게 비신라인이다. 아울러 모두가 7세기대에 활약한 인물이라는 공통점을 갖고

10) 용석도 이때 함께 전사하였다.

11) 상간(上干) 본숙, 모지, 미제 등이 이때 그와 함께 전사하였다.

있다. 그들 대부분이 삼국통일전쟁 과정에서 순국한 인물들이지만, 나당전쟁이 끝나고 삼국통일이 완성된 676년 이후에 순국한 인물들도 포함되어 있다. 신문왕대 보덕국의 반란을 진압하는 과정에서 순국한 김영윤이나 핍실 같은 인물이 그들이다.

또 하나 이채로운 것은 신라인들 가운데에는 신라 왕실에 충성을 바치고 순국한 인물이 아닌 존재도 끼어 있다는 점이다. 신라를 저버리고 당나라에 들어가 당 태종의 고구려 정벌전에 참전하였다가 전사한 설계두 같은 인물이 그러하다. 열전 7에 굳이 설계두가 포함된 이유는 분명치 않지만, 그가 다른 입전 인물들과는 이질적인 면을 지니는 존재인 것만은 틀림없다.

김부식이 『삼국사기』를 편찬하면서 열전 7에 들어갈 인물들을 어떤 원칙에서 선정했는지 현재로서는 확인할 길이 없다. 그리고 수록될 인물들의 순서를 어떤 원칙에서 정했는지도 분명히 알 수 없다. 위에서 제시한 프로필을 훑어보면 금방 알아차릴 수 있겠지만, 활동시기를 기준으로 인물들의 순서가 정해진 것도 아니며, 출신 성분의 차이로 선후가 나뉘어진 것도 아니다. 그렇다고 전쟁의 상대국별로 인물들을 분류한 것은 더더욱 아니다. 굳이 추정해 보자면 편찬에 참고한 원전의 차이를 반영했을 가능성이 있으나, 이 역시 확증을 잡기는 어렵다.

결국 열전 7에서 거론된 인물들은 『삼국사기』의 서술 흐름을 따라 읽어 가는 것만으로는 그 특징을 잡아내기가 힘들고, 시대상을 파악하는 데에도 난점이 있다. 그래서 본고에서는 열전 7에 수록된 인물들을 몇 가지 기준에 의해 새로 분류하면서, 인물들의 특징과 시대상을 엿보도록 하겠다.

2. 열전 7에 수록된 신라 인물들의 활약 시기별 분류와 검토

먼저, 활약 시기를 기준으로 하여 열전 7에 수록된 인물들의 순서를 다시 정하면, 다음과 같다.12)

<표 2>『삼국사기』 열전 7에 수록된 인물들의 활약 시기별 분류13)

순서	이름	활약 시기	전투 장소	전쟁 상대	비고
1	찬덕(①-1)	진평왕 32년(610)	椵岑城	백제	2. 해론의 父
2	해론(①)	진평왕 40년(618)	椵岑城	백제	
3	눌최(④)	진평왕 46년(624)	櫻岑 등 3城	백제	奴도 함께 전사
4	심나(②-1)	선덕여왕대(634~647)	白城郡	백제	19. 소나의 父
5	죽죽(⑪)	선덕여왕 11년(642)	大耶城	백제	용석도 함께 전사
6	설계두(⑤)	당 고종 정관 19년(645)	遼東 駐蹕山	고구려	唐軍의 하급 무관
7	비령자(⑩)	진덕여왕 원년(647)	茂山 등 3城	백제	
8	거진(⑩-1)	진덕여왕 원년(647)	茂山 등 3城	백제	7. 비령자의 子
9	합절(⑩-2)	진덕여왕 원년(647)	茂山 등 3城	백제	7. 비령자의 奴
10	취도(③)	무열왕 2년(655)	助川城	백제	
11	김흠운(⑧)	무열왕 2년(655)	助川城	백제	예파, 적득, 보용나 등도 함께 전사
12	흠춘(⑥-1)	무열왕 7년(660) 7월	黃山伐	백제	21. 김영윤의 祖父
13	반굴(⑥-2)	무열왕 7년(660) 7월	黃山伐	백제	21. 김영윤의 父
14	관창(⑦)	무열왕 7년(660) 7월	黃山伐	백제	
15	필부(⑫)	무열왕 7년(660) 10·11월	七重城	고구려	上干 본숙, 모지, 미제 등도 함께 전사

12) 순국하지 않은 인물들이 포함되어 있어, 일단 활약 시기라고 명명하였다. 열전 7에 수록된 인물들이 활약한 전투의 시간 순으로 정리하였다. 입전 인물뿐만 아니라 부수 인물까지 포함시켰으며, 백제인인 계백은 제외하였다. 아래에서도 마찬가지이다.

13) 이름 뒤에 붙은 괄호 안의 숫자는 본래 열전 7에서 기재된 순서를 뜻하며, '-'가 붙은 경우는 부수 인물로서 기재된 순서를 의미한다.

16	열기(⑨)	문무왕 원년(661)	平壤城	고구려	
17	구근(⑨-1)	문무왕 원년(661)	平壤城	고구려	16. 열기의 휘하
18	부과(③-1)	문무왕 11년(671)	熊津	백제 잔적	10. 취도의 형
19	소나(②)	문무왕 15년(675)	阿達城	말갈	
20	핍실(③-2)	신문왕 4년(684)	미상	보덕국	10. 취도의 아우
21	김영윤(⑥)	신문왕 4년(684)	椵岑城 부근	보덕국	

위의 표에서 알 수 있듯이, 660년 백제가 멸망하기까지 신라의 순국 인물은 모두 백제와의 전쟁에서 사망하였다.[14] 반면 이 시기 고구려와의 전쟁에서 순국한 인물은 나타나 있지 않다.[15] 이는 7세기 전반과 중엽에 걸쳐 신라의 주된 전쟁 상대국이 백제였음을 그대로 보여주는 것이다.

그리고 신라가 당나라와 연합하여 백제 정벌에 나섰던 660년의 경우와 빼앗긴 영역을 회복하기 위한 반격전이 펼쳐졌던 618년의 경우를 빼면, 진평왕대인 610년·624년, 선덕여왕대인 642년, 진덕여왕대인 647년, 무열왕대 초반인 655년에 벌어진 전쟁은 모두 백제의 공격으로 촉발된 것이었다. 이를 통해 당나라와 군사 동맹이 본격적으로 가동되기 이전 시기에 신라와 백제 사이의 전쟁 양상은 주로 백제 측 공세와 신라 측 수세로 이어졌음을 알 수 있고, 신라가 당나라와 맺은 군사 동맹은 이러한 위기 상황을 극복하기 위한 불가피한 선택이었음을 짐작해낼 수 있다.

사실 백제와의 전쟁은 553년 나제동맹 파탄 이후 100여 년에 걸쳐 지속적으로 일어났다. 551년 한강 하류 지역을 고구려로부터 탈취하는

14) 당나라로 건너간 신라인 설계두의 경우는 여기서 당연히 제외된다.
15) 660년에 칠중성에서 순국한 필부의 경우, 백제가 이미 멸망한 뒤에 벌어진 전투에서 전사하였다.

데 성공한 백제는 불과 2년 뒤 당시까지 동맹국이었던 신라의 급습으로 그 땅을 잃고 말았고, 554년에는 신라를 정벌하기 위해 나섰던 성왕이 관산성(지금의 충북 옥천) 부근에서 매복해 있던 신라병에게 붙잡혀 참살되었다. 이들 사건 이후로 신라는 백제에게 불구대천의 원수가 되었고, 백제는 치욕을 만회하고 복수를 하기 위해 신라를 집요하게 공격하였다.

백여 년에 걸친 양국의 전쟁 과정에서 많은 인명 피해가 났을 것은 새삼 말할 필요조차 없다. 특히 수세에 처해 있던 신라의 희생은 더욱 컸을 것으로 보인다. 열전 7에 나오는 신라의 순국 인물들의 절반 이상이 백제와의 전쟁에서 목숨을 잃은 것은 바로 이러한 사정을 반영하는 것이다. 아울러 열전 5에 실린 귀산 역시 진평왕 24년(602)에 벌어진 백제와의 전쟁에 참여하였다가 스승인 원광법사로부터 받은 세속오계 가운데 임전무퇴의 정신을 실천하고 순국한 인물이었다.

오랜 기간을 끈 백제와의 공방전은 수많은 신라인들로 하여금 백제에 대한 적개심과 순국 의지를 증폭시켜갔을 것으로 보이며, 다른 나라는 몰라도 백제에게만큼은 패해선 안된다는 강박관념을 불러일으켰던 것 같다. 백제와의 전쟁에서 순국한 신라 인물이 유달리 많이 전해지는 것은 두 나라 사이에 전쟁이 빈번하게 일어났던 데에 일차적인 원인이 있지만, 이와 더불어 당시 백제에 대한 신라인의 뿌리 깊은 경쟁의식이 또 하나의 원인으로 작용했으리라 여겨진다.

백제가 멸망한 이후 신라의 순국 인물들은 고구려와의 전투, 백제 잔여 세력과의 전투, 말갈 세력과의 전투, 보덕국의 고구려 유민 세력과의 전투에서 전사한 것으로 나온다. 그런데 한 가지 특징은 670년부터 본격적으로 벌어진 당나라와의 전쟁 과정에서 사망한 자들이 제대로 드러나 있지 않다는 점이다. 676년 당군이 한반도에서 완전히 철수하기까지 신라와 당 사이에는 한반도 중부 지역을 중심으로 치열한 접전이 펼쳐졌다. 이 과정에서 당연히 많은 신라인들이 전쟁터에서 목숨을 잃었을 것이고, 그 가운데 적지 않은 전쟁 영웅들이 나왔을 터이다. 예컨대 문무왕 12년(672)에 벌어진 석문 전투에서 7인의 장수를 비롯하여 수많은 신라 병사들이 당군에 의해 목숨을 잃었는데, 그 과정에서 영웅적인 죽음을 맞이한 자들도 적지 않았을 것이다. 그리고 675년과 676년에 벌어진 매초성 전투나 기벌포 전투에서 큰 공을 세우고 죽은 자들도 많았을 것이다. 실제로 신라본기에는 이 시기에 당군의 공격을 막다가 전사한 인물들이 여럿 등장하고 있다.[16] 그런데 『삼국사기』의 열전 7에서는 그들의 행적이 분명하게 나타나 있지 않다.

물론 열전 7에 보이는 인물들 가운데 이 시기의 전쟁 영웅이 전혀 보이지 않는 것은 아니다. 671년에 웅진 부근에서 백제의 잔여 세력과 싸우다가 전사한 부과나 675년에 아달성에서 말갈의 침략을 막다가 사망한 소나의 경우, 당시의 정황으로 보아 그들이 싸운 상대가 실제로는 당군의 지원과 조종을 받는 세력이었을 가능성이 매우 높다. 그러나 어쨌든 당군을 상대로 한 싸움으로 기술되어 있지 않다는 것은 중요한 의미를 내포한다. 사대의 대상으로서의 중국 세력에 신라가 맞서 싸웠음을 가급적 밝히기 꺼려한 『삼국사기』의 찬자 김부식의 의도에서 그렇게 된 것인지, 아니면 그가 활용한 자료에 이미 그런 식으로 기록되어 있었는지 확인할 길이 없지만, 여하튼 나당 전쟁기의 전쟁 영웅은 『삼국사기』의 열전 7에서는 제대로 부각되어 있지 않다. 이 점은 앞으로 『삼국사기』의 사서로서의 성격을 살필 때에도 주목할 필요가 있다고 생각된다.

---

16) 문무왕 15년(675)조 말미에 보이는 유동(儒冬), 탈기(脫起), 선백(仙伯), 실모(悉毛) 등과 16년(676)조에 보이는 거시지(居尸知) 등이 그들이다.

3. 열전 7에 수록된 신라 인물들의 출신·신분별 분류와 검토

이어서 열전 7에 수록된 인물들을 출신과 신분별로 정리해 보면, 다음의 표와 같이 된다.

<표 3>『삼국사기』 열전 7에 수록된 인물들의 출신·신분별 분류[17)]

이름	출신지(大)	출신지(小)	父의 관등(직위)	순국(활약) 시기	순국(활약) 당시 관등(직위)	순국(활약) 후 추증(부여) 관등	신분 판별	비고
찬덕	왕경	모량	–	610년	가잠성 현령	–	5두품?	해론의 父
해론	왕경	모량	가잠성 현령	618년	大奈麻[11], 금산당주	–	5두품 이상	
취도	왕경	사량	奈麻[11]	655년	–	沙飡[8]	5?→6두품	聚福의 子
부과	왕경	사량	奈麻[11]	671년	당주	沙飡[8]	5?→6두품	취도의 兄
핍실	왕경	사량	奈麻[11]	684년	귀당제감	沙飡[8]	5?→6두품	취도의 弟
눌최	왕경	사량	大奈麻[10]	624년	–	級飡[9]	5?→6두품	都非의 子
흠춘	왕경	사량	迊飡[3]	660년	장군	角干[1]	진골	김영윤의 祖父
반굴	왕경	사량	장군	660년	–	級飡[9]	진골	김영윤의 父
김영윤	왕경	사량	級飡[9]	684년	황금서당 보기감	?	진골	
필부	왕경	사량	阿飡[6]	660년	칠중성 부근의 현령	級飡[9]	6두품	尊臺의 子
관창	왕경	–	장군	660년	부장	級飡[9]	진골	品日의 子
김흠운	왕경	–	迊飡[3]	655년	낭당대감	一吉飡[7]	진골	達福의 子
예파	왕경	–	–	655년	대감	一吉飡[7]	진골?	
적득	왕경	–	–	655년	소감	大奈麻[10]	4?→5두품	
보용나	왕경	–	–	655년	보기당주	大奈麻[10]	5두품?	
설계두	왕경	–	–	645년	당 좌무위 과의	대장군	6두품?	신라 이탈자
비령자	왕경?	–	–	647년	–	–	–	
거진	왕경?	–	–	647년	–	–	–	비령자의 子
열기	왕경?	–	–	661년	보기감	沙飡[8]	5?→6두품	
구근	왕경?	–	–	661년	군사	沙飡[8]?	5?→6두품?	열기의 휘하
합절	–	–	–	647년	–	–	?	비령자의 奴
奴	–	–	–	624년	–	–	?	눌최의 奴
심나	지방	백성군	–	634~647	–	–		소나의 父

17) 입전 인물과 부수 인물로 기재되지 않았지만 입전 인물과 더불어 순국한 것으로 나오는 자들을 포함하여 표를 작성하였다.

소나	지방	백성군	-	675년	-	迊湌(?)	→6두품	
죽죽	지방	대야성	撰干[외5]	642년	舍知[13]	級湌[9]	→6두품	
용석	지방	대야성	-	642년	舍知[13]	大奈麻[10]	→5두품	
본숙	지방	칠중성	-	660년	上干[외 6]	-		
모지	지방	칠중성	-	660년	?	-		
미제	지방	칠중성	-	660년	?	-		

위의 표에서 나타나는 특징 가운데 하나는 대부분의 순국 인물이 왕경인이라는 점이다. 삼국시대 이래 왕경인이 지방민보다 우월한 지위를 누렸다는 것은 잘 알려져 있는 사실이지만, 왕경인들은 국가의 수호에 있어 그에 걸맞는 '노블레스 오블리쥬(noblesse oblige)'를 실천해야 했던 것이니, 그것이 바로 『삼국사기』의 열전 7에 고스란히 반영되어 있는 셈이다.

그러나 한편으로 6세기 이전까지만 하더라도 왕경인들에 의해 천한 부류로 인식되고, 전쟁 수행에 있어서도 적극적인 역할을 부여받지 못했던 지방민들 가운데서도 수많은 순국자가 나오고, 그 중 여러 명의 행적이 열전 7에 실렸다는 사실이 주목된다. 이미 554년에 백제의 성왕을 붙잡아 참살했던 장본인이 바로 신라의 지방민이었지만, 그를 제쳐두고라도 6세기 이후 다수의 지방민들이 과거 자기 조상들을 정복하고 지배했던 신라 왕실을 위해 목숨을 바쳤던 것이다. 지방민들의 적극적인 참여와 활약이 통일전쟁기에 신라에게 얼마나 큰 힘이 되었을 것인지는 새삼 언급할 필요조차 없을 것이다.

한편, 열전 7에 실린 순국한 왕경인들 가운데에는 최고 신분인 진골귀족으로부터 그 아래의 6두품, 5두품, 4두품으로 추정되는 인물들까지 다양한 신분의 소유자들이 포괄되어 있고, 심지어는 '노(奴)'라고 표현된 지배층의 사적인 예속민까지 들어가 있다. 이들에 대해서는 국가에서 여러 형태의 포상이 이루어졌는데, 주목되는 것은 하위 신분의 소유자에게 그보다 상위 신분으로의 상승이 공식적으로 허용되었다는 것이다. 주로 5두품 신분으로 추정되는 인물들에게 6두품 이상의 신분이 배타적으로 보유하던 제9관등 급찬 이상의 찬계(湌系) 관등을 사후에 추증한 사례가 많이 드러나고 있다. 이것을 두고 격렬한 통일전쟁의 와중에서 군사들의 사기를 진작시키기 위해 신라 왕실이 어쩔 수 없이 택한 고육지책이라고 말할 수 있겠지만, 어쨌든 적어도 7세기에는 골품제라는 것이 4두품이나 5두품 등의 하급 신분 소지자의 신분 상승을 원천적으로 봉쇄하는 정도의 경직성을 보인 것은 아니라는 이야기가 되겠다.

사실 신라 왕실은 지방민의 충성과 희생을 유도하기 위해서도 골품제의 장벽을 어느 정도 부수는 정책을 취하였다. 즉 군공을 세우고 순국한 지방 출신자들에게, 6세기 이래 지방민들을 대상으로 수여했던 외위 대신 왕경인들이 부여받던 경위의 관등을 추증의 형태로 내려주기도 했으니, 열전 7에 입전된 인물 가운데 소나와 죽죽 등이 그 대표적인 사례가 된다.[18] 그들의 가족은 그의 희생의 대가로 왕경으로 이주하여 5두품 내지 6두품의 신분으로 새로운 삶을 꾸려갈 수 있었다.

그러나 이러한 사례들과는 대조적으로 6두품 신분 소지자가 군공을 통해 진골 신분으로까지 신분을 상승시킨 사례는 검출되지 않는다는 것도 주목해야 한다. 최고 신분인 진골은 여전히 자신들만의 특권을 배타적으로 향유하려 했던 것이며, 하층 신분이 자기들과 같은 부류로 올라오는 것을 극력 차단하려 했음을 짐작해낼 수 있다. 6두품으로 추정되는 설계두가 골품제의 한계를 거론하며 당나라로 이탈해 간 것은

18) 소나가 추증받은 관등이 경위의 제3 관등에 해당하는 '잡찬(迊湌)'으로 기록되어 있는데, 이는 아마도 필사하는 과정에서 제8 관등인 '사찬(沙湌)'을 잘못 옮겨 적은 것일 가능성이 높다고 생각된다.

바로 그러한 상황을 극적으로 반영하는 것이라 할 수 있겠다.

이밖에 위의 표에서 드러나는 특색 가운데 하나는 순국한 왕경인들 가운데 사량 출신이 압도적으로 많다는 사실이다. 7세기 초라고 할 수 있는 610년대에 활약한 찬덕과 해론만 모량 출신으로 나오고, 나머지 인물들 가운데 출신지가 밝혀져 있는 자들은 모두가 사량 출신으로 되어 있다. 왜 이 같은 현상이 벌어졌는지 현재로서 확인하기는 어렵다. 『삼국사기』의 편찬자들이 참고한 자료의 편중성 때문에 빚어진 것인지, 사량부 사람들이 특히 순국의 의지가 강해서 그렇게 된 것인지[19] 앞으로 좀 더 고민해 볼 문제이다.

4. 열전 7에 반영된 7세기 신라인의 의식세계

지금까지 열전 7에 나오는 7세기 신라의 순국 인물들에 대해 정리해 보았다. 이를 통해 당시의 시대상에 대한 개략적인 스케치도 해보았다. 이제부터는 열전 7에 소개된 인물들의 언행에 반영된 신라인들의 의식세계에 대해 살펴보도록 하자.

신라를 이탈한 설계두를 제외한 나머지 신라인들의 언행에서 나타나는 가장 두드러진 특징은 강렬한 국가의식이다. 국가, 그리고 그것을 상징하는 국왕을 위해 목숨을 바치는 것을 다른 어떤 가치보다도 소중하게 여겼음이 곳곳에서 드러나 있다. 흠춘이 황산벌에서 계백의 백제군에게 막혀 신라군이 곤경에 처한 것을 타개하기 위해 아들인 반굴을 불러서, "신하로서는 충성이 가장 중요하고 자식으로서는 효도가 가장

19) 원광법사에게 세속오계를 받고, 임전무퇴의 정신을 실천한 귀산과 추항 역시 사량부 출신이라는 사실이 흥미롭다.

중요한데, 지금의 위기에서 목숨을 바치면 충과 효가 함께 이루어질 것이다."라고 하며 순국을 요구했다는 것이나, 품일이 아들 관창의 수급을 붙들고, "내 아들이 왕을 위해 죽었으니 후회가 없다."고 하였다는 이야기는 가족 관계를 뛰어넘는 국가관을 여실히 보여주는 사례라 할 수 있다.

물론 흠춘과 품일이 이런 이야기를 실제로 했는지는 확인할 길 없다. 아마도 후대 사관의 윤색이 많이 가미되었을 것이다. 그렇지만 그것을 인정한다고 하더라도 열전 7에 실려 있는 신라의 순국 인물들은 그러한 의식을 분명 지니고 있었을 것이니, 그렇지 않고서야 자신의 소중한 목숨을 전쟁터에서 기꺼이 던질 수는 없었을 것이기 때문이다.

사실 이 시기 신라인들의 국가우선주의는 608년에 진평왕으로부터 고구려를 정벌할 군사를 청하는 걸사표를 지어 수나라에 보내도록 부탁 받은 승려 원광이 "자기 살기를 구하여 남을 멸하는 것은 승려로서의 행동이 아니나, 제가 대왕의 땅에서 살고 대왕의 물과 풀을 먹고 있으니, 어찌 감히 명을 따르지 않겠습니까?"라고 답했다는 것에서도 확인되는 바이고, 655년 조천성 전투에서 순국한 취도가 본래 승려의 신분으로 있다가 "승려가 된 자로서 으뜸은 술업(術業)에 정진하여 본성을 회복하는 것이고, 그 다음은 도(道)를 실천하여 남을 이롭게 하는 것인데, 나는 모습만 승려일 뿐 한 가지도 잘 하는 일이 없으니, 차라리 종군하여 죽음으로써 나라에 보답함이 낫겠다."고 하며 승복을 벗어 던지고 군복을 입고서 전선으로 달려나갔다는 이야기에서도 극명하게 드러나고 있다.

이 시기 신라의 순국 인물들에게서 발견되는 또 하나의 특징은 전쟁터에서 물러섬이 없이 끝까지 싸우고자 하는 불굴의 전투의지이다.

이미 602년 아막성 전투에서 임전무퇴를 실천하고 전사한 귀산과 추항의 사례가 있었지만, 610년 가잠성을 지키다가 상주(上州)와 하주(下州)·신주(新州)의 구원병들이 백제군에게 패하여 돌아가자, "세 주의 군대와 장수가 적의 강함을 보고 진격하지 않고, 성이 위태로운데도 구하지 않으니, 이는 의롭지 않은 행동이다. 의롭지 않게 사느니 차라리 의롭게 죽는 것이 낫다."며 끝까지 항전의 의지를 보인 찬덕의 경우에서도 그러한 불굴의 전투의지를 엿볼 수 있다.

624년 앵잠성 등을 지키다가 백제군의 공격을 막아내지 못하고 순국한 눌최의 경우, 자신들을 구원하기 위해 파견된 신라군이 백제군의 위세에 눌려 그냥 돌아갔다는 소식을 듣고, "봄날의 따뜻한 기운에는 모든 초목이 꽃을 피우지만 추위가 닥치면 오직 소나무와 잣나무만이 늦게 낙엽이 진다. 지금 외로운 성에 구원이 없어 날로 더욱 위험하다. 지금이 바로 뜻있는 병사와 의로운 사람이 절조를 다 바쳐 이름을 날릴 수 있는 때이다."라고 말하며 휘하 병졸들에게 결사항전을 독려하고, 끝까지 싸우다가 전사했다고 하며, 684년 보덕국의 반란을 진압하기 위해 가잠성 방면으로 출전하였다가 순국한 김영윤은 다른 장수들이 진격을 머뭇거리고 있는 상황에서 "전쟁에 임하여 용기가 없는 것은 『예경(禮經)』에서 경계한 바이고, 전진이 있을 뿐 후퇴가 없는 것은 병졸의 떳떳한 분수이다."라고 말하며 적진에 뛰어들어가 싸우다 죽었다고 전한다. 642년 대야성이 함락될 때, 죽죽은 "지금 군대의 형세가 매우 어려우니 반드시 온전할 수 없다. 항복하여 살아서 후일을 도모함만 같지 못하다."며 항복을 권유하는 용석에게 "그대의 말이 합당하나, 우리 아버지가 나의 이름을 '죽죽(竹竹)'이라고 지으신 것은 추운 겨울에도 시들지 않는 절조를 지켜 부러질지언정 굽히지 말게 한 것이니, 어찌 죽음을 두려워하여 살아서 항복하겠는가?"라고 말하며, 끝까지 싸우다 용석과 함께 죽었다고 한다.

이들이 죽음에 앞서 실제로 이런 말을 했는지는 확인할 길이 없다. 그들의 무용담이 전승되는 과정에서 상당한 윤색이 가해졌을 가능성이 높다. 그러나 설혹 그 같은 말을 하지 않았다고 하더라도 그들의 죽음이 그러한 불퇴전의 의지로부터 비롯된 것이었음을 굳이 의심할 필요는 없을 것이다. 또한 당시의 신라인들은 그들의 죽음을 기억하면서 그런 식으로 믿고 싶어했을 것이고, 그것은 결국 시대의 분위기를 반영하는 것이라 할 수 있다.

이 같은 불굴의 전투의지와 관련되는 것으로서, 이 시기 순국 인물들의 행적에서 두드러지게 나타나는 또 하나의 특징은 자기 한 몸의 희생을 통해 군사의 사기를 격발시키고자 하는 자기희생정신이다.

660년 황산벌 전투에서 고전하던 신라군의 사기를 진작시키기 위해 스스로를 희생한 반굴과 관창의 경우가 자기희생의 대표적 사례가 되겠지만, 그에 앞서 647년 무산성(茂山城) 등에서 벌어진 백제군과의 전투에서 순국한 비령자의 경우도 좋은 예가 된다. 당시 백제군의 공세가 거세어 신라군의 사기가 크게 떨어져 있었는데, 김유신이 비령자를 불러 “날씨가 추워진 후에 소나무, 잣나무가 늦게 낙엽짐을 알 수 있다. 오늘의 일이 매우 급하니, 자네가 아니면 누가 능히 용기를 내고 특출함을 보여 뭇 사람들의 마음을 격동시키겠는가?”라며 희생을 부탁하자, 비령자가 “지금 수많은 사람 중에 오직 저에게 맡기시니 이는 저를 알아주신 것이라 할 수 있습니다. 진실로 마땅히 죽음으로써 보답하겠습니다.”라고 말하고 순국의 길을 택하였다.

김흠운의 경우도 어려서 화랑 문노의 아래에 머물 때, 아무개는 전사하여 이름을 지금까지 남겼다는 말을 듣고 눈물을 흘리며 나도 그와 같은 사람이 되겠다고 다짐했다고 하며, 655년 조천성 전투에 참전하여 백제군이 새벽녘에 신라 진영을 급습하자, “지금 어둠 속에서 싸우다 죽어도 알아줄 사람이 없으니 나서서 대적하지 말라."고 설득하는 주위의 말을 듣지 않고, "대장부가 이미 몸을 나라에 바치겠다고 하였으면 남들이 알아주고 모르고는 상관이 없다. 어찌 이름을 구할 것인가?"라고 하며, 적과 맞서 싸우다가 전사하였다고 한다. 그가 장렬히 싸우다 죽었다는 소식을 들은 보기당주 보용나 등도 "귀한 신분에 영화로운 자리에 있어 사람들이 아끼는 바인데도 오히려 절조를 지켜 죽었는데, 하물며 나 같은 사람은 살아 있더라도 별 이익이 되지 못하고 죽어도 별 손해가 되지 않는다."며 분전하다가 뒤따라 죽었다고 하니, 한 사람의 희생이 나머지 사람들에게 미치는 파장의 정도를 넉넉히 짐작하게 된다.

이 같은 자기희생정신은 임전무퇴의 상징이 된 귀산과 추항에게서 이미 드러난 바이지만, 629년 낭비성(娘臂城) 공격 때 중당당주(中幢幢主)로 출전한 김유신이 전세가 불리해지자, "내가 듣건대 옷깃을 잡고 흔들면 가죽옷이 바로 펴지고, 벼리를 끌어당기면 그물이 펼쳐진다고 한다. 내가 바로 벼리와 옷깃이 되겠다."면서 적진으로 돌진하여 적장의 목을 벰으로써 전세를 역전시키고 결국 성을 함락시켰다는 이야기에서도 그 사례를 찾을 수 있다.

이상에서 살펴본 7세기 신라 순국 인물들의 불굴의 전투의지와 자기희생 정신이 수차례의 전투에서 신라군을 구하고, 궁극적으로는 삼국통일을 가능하게 한 정신적 기반이 되었으리라는 것은 두말 할 필요가 없을 것이다.

한편 자기희생 정신과 관련하여 아버지나 형제의 순국에 자극을 받아 함께 혹은 뒤따라 순국한 인물들이 많다는 것도 이 시기 신라인들에게서 나타나는 중요한 특징이라 할 수 있다.

비령자가 적진으로 달려가기 전, 자신의 노(奴) 합절에게 "내가 오늘

위로는 국가를 위하여, 아래로는 나를 알아주는 분을 위하여 죽을 것이다. 나의 아들 거진은 비록 나이가 어리나 굳센 의지가 있으니 반드시 함께 죽으려 할 것인데, 만약 아비와 아들이 모두 죽으면 집사람은 누구를 의지하겠는가? 너는 거진과 함께 나의 해골을 잘 수습하여 돌아가 어미의 마음을 위로하라."고 부탁하였지만, 아버지의 장렬한 최후를 지켜본 아들 거진이 합절의 만류에도 불구하고 "아버지가 죽는 것을 보고 구차히 살면 어찌 효자라고 할 수 있겠는가!"라고 하며, 적진으로 뛰어들어가 전사하였다는 이야기는 그러한 부자(父子)의 동시기 순국의 좋은 사례가 된다.[20)]

610년 가잠성을 공격해 온 백제군을 끝내 막지 못하고 순국한 찬덕의 아들 해론이 618년 그 성을 회복하기 위해 출전하였다가 "전날에 나의 아버지가 이곳에서 숨을 거두셨는데, 내가 지금 이곳에서 백제인과 싸우게 되니, 오늘이 곧 내가 죽을 날이다."고 외치며 적과 맞서 싸우다가 죽었다는 이야기 역시 대를 이은 순국의 사례이다. 그리고 684년 보덕국의 반란을 평정하기 위해 출전했다가 순국한 핍실이 전쟁터로 나가면서 자신의 아내에게 앞서 순국한 취도와 부과 두 명의 형을 거론하며, "나의 두 형이 이미 나라를 위해 죽어 이름을 길이 남겼는데, 나는 비록 불초하지만 어찌 죽음을 두려워하여 구차히 살겠소? 오늘 그대와 살아서 헤어지지만 결국 사별하게 될 것이니, 상심하지 말고 잘 사시오."라고 말했다는 것에서 형제의 순국에 자극 받아 스스로 순국의 길을 택한 사례를 찾을 수 있다.

요컨대, 『삼국사기』 열전 7에 반영된 7세기 신라인들의 의식세계는 국가를 모든 가치 가운데 가장 상위에 두는 강렬한 국가의식과 전쟁터

---

20) 비령자의 노(奴) 합절도 주인 부자(父子)의 순국을 보고, "나의 하늘이 무너졌으니, 죽지 않고 무엇을 하겠는가!"라며 역시 맹렬히 싸우다가 죽었다.

에서 물러서지 않고 끝까지 싸우려고 하는 불굴의 전투의지, 자신의 희생을 통해 전체의 사기를 고양시키려는 자기희생 정신, 가족의 순국을 본받아 스스로도 그 길을 따르려고 하는 순국의지 등으로 정리해 볼 수 있겠다. 신라인 대부분이 이러한 의식을 갖고 살아갔다고 일반화시킬 수 있을지는 의문이지만, 적어도 열전 7에 수록된 순국 인물들은 그러한 의식을 갖고 있었고, 또 그것을 몸으로 실천한 자라고 보아도 좋을 것이며, 그들의 영웅적인 활약이 당시 신라인들의 의식세계에 강한 영향을 끼쳤을 것 역시 분명한 것이다.

5. 소결

지금까지 『삼국사기』 열전 7에 실린 순국 인물들을 주요 대상으로 하여 7세기 통일전쟁 과정에서 벌어진 영웅들의 활약상을 정리하고, 그들의 의식세계를 조명해 보았다.

서두에서도 말했지만, 이들만이 나라를 위해 장렬하게 싸우다가 전쟁터에서 죽음을 맞이한 것은 아니다. 신라가 아닌 다른 두 나라, 즉 고구려와 백제의 장졸 가운데서도 이 시기에 자신의 나라를 위해 용감하게 싸우다가 순국한 인물들이 수없이 많았을 것이다. 그렇지만 이들의 행적은 계백의 경우를 제외하고는 알려진 바가 없다. 이들은 전쟁의 패자가 되었기에 결국 역사에서도 패자가 된 셈이다.

또한 신라의 순국 인물 중에서도 이런 저런 이유로 말미암아 『삼국사기』 열전 7에 이름을 올리지 못한 경우도 있었으리라 여겨진다. 특히 나당전쟁에서 활약한 많은 영웅들이 후대에 자신의 행적을 전하지 못했을 가능성이 크다. 그러나 이름을 남겼느냐 그렇지 못했느냐에 관계없이 이들은 임전무퇴의 정신과 강렬한 국가의식, 자기희생정신, 순국의지 등을 지니고 전쟁에 임하였을 것이고, 나라를 위해 목숨을 던졌을 것이다. 그리고 그런 강인한 정신력이 신라로 하여금 전력의 열세를 상당 부분 만회하는 데 크게 기여했을 것이다.

신라가 삼국을 통일하게 된 원동력을 이 시기 신라인들의 투철한 국가관과 임전무퇴의 정신 등에서만 찾는 것은 분명 지나친 감이 있으나, 어쨌든 그러한 의식이 있었기에 약소국 신라의 삼국통일이 가능했으리라는 말을 완전히 틀린 것으로 돌리기도 어렵다. 그래서 하늘은 스스로 돕는 자를 돕는다는 말이 생긴 것이 아니겠는가!

▶ 본서에 실린 이 글의 원 게재지는 다음과 같다.

「7세기 통일전쟁기의 순국 인물 분석」『신라문화제학술논문집』 25, 2004, 경주시·신라문화선양회·경주문화원.

보론1

신라시대의 사서 편찬

— 진흥왕대의 「국사(國史)」 편찬을 중심으로 —

신라시대에 어떤 사서(史書)들이 편찬되었는지에 대해 우리가 갖고 있는 정보는 매우 제한적이다. 현존하는 최고(最古)의 사서인 『삼국사기(三國史記)』에 의하면, 신라 진흥왕 6년(545)에 이찬 이사부(異斯夫)의 '국사(國史)' 수찬(修撰) 건의를 받아들여 대아찬 거칠부(居柒夫) 등으로 하여금 편찬을 담당케 했다고 한다.[1)] 이것이 신라시대의 사서 편찬과 관련된 거의 유일한 기록이라 할 수 있는데, 그나마 이때 편찬된 사서는 지금 전해지지 않아 그 내용과 성격을 직접적으로 확인할 길이 없다. 이처럼 자료가 전무하다시피 한 상태에서 신라시대의 사서 편찬의 실상을 밝혀보려는 것은 사실 무모한 시도라 할 수밖에 없겠다.

그러나 『삼국사기』의 신라본기에 실린 기사들의 대부분은 그 책이

1) "伊飡異斯夫奏曰 國史者 記君臣之善惡 示褒貶於萬代 不有修撰 後代何觀 王深然之 命大阿飡居柒夫等 廣集文士 俾之修撰"(『三國史記』 卷4 新羅本紀4 眞興王 6年 秋7月條)

편찬되던 12세기 중엽에 들어와 비로소 작성된 것이 아니다. 그것들은 이미 신라시대에 편찬된 사서들이 근본 자료가 되어 몇 차례 전록(轉錄)의 과정을 거쳐서 게재된 것이다.[2] 바로 이 점에서 신라시대의 사서 편찬의 추이와 그 실상에 대해 알아보는 것은 『삼국사기』의 사료적 성격을 올바로 이해하는 데 긴요한 작업이라 할 수 있으며, 더 나아가 여지껏 많은 논란에 휩싸여 있는 삼국의 역사를 합리적으로 해명하는 데에도 적지 않은 기여를 할 것이라 판단된다. 이에 본고를 통해 그간 이 문제와 관련하여 학계에서 제기된 여러 견해들을 검토해 보면서, 필자의 소견을 피력해 보고자 한다.

본고의 논지 전개 방식을 간략히 소개하자면, 다음과 같다.

우선 전체적인 논의의 중심축은 진흥왕대에 편찬된 「국사(國史)」[3]에

---

2) 물론 신라시대에 편찬된 책으로부터 곧바로 전록된 경우도 있었을 것이지만, 고려 초에 찬술된 책을 통해 간접적으로 채록된 것도 다수 있었으리라 판단된다. 더 나아가 통일신라시기에 이미 몇 차례 전록의 과정을 밟은 사료가 고려 초의 사서를 거쳐 『삼국사기』 신라본기에 실린 경우도 상당수 있었을 것이다.

3) 이때 편찬된 사서의 이름이 무엇이었는지는 확실히 알 수 없다. 흔히 '국사(國史)'라고들 부르고 있지만, 관련 기록인 『삼국사기』 신라본기 진흥왕 5년조 기사의 문맥을 자세히 살펴보면 "국사(國史)라는 것은 군신(君臣)의 선악(善惡)을 기록하여 만대(萬代)에 포폄(褒貶)을 보이는 것"이라고만 하고 있을 뿐이지, 이때 편찬된 사서의 이름이 곧 '국사(國史)'였다고 밝혀놓지는 않았다. 같은 『삼국사기』의 거칠부 열전에도 "眞興大王 六年乙丑 承朝旨 集諸文士 修撰國史"라고 되어 있어, '국사'가 서명(書名)인지 아닌지 단정내리는 것을 어렵게 한다. 고구려의 경우를 살펴보면, "國初始用文字 時有人記事一百卷 <u>名曰留記</u>"라는 기록이 있는데(『삼국사기』 권20 고구려본기 영양왕 11년조), 『유기(留記)』가 책의 이름이었음을 그 앞에 '名曰'이라는 분명한 표현을 붙여 밝혀놓고 있다. 신라의 '국사'의 경우 그런 표현이 보이지 않는다는 사실도 유념할 필요가 있겠다. 이런 점들을 감안할 때, 문제가 되는 '국사'는 책의 이름을 가리키는 고유명사라기보다는 단순히 '나라의 역사'라는 의미의 보통명사로 보는 것이 더 타당하다는 생각을 하게 된다. 다만 진흥왕대에 처음 편찬된 사서를 그간 '국사'로 통용하여 왔고, 또 달리 마땅한 대안도 없는 상황이기에, 본고에서는 잠정적으로나마 「국사(國

두려고 한다. 이렇게 하는 것은 일차적으로 문헌기록상 다른 사서의 편찬 사례가 확인되고 있지 않기 때문이며, 다음으로는 이 책이 신라에서는 가장 먼저 만들어진 공식적인 사서이기에 이후에 편찬되었을 각종 역사 관련 저술에 큰 영향을 끼쳤을 것이 분명하다는 이유에서이다. 본고에서는 네 개의 절을 할애하여 「국사」와 『삼국사기』의 관계, 「국사」의 서술 체계 및 그 서술에 영향을 준 요소들을 세밀히 추론해 보고, 그 편찬 배경에 대해서도 상세히 살펴보고자 한다. 이어 마지막 절에서는 「국사」 이후의 사서 편찬의 추이를 개략적으로 짚어보기로 하겠다.

본론에 앞서 미리 밝혀둘 것은, 본고에서는 그간의 연구에서 신라시대의 역사 서술 또는 역사 인식과 관련하여 많이들 다루어온 김대문(金大問)과 최치원(崔致遠)의 저술들에 대해서는 가능한 한 언급을 자제하겠다는 것이다. 여기에 관련된 문제들이 워낙 복잡하게 얽혀 있어 제대로 된 논의를 하기 위해서는 각각 따로 전론(專論)이 필요하다는 판단이 들어서이기도 하지만, 보다 근본적으로는 현재 알려져 있는 그들의 각종 저술들이 엄밀히 말해서 '사서(史書)'라고 보기는 어렵기 때문이다. 김대문의 저술 가운데 『고승전(高僧傳)』이나 『화랑세기(花郎世記)』 등은 일종의 전기물(傳記物)에 해당하는 것이고,[4] 『악본(樂本)』이

史)」로 표기하여 이 시기에 편찬된 사서의 이름을 대신하기로 하겠다.

4) 물론 전근대시기 역사 서술에서는 개인의 전기(傳記)도 사서의 한 부분을 차지할 수 있기는 하다. 이른바 기전체(紀傳體)의 형식을 취하고 있는 중국의 정사류나 우리 측의 『삼국사기』의 경우에서 그러한 면은 두드러진다. 그렇지만 여기서 유념해야 할 것은, 사서로서의 제대로 된 체재를 갖추기 위해서는 열전(列傳)과 같은 개인의 전기보다는 본기(本紀)나 세가(世家)와 같은 편년체적 서술이 더욱 중요한 의미를 지닌다는 사실이다. 즉 본기만 있고 열전이 없는 책은 사서로 인정받을 수 있지만, 반대의 경우인 본기는 없이 열전만 있는 책은 사서의 범주 바깥에 있는 것이다.

나 『한산기(漢山記)』, 『계림잡전(鷄林雜傳)』 역시 음악과 관련된 저술이거나 특정한 지역의 전승을 채집하여 수록한 설화집 정도이지 그 자체가 사서로서의 체재를 갖추고 있었다고 여겨지지는 않는다.[5] 최치원의 『제왕연대력(帝王年代曆)』도 연표 정도에 불과한 것으로 추정되는데, 역사와 관련이 있는 저술인 것은 부정할 수 없지만, 이것을 사서의 범주 속에 넣고 함께 논의하는 것은 그다지 적절하지 않다고 생각된다. 김대문과 최치원이 신라 역사에 대해 해박한 지식을 갖고 있었음은 분명하고, 따라서 지금 우리에게 알려져 있지 않은 어떤 사서를 그들이 찬술했을 가능성을 완전히 배제할 수는 없으나, 어쨌든 존재 자체가 불확실한 책을 논의의 대상으로 삼기는 곤란한 것이다.

첫머리에서도 언급했지만 자료의 부족으로 인해 본고의 논의에는 필연적으로 한계가 뒤따를 수밖에 없다. 아울러 추론 과정에서의 오류도 많이 있을 것이다. 본고에서 잘못 이해한 부분에 대해서는 기탄 없는 질정을 받고자 한다.

1. 「국사」와 『삼국사기』의 관계

「국사」를 둘러싼 궁금증은 한두 가지가 아니겠지만, 뭐니뭐니해도 가장 궁금한 것은 '거기에 과연 어떤 내용들이 실려 있었을까'가 아닌가 싶다. 상식적으로 생각해 볼 때, 진흥왕 이전 시기의 신라 역대 왕들의 계보와 그 왕들의 재위 기간에 벌어진 주요 사건들이 수록되어

5) 김대문이 지은 이러한 책들이 후대의 사서 편찬에서 사료로서 이용되었을 수는 있다. 특히 김부식 등이 『삼국사기』를 편찬할 때 김대문의 저술들은 매우 중요한 사료로 활용되었음이 확인된다. 그러나 후대의 사서 편찬 시 사료로 활용되었다고 해서, 관련 기록물들을 모두 사서라고 주장할 수는 없는 바이다.

있었을 것은 분명하다. 그렇다면 「국사」에 수록되었을 신라 초기의 왕실 계보와 각 왕대의 주요한 사건들은 우리가 지금 『삼국사기』 신라본기의 법흥왕대까지의 기록을 통해 접하고 있는 것과 대략 같은 내용의 것이었을까? 아니면 아예 다른 것이었을까? 본고에서는 이 궁금증을 해결하는 것으로부터 논의를 시작하고자 한다.

우선, 『삼국사기』의 기록이 「국사」에 실려 있던 것을 그대로 옮긴 것으로 볼 수 있을지부터 생각해 보자. 다시 말해, 『삼국사기』가 편찬되던 12세기 중엽까지 「국사」가 온전히 전해졌고, 『삼국사기』의 편찬자들은 단지 그 내용을 간추려서 자신들이 쓴 신라본기의 초기 기록으로 활용했다고 볼 수 있겠느냐의 여부이다. 만약 그렇게 볼 수 있다면, 현재 전해지지 않는 「국사」의 내용을, 비록 전부는 아니라 할지라도, 고스란히 확보하는 셈이 될 것이며, 「국사」를 둘러싼 각종의 논의는 활기를 얻을 수 있을 것이다.

그렇지만, 아쉽게도 그 가능성은 그다지 높아 보이지 않는다. 무엇보다도 『삼국사기』 신라본기의 초기 기록을 편찬하는 데 이용된 자료들이 단일 계통의 사서로부터 나온 것으로는 보기 어려운 면이 있기 때문이다. 예컨대 김해 지역의 소국이 '가야(加耶)'로도 표기되고 '금관국(金官國)'으로도 표기되어 일관성을 보이지 않고 있는 것이나 신라 제1 관등의 표기가 기사에 따라 '각간(角干)', '서불한(舒弗邯)', '이벌찬(伊伐湌)', '일벌찬(一伐湌)' 등으로 다양하게 나오고 있는 것[6] 등이 신라본기의 초기 기록을 동일한 사료 계통에서 나온 것으로 볼 수 없게 하는 증거가 될 수 있다. 더욱이 현재까지 조사된 6세기대 신라의 금석문에서 제1 관등의 표기가 『삼국사기』 신라본기 초기 기록에 보이는

6) 이에 대해서는 河日植, 2000 「신라 京位 관련 사료와 경위의 기원 문제」 『한국 고대의 신분제와 관등제』, 아카넷, pp.234~238 참조.

사용례와 일치하는 것은 없다.[7] 이러한 점들을 감안할 때, 『삼국사기』 신라본기의 법흥왕대 이전 기록이 진흥왕대에 편찬된 「국사」를 직접 이용하여 작성되었을 가능성은 거의 없다고 보는 것이 합리적이겠다.

사실 「국사」가 『삼국사기』가 찬술되던 시기까지 온전하게 전해졌을 지도 의문이다. 신라가 고려에 의해 군사적으로 정복당한 것이 아니고 스스로 흡수 통합되는 길을 선택했기에, 그들이 보관하고 있었던 각종 역사 관련 기록물이 대부분 고려 조정으로 넘어왔을 가능성이 크고,[8] 그 가운데에는 아마 「국사」도 들어 있었을 것이다.[9] 그런데 「국사」가

---

7) 6세기대 신라의 금석문 가운데 제1 관등이 등장하는 것은 현재로서는 진흥왕 22년(561)에 세워진 「창녕비」가 유일하다. 여기에는 '一伐干'으로 표기되어 있다. 『삼국사기』의 사용례 중에서는 '一伐飡'이 가장 가까운 예이다. 그렇지만, 제9 관등 이상의 관등의 어미가 '飡'으로 표기된 것은 적어도 지금까지의 예를 통해 볼 때 7세기 전반 이전으로는 올라가지 않으며(高寬敏, 1996 『三國史記の原典的硏究』, pp.54~55), 6세기대의 금석문에서는 모두 '干' 또는 '干支'로 나온다는 사실을 주목할 필요가 있다(韓國古代社會硏究所 編, 1992 『譯註 韓國古代金石文』 제2권 p.226의 표 참조).

8) 신라가 고려에 항복한 지 만 2년째인 937년에 세워진 「海州 廣照寺 眞澈大師寶月乘空塔碑」를 보면, '大師法諱利嚴 俗姓金氏 其先鷄林人也 考其國史 實星漢之苗'라는 구절이 있다. 비의 주인공인 진철대사의 출자를 밝히고 있는 이 구절에서 주목을 끄는 것은 밑줄 친 '考其國史'라는 부분이다. 여기서의 '國史' 역시 고유명사로는 보이지 않으나, 여하튼 신라의 역사를 기록한 책일 것은 분명하다. 이 비문의 찬자는 나말여초의 저명한 문장가 가운데 한 사람인 최언위(崔彦撝)로 추정되고 있는바, 그가 신라 조정에서도 문한의 직임을 맡고 있었음을 고려할 때, 이 비문을 지을 즈음에서야 비로소 신라의 역사책들을 보게 된 것은 아니었을 것이다. 그렇지만 고려 조정에서 신라로부터 상당수의 역사책-특히 신라 초기의 역사를 기록한 사서-을 넘겨받아 보관하던 상태가 아니었다면, 비문에 그 역사책의 존재를 시사하는 표현을 굳이 쓸 필요는 없었을 것이라 사료된다.

9) 여기서 한 가지 주의해야 할 것이 있다. 그것은 바로 고려 성종(成宗)이 서경(西京)에 수서원(修書院)을 설치하면서 신라말에 많은 옛 서적들이 소실되거나 인멸되었음을 언급하였다는 사실이다(『高麗史』 권3 世家 成宗 9년[990] 是歲條). 구

고려의 후삼국 통일 이후 고려 조정에 보관되고 있었다고 하더라도, 그것이 곧 『삼국사기』 편찬 때까지 「국사」가 잘 보존되고 있었으리라는 추정을 담보해주지는 못한다. 고려는 10세기 말부터 11세기 초까지 수차에 걸쳐 거란이라는 이민족의 침략을 겪었던바, 그 와중에 많은 역사 관련 서적들이 소실되거나 산일되었을 가능성이 매우 크기 때문이다. 특히 개경이 거란군에 의해 함락 당했던 현종 2년(1011) 정월 초하룻날에 종묘와 궁궐, 민가 등이 모두 불에 탔는데,[10] 바로 이때 많은 서적들이 함께 소실되었음을 사료상 확인할 수 있다.[11] 「국사」 역시, 당시까지 전해지고 있었다 하더라도, 이때의 화를 피하기는 어려웠을 것으로 추정된다.[12]

체적으로 어떤 책들이 사라졌다는 것인지 알 수 없지만, 이를 통해 볼 때 진흥왕대에 편찬된 「국사」가 온전히 고려로 넘어왔을 가능성을 별다른 의심 없이 받아들이기에는 주저되는 면이 있기도 하다. 특히 927년에 견훤이 이끄는 후백제군이 경주를 급습하여 경애왕을 죽이고 수많은 신라의 국가적 귀중품들을 약탈하여 돌아갔는데, 당시까지 신라 조정에 의해 자국 최초의 역사 기록으로서 지대한 관심 속에 보호를 받고 있었을 「국사」 역시 그 약취의 대상에 포함되었을 가능성을 배제할 수 없다. 그러나, 설혹 그런 일이 벌어졌다고 해도, 원본을 필사한 「국사」의 복사본이 여러 귀족 가문에 남아 있었을 수 있고, 그것이 고려로 넘어왔을 가능성은 여전히 유념해야 하겠다. 한편 후백제에 의해 수집, 보관되고 있던 각종 역사책들도 그 멸망 후 고려 조정에 입수되었을 것으로 여겨지는데, 「국사」는 이같은 간접적인 경로를 거쳐서라도 고려에 전달되었을 수 있다.

10) 『高麗史』 권4 世家 顯宗 2년 春正月 乙亥朔條
"契丹主入京城 焚燒大廟宮闕民屋皆盡"

11) 『高麗史』 권95 列傳 黃周亮
"初契丹兵 陷京城 燒宮闕 書籍盡爲煨燼"

12) 고려의 궁실은 『삼국사기』가 편찬되기 약 20년 전인 1126년에 일어났던 이자겸의 난 와중에 또 한 번 불탄 일이 있다. 이때도 많은 사서들이 소실의 화를 입었을 가능성이 있다. 그렇지만, 여기서 문제가 되고 있는 「국사」의 경우는 시간적으로 먼저 일어난 거란의 침입 때 소실되었을 가능성이 이때의 내란으로 인한 소실 가능성보다는 더욱 크다고 판단된다.

결국 『삼국사기』 신라본기의 법흥왕대 이전 기록은 진흥왕대에 편찬된 「국사」와는 직접적인 관계를 갖고 있지 않다는 이야기가 되는 셈이다. 그러면 현 단계에서 「국사」의 내용은 『삼국사기』를 통해서는 전혀 추측할 수 없는 것일까?

여기서 이런 생각을 해 볼 필요가 있겠다. 즉 『삼국사기』의 신라본기가 「국사」보다 뒤늦게 만들어진 사서들을 자료로 삼아 편찬되었다고 할 때, 그 사서들은 도대체 어디에서 자료를 얻은 것일까 라는 의문이다. 『삼국사기』가 편찬되기 이전에도 고려 왕조는 공식적인 삼국사 정리 작업을 추진한 바 있었고, 그 결과물이 이른바 '구삼국사(舊三國史)'라는 형태로 만들어졌다.[13] 『삼국사기』가 「구삼국사」를 중요한 자료의 하나로 삼았을 것은 두말할 나위가 없다.[14] 그리고 그 「구삼국사」가 참고로 했을 자료들의 대부분은 앞선 시기인 신라시대에 찬술된 각종 역사 기록이었으리라는 것 역시 의심의 여지가 없다. 만약 진흥왕대 편찬된 「국사」가 「구삼국사」의 편찬 시에 보존되고 있었다면, 후자의 편찬에 있어 전자가 직접적으로 자료가 되었을 가능성은 결코 작지 않다.[15] 「구삼국사」에 앞서 신라시대에 만들어진 각종 신라사 관련 저술

13) '구삼국사(舊三國史)'는 현재 전해지지 않는 책으로, 원래의 명칭을 정확히 알 수 없다. 본고에서는 편의상 통례에 따라 「구삼국사」로 호칭하기로 하겠다.

14) 「구삼국사」는 『삼국사기』가 편찬된 것보다 반세기 가량 늦은 12세기 말에 이규보가 『동명왕편』이라는 서사시를 지을 때까지는 전해지고 있었다. 「구삼국사」와 『삼국사기』는 흔히 역사계승의식상의 차이를 포함하여 많은 점에서 상호 비교가 되고 있는데, 여기에서는 단지 『삼국사기』가 「구삼국사」에 나타난 역사인식체계의 극복을 목표로 하여 만들어진 사서이기는 해도, 결국 자료 이용의 측면에서는 원하였든 그렇지 않았든 간에 「구삼국사」에 일정하게 구애되지 않을 수 없었을 것이라는 점을 지적하고 넘어가려 한다.

15) 사실 「구삼국사」가 편찬된 정확한 시기는 알 도리가 없으나, 대체로 현종대 거란의 침략을 당하기 이전으로 추측되고 있고(末松保和, 1966 「旧三國史と三國史記」 『青丘史草』 2, pp.3~4), 근래에는 광종(光宗) 연간에 만들어진 것으로 추

들도-그것이 「구삼국사」 편찬의 자료로만 이용되었든 아니면 『삼국사기』의 편찬 시에도 자료로 이용되었든 간에- 자국 최초의 공식적 사서로서의 「국사」를 가장 중요한 근거 자료로 삼았을 것은 분명하다.

누구나 상상할 수 있듯이, 신라시대에 「국사」가 사서로서 차지한 위상은 대단히 높았을 것이다. 무엇보다도 국가적 사업으로 편찬된 최초의 사서라는 점에서 그 권위가 후대에 만들어진 역사 관련 저술들에 비할 바 아니었을 것이다. 거기에 적힌 내용들이 부인되거나 수정되는 것은 웬만해서는 어려웠을 것이다. 그 내용상의 잘못을 입증할 수 있는 명백한 증거가 나타나지 않는 한, 새로운 사서가 만들어질 때 「국사」에 실린 기사의 내용을 수정하기는 힘들었을 것이며, 설혹 사실 기록에 있어서의 세부적인 착오가 발견되어 수정이 이루어진다고 해도, 처음에 만들어진 신라 초기사 이해의 틀 자체가 바뀌는 정도까지 나아가지는 않았을 것이다.16)

정하는 견해가 제기되어 설득력을 얻고 있는 것 같다(鄭求福, 1993 「高麗 初期의 『三國史』 編撰에 대한 一考」 『國史館論叢』 45). 만약 「국사」가 신라 멸망후 고려로 넘어왔다가 거란의 침략으로 인해 소실되었다면, 거란의 침략 이전에 편찬된 「구삼국사」가 「국사」를 직접적으로 참고하여 만들어졌을 가능성은 당연히 큰 것이다. 단 「구삼국사」 편찬 시 「국사」에 실린 내용이 모두, 그리고 자구의 수정도 없이, 옮겨졌다고 볼 수는 없겠다. 상당한 정도의 축약이 있었으리라 여겨지며, 기사에 따라서는 그대로 전재하기도 했겠지만, 당시의 인식체계에 입각하여, 또는 참고로 한 다른 사서들의 용례를 감안하여, 자구상의 변개가 일정하게 있었을 가능성도 크다. 특히 지명이나 관등 명칭 등에서는 체재상의 통일성과 일관성을 기하기 위해 상당한 변개가 이루어졌으리라 추측된다.

16) 실상 왕조의 교체와 그에 뒤따르는 이전 왕조의 부정이라는 정치적 대변동이 없는 한, 앞선 시기에 이루어진 역사 정리 작업의 성과가 일방적으로 무시될 수는 없는 법이다. 설사 그와 같은 정치적 변동이 있다고 하더라도, 특별히 다른 증거가 없는 상황에서는 섣부른 수정이 이루어지지 않는 것이 또한 상례이다. 이것은 『삼국사기』의 경우를 보아도 분명해진다. 사서로서의 많은 결

이렇게 이해한다면, 현재 『삼국사기』 신라본기에 실려 있는 법흥왕대 이전의 기록은 「국사」의 내용을 그대로 옮겨놓은 것은 분명 아니라 하더라도, 그 근원을 따져 올라갈 경우 「국사」에까지 미치는 것으로 볼 수 있는 것이다. 이는 곧 『삼국사기』에 전하는 내용을 토대로 하여 「국사」의 서술 흐름을 추적하는 것이, 완벽할 수는 없겠지만, 충분히 가능하다는 이야기이기도 하다.

그럼 이제부터는 이상의 이해를 바탕으로 삼아, 좀 더 구체적으로 「국사」의 서술상의 특징과 그러한 특징이 나오게 된 배경에 대해 생각해보도록 하자.

2. 「국사」의 서술 체계

『삼국사기』 신라본기의 법흥왕대 이전 기록을 통람할 때, 무엇보다도 먼저 나타나는 특징은 왕실의 교체 사실이 은폐되지 않고 그대로 실려 있다는 점이다. 「국사」가 편찬되던 진흥왕대의 신라 왕실이 김씨를 칭하고 있었음은 누구나 아는 사실인데, 『삼국사기』에는 그 김씨 왕실 시기의 역사만이 아니라, 그보다 앞서 신라를 이끌었던 박씨 왕

함에도 불구하고, 『삼국사기』는 고려 후기 이래 조선시대에 이르기까지 우리 선인들에게 삼국사 서술의 전범(典範)이 되어, 거기에 수록된 내용이 후대 사서들에 거의 그대로 반복되면서 실렸다. 「국사」의 경우도 신라 하대에 이르기까지 각종 역사 서술에서, 법흥왕대 이전 시기의 역사를 다룰 때에는 분명히 전범으로 작용했을 것이다. 물론 각 귀족 가문을 중심으로 개별적인 전승을 가지고 있었을 것이며, 그에 입각하여 이미 「국사」에서 다루어진 사실에 대해 어느 정도의 보충이나 윤색이 가해질 여지는 있었을 것이다. 그렇지만, 「국사」에서 제시된 상고 시기 신라사에 접근하는 틀 자체가, 다시 말해 서술의 큰 흐름이, 부정되거나 포기될 수는 없었을 것으로 판단된다.

실과 석씨 왕실 시기의 역사가 누락되지 않고 정리되어 있는 것이다.[17] 과연 이것은 「국사」 단계에서부터 나타난 현상일까? 아니면 그 이후에 만들어진 다른 사서에서 비로소 나타난 현상일까?

이 문제를 생각함에 있어서 한 가지 유념할 것은, 김씨 왕실의 왕위 독점이 「국사」가 편찬되기 이전부터 벌어진 현상이기는 하지만, 시간이 흐를수록 더욱 굳어져갔다는 사실이다. 이는 곧 「국사」 이후에 편찬된 사서에서 이러한 신라 초기의 왕실 교체 사실이 새롭게 실릴 이유는 별로 없었을 것이라는 이야기이다.[18] 만약 「국사」 단계에서 김씨 왕실의 역사만을 다루었다고 한다면, 이후의 신라시기에 편찬된 각종 사서들 역시 그 전례를 좇아 김씨 왕실의 역사만으로 신라사를 구성했을 가능성이 크고, 『삼국사기』 신라본기도 그러한 체재를 벗어나기 어려웠을 것이다. 그러나 『삼국사기』는 세 성씨의 왕실이 교대로 신라

17) 이는 고구려사나 백제사의 경우와는 분명 차이나는 신라사만의 특징이다. 주지하다시피 고구려에서는 주몽에 의해 계루부 왕실이 수립되기 이전에 소노부 왕실이 존재하였다. 그렇지만 『삼국사기』 고구려본기를 비롯하여 어떤 우리 측 자료에서도 소노부 왕실이 주도하던 시기의 고구려의 역사는 전해지지 않는다. 백제의 경우도, 비록 비류를 시조로 하는 전승이 살아남아 『삼국사기』 백제본기에 이설로 실리기는 했지만, 온조를 시조로 하는 왕실이 줄곧 이어진 것처럼 전해지고 있다.

18) 혹시 신라말에 박씨 왕들이 새로이 등장하면서, 자신들의 시조인 혁거세를 신라의 시조로 내세우고, 초기의 박씨 왕실 시기의 역사도 새롭게 구성하지 않았을까 라는 추측을 해볼 수도 있겠다. 즉 애초의 「국사」에서는 김씨 왕실의 역사만 실려 있었는데, 신라말에 편찬된 새로운 사서에서 혁거세를 신라의 시조로 내세우는 내용이 실리게 되었고, 그것이 『삼국사기』 신라본기에까지 반영된 것은 아닐까 라는 추측이 되겠다. 그렇지만, 이 경우에는 『삼국사기』 신라본기에 탈해를 시조로 하는 석씨 왕실 시기의 역사도 남아 전한다는 사실을 합리적으로 설명하기는 어려울 것 같다. 박씨 왕실의 권위를 높이기 위해 새롭게 사서의 체재를 구성하려 했다면, 그냥 김씨 왕실 이전에 박씨 왕실이 있었던 것을 밝히는 것만으로도 충분했을 것이기 때문이다.

초기의 왕위를 계승했다는 사실을 숨김없이 전하고 있다. 이는 결국 『삼국사기』 편찬자들이 참고한 자료들에서부터-그것이 고려 초의 것이든 신라시대의 것이든 간에- 그러한 사실이 실려 있었음을 뜻하는 것이며, 더 나아가 신라 최초의 사서인 「국사」에서부터 이미 그렇게 적혀 있었을 것을 추정케 하는 것이다. 아울러 현재 『삼국사기』 신라본기에 전하는 신라 초기 왕들의 계보는 이미 「국사」 단계에서부터 확립되어 있었음을 시사하는 것이기도 하다.[19]

『삼국사기』 신라본기에서 엿보이는 또 하나의 특징은 신라가 다른 두 나라, 즉 고구려와 백제에 앞서 건국되었던 것처럼 나온다는 점이다. 이것은 물론 사실이 아니지만,[20] 어쨌든 『삼국사기』의 편찬자들이

---

19) 『삼국사기』 신라본기 유리니사금 즉위조에는 '니사금(尼師今)'의 어의(語義)에 관한 김대문(金大問)의 설명이 붙어 있는데, 여기서 그는 남해가 죽을 때 아들인 유리와 사위인 탈해에게 '앞으로 박(朴)·석(昔) 양성 가운데 나이가 많은 사람이 왕위를 잇도록 하라'는 유조를 남겼다는 사실과 이후 김씨 성이 또 일어나 결국 삼성(三姓)이 서로 왕위를 잇게 되었다는 사실을 언급하고 있다. 이것은 곧 김대문이 활동했던 7세기 후반의 신라 사회에서 신라 초기의 왕실 교체 사실과 왕들의 계승 관계가 일종의 상식처럼 널리 알려져 있었음을 말해주는 것으로서, 이미 그 이전인 6세기의 「국사」 단계에서 그러한 인식체계가 정립된 것일 가능성을 높여준다. 한편 『삼국사기』 신라본기 지증마립간 즉위조의 사론(史論)에는 신라 말에 최치원(崔致遠)이 저술한 『제왕연대력(帝王年代曆)』이라는 책이 거론되고 있다. 후술하겠지만 최치원은 「국사」를 포함한 신라시대의 각종 역사 저술들을 섭렵한 인물로서, 그가 쓴 『제왕연대력』이 「국사」 등을 참고로 하여 작성되었을 것은 의심의 여지가 없다. 그런데 『삼국사기』의 편찬자는 이 『제왕연대력』을 거론하면서도, 신라 초기 왕들의 계보와 관련해서 자신들이 정리한 것과 다른 설이 있다는 이야기는 적어놓지 않았다. 이것은 바로 현재 『삼국사기』에 나타난 신라 초기의 왕통 계보와 『제왕연대력』의 그것이 일치한다는 것을 의미하며, 더 나아가 『제왕연대력』이 참고했을 「국사」의 신라 초기 왕들의 계보도 『삼국사기』에 보이는 그것과 다를 바 없다는 것을 암시하는 것이다.

20) 혁거세에 의한 신라의 건국 시기는 실제로는 아무리 올려 잡아야 서기 2세기

그렇게 믿고 있었던 것은 분명하다. 그리고 그러한 믿음이 갑자기 평지돌출식으로 솟아난 것은 아닐 터이므로, 『삼국사기』의 편찬에 자료로 이용된 고려 초기 이전의 사서에서부터 그 같은 내용은 실려 있었으리라 보는 것이 순리이겠다. 그러면 그러한 내용의 시원은 어디까지 거슬러 올라갈 수 있을까? 「국사」에까지 소급하는 것이 가능할까?

이 문제와 관련하여 그간 학계 일각에서는 신라의 삼국통일 이후에 편찬된 관찬(官撰) 사서에서부터 그와 같은 연대관이 비롯되었을 것이라는 추측이 나온 바 있다.[21] 더 이상의 자세한 설명이 없어 구체적으로 어떤 생각을 하고 있는지 궁금하나, 아마 백제와 고구려를 차례로 멸망시킨 후 신라인들이 자국의 역사가 이들 두 나라보다 유구하다는 것을 과시하기 위해 그 건국 연대를 끌어올렸을 가능성을 염두에 둔 것이 아닐까 싶다. 물론 그럴 가능성을 전적으로 배제할 수는 없겠다.

그런데, 이렇게 보기 위해서는 다음과 같은 문제가 먼저 해결될 필요가 있다. 즉 진흥왕대에 편찬된 「국사」 단계에서는 신라의 건국 연대가 지금 『삼국사기』에 전하는 것보다 더 내려와 있었다는 것이 입증될 수 있느냐의 문제이다.

이 문제는 아무래도 「국사」를 참고했을 후대의 다른 사서들에 그 흔적이 어떻게 남아 있었을까를 생각해 봄으로써 풀어야 할 것 같다.

우선 『삼국사기』 편찬 시 직접 자료로 활용되었음이 확실한 「구삼국사」에서는 이 문제가 어떤 식으로 처리되었을까? 『삼국사기』 신라본기의 기년이 「구삼국사」의 그것을 무시하고 새로이 작성되었을 가능성은

말 이후이며, 안정적으로 잡는다면 3세기 전반이다. 이에 대해서는 강종훈, 2000 『신라상고사연구』 제2장 부분을 참고하라.

21) 李基白, 1982 『韓國史講座[1] -古代篇-』, 一潮閣, p.389.
趙仁成, 1985 「三國 및 統一新羅時代의 歷史敍述」 『韓國史學史의 硏究』, 乙酉文化社, p.21에서도 이 견해를 받아들이고 있다.

거의 없다고 여겨지는바, 마찬가지로 「구삼국사」 역시 신라시대에 편찬된 각종 사서를 참고하여 건국 연대를 포함한 신라 초기의 기년을 구성하였을 것이다. 이때 만약 「구삼국사」의 편찬자들이 이용한 자료 가운데 「국사」가 들어 있었다면, 그리고 그 「국사」에는 이후의 다른 사서들과 달리 신라의 건국 연대가 고구려나 백제보다 뒤지는 것으로 나와 있었다면, 분명히 그에 대한 언급이 「구삼국사」에 실려 있었을 것으로 보아야 순리이다. 「구삼국사」는 주지하다시피 고구려를 계승하겠다는 의식이 고려 지배층 사이에 팽배해 있을 때 만들어진 책이다. 자의든 타의든 그런 의식에서 자유로울 수 없었을 「구삼국사」의 편찬자들이 고구려보다 신라가 건국 연대가 더 오래된 것처럼 되어 있는 후대의 역사서를 취하고, 그에 반대되는 내용을 담고 있는 「국사」를, 다른 사서들보다 더 먼저 편찬되고 더 높은 권위를 갖고 있었을 「국사」를, 무시할 수 있었을까?[22] 만에 하나 「구삼국사」가 「국사」의 기년체계를 따르지 않고 통일신라시기에 편찬된 사서의 기년체계를 따랐을 것으로 간주하더라도, 최소한 그 차이에 관한 설명이 세주(細注) 등의 형식을 통해 부기되어 있었을 것으로 보아야 옳을 것이다. 그리고 그것은 『삼국사기』의 편찬자들에게도 영향을 끼쳐, 신라본기의 어느 곳에선가 그에 관한 언급이 실리지 않을 수 없었을 것이다. 그러나 『삼국사기』에는 그와 관련한 어떤 흔적도 찾아지지 않는다. 이것은 결국 적어도 「구삼국사」를 기준으로 놓고 볼 때, 현재 『삼국사기』에서 확인되는 신라의 건국 연대는 「국사」로부터 유래한 것으로 보아야 함을 의

22) 설혹 「국사」가 「구삼국사」의 편찬 당시에 전하고 있지 않았다고 하더라도, 신라시대에 편찬된 각종 역사서에서 그 흔적은 어떤 형태로든 남아 있었을 것인바, 「구삼국사」의 편찬자들도 당연히 그에 관한 정보를 얻을 수 있었을 것이며, 고구려를 앞세우던 당시의 상황에서는 그 사실이 어떤 형식으로든지 기록되었을 것으로 보아야 할 것이다.

미하는 것이다.

이 문제와 관련하여 또 하나 주목해야 할 책은 신라 말 최치원이 지은 『제왕연대력』이다. 『삼국사기』의 찬자들이 참고자료로 활용한 『제왕연대력』은 틀림없이 신라의 건국 연대 및 초기 왕들의 활동 연대에 관한 정보를 담고 있었을 것이다.[23] 그 저자 최치원은 신라 조정에서 문한(文翰)의 직임을 맡고 있으면서, 신라시대에 편찬된 각종 역사책들을 충분히 살펴볼 좋은 위치에 있었고, 또 실제로 보았음이 금석문에서 확인된다.[24] 그런 그가, 당시에는 존재했을 것이 확실한 「국사」에 이후 사서들과 다른 기년체계가 나타나 있었다면, 설령 받아들이지 않는다고 하더라도, 자신의 책 서문 등에서 그에 대한 소견을 밝혀놓았을 것은 당연한 이치이다. 그리고 그의 견해는 『삼국사기』의 편찬자들에게도 지대한 영향을 끼쳤을 것이며, 어떤 형태로든 거론이 되었을 것으로 봄이 옳다. 그렇지만, 『삼국사기』의 편찬자들은 『제왕연대력』을 인용하면서도 신라 초기의 기년에 관한 이설(異說)은 전혀 언급하지 않고 있다. 이것은 바로 『제왕연대력』에서 제시하고 있던 기년체계가 「국사」의 기년체계와 차이가 없었음을 시사하는 것이며, 궁극적으로 현재 『삼국사기』 신라본기에 나타나 있는 신라의 건국 연대를 포함한 기년체계는 「국사」 단계의 것이 그대로 이어내려온 것으로 보아야 함을 다시금 확인시켜주는 것이다.[25]

---

23) 『삼국사기』의 편찬자들이 『제왕연대력』을 인용하면서도 가장 핵심이 된다고 할 수 있는 신라 초기의 기년에 대해서는 아무런 언급을 하지 않음을 미루어 볼 때, 『삼국사기』 신라본기 초기기록의 기년체계는 일단 『제왕연대력』의 그것과 일치한다고 보아야 할 것이다.

24) 최치원이 쓴 「崇福寺碑」에는 "今讀鄕史 宛是聖祖大王朝事跡"이라는 구절이 들어 있다. 여기서의 '향사(鄕史)'는 중국의 역사에 상대되는 개념으로서의 신라의 역사 내지 그 역사를 담은 사서를 의미한다.

25) 단 여기서 하나 유의해야 할 것은, 『삼국사기』 신라본기 초기기록에 보이는

3. 「국사」와 고구려·백제계 사서

그런데 여기서 신라의 건국 연대와 관련하여 하나 더 생각해 보아야 할 문제가 있다. 즉 신라인들이 자국의 건국 연대를 고구려와 백제의 그것보다 앞서는 것으로 인식하게 된 것이 양국의 사서를 참고한 뒤부터 비롯된 것인지 아니면 그것과는 상관없이 우연하게 이루어진 것인지의 문제이다.

이 문제를 해결함에 있어서는 무엇보다도 먼저 신라인들이 언제 양국의 사서를 접하게 되었는가를 살펴보아야 할 것 같다. 만약 「국사」가 편찬되던 시점에 신라인들이 이미 양국의 사서를 확보하고 있었다면, 「국사」 단계에서부터 신라의 건국 연대가 양국보다 올라가는 것으로 설정된 것은, 당시 신라인들의 자존의식과 경쟁의식을 감안할 때, 지극히 당연한 결과일 수 있다. 또 만일 그렇지 않고 6세기 후반 이후의 어느 시점에서 처음 양국의 사서를 입수하였고, 그때서야 비로소 양국의 건국 연대에 관한 정보를 얻게 되었다면, 「국사」에서 신라의 건국 연대가 기원전 57년으로 설정된 것은 막연한 추측에만 말미암은 것으로, 우연에 의한 것이라고 볼 수밖에 없다. 여기서는 논지 전개의 편의상, 후자의 가능성에 대해서부터 검토해 보도록 하자.

신라인들이 「국사」의 편찬이 완료된 6세기 후반 이후의 어느 시점에

왕실 계보나 기년 등의 뼈대가 이미 「국사」 단계에서 만들어졌을 것을 인정한다고 하더라도, 그것이 곧 「국사」의 모든 것을 『삼국사기』가 그대로 반영하고 있는 것이라고 생각해서는 안된다는 것이다. 「국사」 이후 여러 단계를 거쳐 사료가 전록되는 과정에서 수사자(修史者)의 오해에 의해 와전되는 경우도 있을 수 있음을 당연히 고려해야 한다. 필자는 이러한 사례의 하나로 『삼국사기』에 나오는 김씨 시조 '알지(閼智)'의 경우를 든 바 있는데, 이에 관한 자세한 내용은 강종훈, 2000 앞 책, pp.84~90을 참고하라.

양국의 사서를 얻게 되었다고 가정할 때, 그 계기가 되었을 만한 사건으로는 어떤 것들이 있을까? 여러 가지를 상정해 볼 수 있겠지만, 6세기 후반 이후 신라가 고구려나 백제와 우호적인 관계를 이루지 못하고 날카로운 대립 관계를 지속했음을 고려한다면, 아무래도 양국이 멸망하는 7세기 후반의 어느 시점에 이르러서야 사서 입수의 계기가 마련되었을 가능성이 높다고 보아야겠다. 특히 고구려의 경우, 멸망 직전 연개소문의 아우 연정토(淵淨土)가 신라로 귀순하였고, 멸망 후에는 그 부흥운동을 전개하던 안승(安勝)이 무리를 이끌고 남하하여 문무왕에 의해 고구려왕(高句麗王)과 보덕국왕(報德國王)에 차례로 책봉되어진 일도 있었는데,[26] 이러한 과정에서, 설사 고구려의 공식 역사서는 아니더라도, 그 역사 관련 저술들이 신라에 들어왔을 가능성이 있다. 혹은 고구려 출신 귀순자들의 손에 의해 신라 내에서, 자료의 불비(不備)로 인해 엄밀하고 정확한 기록은 불가능했겠지만, 거칠게나마 그 역사가 재정리되었을 가능성도 배제할 수 없다.[27] 백제의 경우도, 귀순하

---

26) 『삼국사기』 권6 신라본기 문무왕 6년(666)조 및 10년(670)조, 권7 문무왕 14년(674)조.

27) 『삼국사기』 권6 신라본기 문무왕 10년(670)조에는 안승을 고구려왕으로 책봉한 기사와 함께 그 책문(冊文) 내용이 일부 실려 있다. 여기에는 "公太祖中牟王 積德北山 立功南海 威風振於青丘 仁教被於玄菟 子孫相繼 本支不絶 開地千里 年將八百"이라는 구절이 들어 있는데, 이를 통해 당시 신라인들이 고구려의 시조 및 그 역사의 흐름에 대해 나름의 지식을 갖고 있었음을 알 수 있다. 또 680년대 초에 만들어진 것으로 여겨지는 「文武王陵碑」에도, 비록 단편적이어서 전체 맥락을 정확히 추정하기가 어려우나, '接黃龍 駕朱蒙'이라는 글귀가 보이고 있어 주목된다. 이는 고구려 시조 주몽의 사거(死去)를 미화하여 "不樂世位 因遣黃龍來下迎王 王於忽本東罡 履龍頁昇天"이라고 표현한 「광개토왕릉비문」 서두의 내용을 연상시키는데, 어쨌든 신라인들이 고구려의 시조에 관한 지식을 축적하고 있었음을 시사하는 것이다. 7세기 후반 신라인들의 고구려사 인식에 대해서는 따로 세밀히 살펴볼 필요가 있다고 여겨지는바, 본고에서는 이 정도로 언급을 그치고자 한다.

여 신라의 지배층에 포섭된 인물들에 의해 기존의 사서나 역사 관련 저술들이 전해졌을 수 있고, 역시 그들 손에 의해 신라에서 그 역사의 재정리가 이루어졌을 수 있다.

그런데, 여기서 다음과 같은 생각을 해볼 필요가 있겠다. 즉 신라가 삼국을 통일하는 과정에서 다른 두 나라의 역사 관련 서적들을 확보했다고 가정한다면, 거기에는 의당 양국 역사의 초반부뿐만 아니라 후반부도 기록되어 있었을 것이고, 사정상 오히려 후반부의 역사가 더욱 상세히 수록되었을 것으로 보아야 옳을 것이다. 그리고 그 책들은, 신라인들이 어느 정도로 소중히 여기고 잘 활용했는지의 여부를 떠나, 신라 측에 의해 보관되고 있다가, 신라 멸망 후에는 신라의 사서들과 함께 고려로 넘어갔을 것이며, 고려 초에 「구삼국사」가 편찬될 때 매우 귀중한 자료로 이용되었으리라는 추정을 해볼 수 있다.[28] 더욱이 고구려의 계승국임을 자처하며 그 영토를 수복하기 위해 북진정책을 추진하던 고려 초기의 상황을 감안하면, 「구삼국사」에서는 고구려의 건국으로부터 멸망에 이르는 과정이 비교적 상세하게, 특히 고구려의

28) 물론 앞서 거론한 것처럼, 후백제의 경주 침탈시 이들 사서가 약탈되었을 수도 있고, 그러한 혼란의 와중에서 결국 산일되어 고려로 온전하게 넘어가지 못했을 가능성도 있다. 특히 후백제가 백제의 부흥을 표방하고 있었던 이상, 백제와 관련된 사서들은 고구려 관련 사서들보다 약탈의 피해를 더 입었을지도 모르겠다. 그렇지만, 어쨌든 「구삼국사」에는 고구려와 백제에 관한 기록이 담겨 있었던 것이고, 그 편찬에 자료가 된 것들이 느닷없이 나타난 것은 아닐 것인바, 신라에 의해 수집·보관되어 있던 양국 역사 관련 저술들이 어떤 경로를 통해서건 고려로 넘어갔을 가능성을 결코 배제해서는 안 된다. 다만 이 경우에도, 지금 논의하고 있는 것처럼, 신라가 그 자료들을 입수한 시기가 딱히 통일전쟁 중이거나 직후라고 단정지을 수는 없다. 여기에서는 논지 전개의 필요상, 이들 사서가 '신라의 삼국통일을 전후한 시기에 수집되었다가' 신라말의 혼란기에 별 피해를 입지 않고 그대로 고려에 넘어간 것으로 가정하고 있을 따름이다.

전성 시기라고 할 수 있는 4세기말 이후의 상황은 보다 자세히, 서술되었을 가능성이 크다고 해야겠다. 그리고 이런 가정과 추론이 합당하다면, 「구삼국사」를 참고하여 고구려본기를 작성하였음이 확실한 『삼국사기』에서도 고구려 후기의 역사를 기록한 부분은, 비록 『삼국사기』 편찬자들의 신라 중심의 사관으로 인해 일정한 정도의 감삭(減削)이 있었을지라도, 그 초기의 역사를 기록한 부분과 비교하여, 분량이나 내용의 구체성의 측면에서 그다지 뒤떨어지지 않아야 당연한 것이다.

그러나 이러한 기대와는 달리 현재 『삼국사기』는 고구려 역사의 초반부는 비교적 풍부하고 구체적으로 기술한 반면, 그 후반부는 소략하면서도 내용의 구체성이 떨어지는 기사들로 채우고 있다. 특히 5세기대 이후의 기록은 많은 부분이 중국 측 사서로부터 전재한, 중국과의 교류에 관한, 기사들로 이루어져 있으며,[29] 우리 측의 고유한 전승에 기반을 둔 기사들의 숫자는 매우 적다.[30] 도대체 이것은 무엇을 의미하는 것일까?

이는 결국 『삼국사기』가 참고한 「구삼국사」에서부터 이미 고구려 후기의 역사와 관련된 기록은 몹시 부실했음을 시사하는 것이라 하지 않을 수 없다.[31] 더 나아가 「구삼국사」가 참고한 자료들, 곧 신라 측으

---

29) 이에 관해서는 申東河, 1995 「三國史記 高句麗本紀의 引用資料에 관한 一考」 『三國史記의 原典 檢討』, 韓國精神文化硏究院, pp.31~42 참조.

30) 중국 사서의 기사를 인용하지 않고, 우리 측 자료에 의해 작성되었다고 보이는 기사들 가운데에서도 신라 및 백제와의 접촉에 관한 기사들은 거의 대부분이 신라본기와 백제본기로부터 전재한 것들이며, 고구려의 자체 전승에 입각한 것으로 볼 수 있는 기사들은 극히 소수에 불과하다. 이에 관한 보다 자세한 검토는 李康來, 1996 『三國史記 典據論』 제1장 제2절(三國史記 本紀間 共有記事의 檢討)을 참조.

31) 이규보가 지은 『동명왕편』의 서문을 보면, 그가 '「구삼국사」를 얻어(得舊三國史) 동명왕본기를 보았다(見東明王本紀)'고 되어 있다. 즉 그는 「구삼국사」 가운데 동명왕본기만을 입수하여 본 것이 아니라 「구삼국사」 자체를 얻어서 보

로부터 넘겨받은 고구려사 관련 저술들이 그 후기 역사를 제대로 그려내지 못하고 있었음을 반영하는 것이라 할 수 있다. 이것은 지금까지 가정해 왔던 통일전쟁 과정에서나 전쟁 종식 직후에 신라가 고구려계 귀순자들을 통해서 새로이 고구려사 관련 저술을 입수했을 가능성과 그들로 하여금 고구려사를 정리하도록 했을 가능성을 현저하게 떨어뜨리는 것이다. 이렇게 보면, 백제 측의 사서 역시 이 시기에 새롭게 입수되거나 확보되었을 가능성은 낮다고 여겨진다.

그러면, 이제부터는 신라인들이 진흥왕대에 자신들의 역사를 처음 정리하는 단계에서 고구려와 백제 측의 역사서를[32] 확보하고 있었을

았던 것이며, 당연히 동명왕본기 이외의 다른 고구려사 관련 부분들도 훑어볼 수 있었을 것이다. 그런데도 그는 유독 그 시조인 동명왕에 대해서만 찬양의 시를 지었다. 이것은 과연 무엇을 뜻하는 것일까? 시조라는 점에서 동명왕에게만 관심이 쏠렸던 것일까? 후대의 다른 왕들, 예컨대 고구려의 국력이 최고조에 달하였던 5세기대의 광개토왕이나 장수왕 등에 대해서는 별로 쓸 가치를 느끼지 못한 것일까? 유자적(儒者的) 입장에서 본다면, 영토의 확장이나 전제적 왕권의 수립과 같은 그들의 업적은 크게 선양할만한 것이 아니었을 수도 있다. 그러나, 『동명왕편』 자체가 이미 유교적 사관에 크게 구애되지 않은 상태에서 저술된 것인 이상, 꼭 광개토왕이나 장수왕과 같은 정복군주가 아니더라도, 여타의 중흥 군주에 대해 일정한 관심은 가졌을 법하지 않은가? 상황이 이러한데도 이규보는 고구려의 다른 왕들을 일절 언급하지 않았다. 이것은 결국 그가 얻어서 읽어본 「구삼국사」의 고구려 후기 역사에 관련된 기록이 몹시 소략하여, 그 후대 왕들의 업적을 제대로 알 수 없었기 때문이 아닐까? 만약 「구삼국사」에는 고구려 역사의 후반부가 제법 상세히 기록되어 있었는데도 『삼국사기』에서 관련 기록들이 대거 누락되었다면, 이규보는, 『동명왕편』의 서문이 아닌 다른 곳에서라도, 김부식의 잘못과 『삼국사기』의 폐해를 분명히 지적하였을 것이다.

32) 다 아는 사실이지만, 고구려와 백제에서는 신라에 훨씬 앞서 자신들의 역사를 정리하였다. 고구려의 경우는 구체적으로 어느 시기에 최초의 역사서가 편찬되었는지 분명하지 않지만, 앞의 주 3)에서 언급한 대로 '국초(國初)'에 이미 『유기(留記)』라는 역사기록이 있었다는 기록을 보아, 상당히 그 시기가 올라갈 가능성이 있다. 그간 학계에서는 『유기』의 편찬 시기를 4세기 후반,

가능성을 검토해 보아야 하겠다. 일단 당시의 정황으로 볼 때, 그 가능성은 무척 높아 보인다. 우선 고구려의 경우부터 살펴보자.

주지하다시피 신라는 5세기 전반에 고구려로부터 강한 정치적 간섭을 받았다. 4세기 중엽부터 고구려와 우호관계를 맺고 있었던 신라는 399년경, 몇 년째 바다를 건너와 침탈을 자행하고 있던 왜병을 격퇴시키기 위해 고구려의 광개토왕에게 구원을 요청하였고, 이듬해에 고구려의 군대가 신라로 진입하여 왜병을 소탕하였는데, 이 일이 있은 이후 신라는 한동안 고구려의 영향권에서 벗어날 수 없었다.[33] 바로 이 시기에 고구려의 역사책이 다른 물품들과 함께 신라에 들어왔을 가능성이 상정된다.[34]

대체로 소수림왕대를 전후한 시기로 보는 견해(李基白 外, 1976 『우리 歷史를 어떻게 볼 것인가』, 三星文化財團, p.19의 이기백 발언 참조)가 많은 지지를 받았는데, 앞으로 더 궁구해 볼 문제라고 생각된다. 백제의 경우는 『삼국사기』 백제본기의 근초고왕 30년(375)조의 말미에 "古記云 百濟開國已來 未有以文字記事 至是 得博士高興 始有書記"라 하여 4세기 후반에 사서 편찬이 이루어졌음을 전해주고 있다.

33) 경주의 호우총에서는 광개토왕의 제사에 사용된 것으로 여겨지는 청동 호우가 발굴되기도 하였는데, 이것은 5세기 전반 고구려와 신라 사이에 전자에 대한 후자의 복속을 토대로 한 우호관계가 설정되어 있었음을 뜻하는 것이다. 역시 5세기대에 세워진 「중원고구려비」에도 양국간의 상하관계가 적나라하게 표현되어 있다. 당시의 신라와 고구려 사이의 관계에 대해서는 노태돈, 1999 「금석문에 보이는 고구려인의 천하관」 『고구려사 연구』, 사계절, pp.369~370 참조.

34) 두 나라 사이의 외교관계가 상하관계로 엮여 있을 경우, 종주국(宗主國)의 왕은 종속국(從屬國)의 우두머리에게 그가 자신의 신하임을 표시하는 여러 가지 물건들을 내려주게 되는데, 자신들의 역사가 담겨 있는 책도 빠질 수 없는 중요한 하사품이었으리라 판단된다. 하사되는 사서는 자국 중심의 천하관을 종속국에 직접적으로 전파하고 선전하는 데 유효한 도구가 되었을 것이며, 궁극적으로는 지배-종속 관계의 항구화를 유도해 가는 데에도 큰 도움이 될 수 있었을 것이다. 7세기 중엽인 648년, 신라의 김춘추가 당에 건너가 종속을 맹세하였을 때, 당 태종은 자신의 칙명으로 2년 전에 완성한 『진서(晉書)』라는 사서를 김춘추에게 하사하였다. 이것은 종속국으로의 사서의 하사가 어떤

이러한 추정을 뒷받침하는 것으로는, 위에서도 거론하였지만, 현재 전하는 『삼국사기』 고구려본기의 기사가 4세기 말·5세기 초를 경계로 하여 심한 단절 현상을 보이고 있다는 사실이다. 이런 현상이 이미 「구삼국사」 단계에서도 노출되었으리라는 것과 궁극적으로 볼 때 이전 왕조인 신라가 확보하고 있었던 자료에서부터 그러한 편중성이 드러나 있었으리라는 것은 앞서 지적한 바이지만, 결론적으로 말해 신라가 고구려 역사의 전반부에 관련된 역사 기록들은 상당수 확보할 수 있었던 반면, 후반부 역사에 관련된 기록들은 거의 입수할 수 없었기 때문에 빚어진 현상으로 이해할 수밖에 없다. 그렇다면 그 초반부 역사를 기록한 책이 신라에 입수되었을만한 시기가 언제인지는 자명해진다. 고구려의 멸망을 전후한 시기까지 내려갈 수는 당연히 없는 것이며, 그 초반부 역사의 하한이 되는 시점, 곧 4세기 말·5세기 초에서 그다지 떨어지지 않은 시기로 보는 것이 순리이다. 좀더 구체적으로 추측한다면, 고구려와 신라 사이의 우호 관계가 가장 밀접했던 시기인 고구려의 광개토왕대 후반부터 장수왕대 전반까지의 시기,[35] 신라로서는 내물왕대 말엽에서 눌지왕대 전반에 걸친 시기일 가능성이 가장 크다고 판단된다.

다음으로 백제 측의 사서가 6세기 중엽 이전에 신라에 입수되어 있었을지 생각해 보아야겠는데, 이 역시 가능성이 작지 않다고 여겨진다.

신라는 눌지왕 17년(433)에 고구려의 정치적 간섭과 압박에서 벗어

정치적 의미를 지니는가를 잘 보여주는 사례라고 생각된다.

35) 『삼국사기』 고구려본기를 훑어보면, 고구려 초기의 왕호(王號)는 주로 장지명(葬地名)을 이용하여 붙여졌는데, 광개토왕부터는 장지명이 아닌 다른 기준에 의해 붙여져 있음을 알 수 있다. 이것은 신라 측에서 입수했던 고구려 사서의 서술 하한 시기를 반영하는 것일 수도 있겠는데, 이와 관련하여 고구려에서 광개토왕대에 한 차례 사서의 편찬이 있었을 가능성을 추측하는 견해가 있어 주목된다(申東河, 1995 앞 논문, pp.47 및 高寬敏, 1996 앞 책, pp.115~119).

날 목적으로, 새로이 백제와 우호관계를 맺었다. 이로 인해 고구려와의 관계는 급격히 악화되었지만, 백제와의 우호 친선관계는 이후 진흥왕 14년(553) 신라군이 백제가 차지한 한강 하류지역을 급습할 때까지 이어졌다. 신라에서 「국사」가 편찬되던 시기는 양국 간의 관계가 파경을 맞기 8년 전이다. 이것은 곧, 당시까지의 우호관계로 미루어 볼 때, 백제의 역사 편찬 경험이 신라의 「국사」 편찬에 상당한 영향을 끼쳤을 가능성을 시사한다.[36] 백제에서 편찬된 사서가 구체적으로 언제 신라로 들어갔을지는 알 수 없다. 그러나 어쨌든 「국사」가 편찬되던 시점까지는 백제의 사서가 입수되었을 가능성이 높다고 사료된다.[37]

요컨대, 신라는 5세기에서 6세기 전반에 걸친 시기에 고구려와 백제로부터 그들 나라의 사서들을 얻었을 가능성이 크며, 이 책들은 6세기 중엽 진흥왕대에 「국사」가 편찬될 때 가장 중요한 참고 자료가 되었으리라 추측된다. 그리고 「국사」의 편찬자들이 자신들도 알 수 없었던

36) 특히 백제가 475년 고구려군에 의해 수도 한성을 함락 당하고, 웅진으로 밀려 내려간 이후, 양국 간의 동맹체제는 더욱 견고해졌고, 5세기말과 6세기 전반에는 혼인을 통해 양국 간의 결속이 또다시 강화되었다. 521년경에는 신라의 사신이 백제 사신을 따라 중국 남조의 양나라에 건너가기도 하였던바, 이와 같은 양국 간의 긴밀한 관계를 볼 때, 4세기 후반 근초고왕대에 『서기』라는 국가의 공식 역사책을 편찬한 경험이 있는 백제가 신라의 「국사」 편찬에 자극을 주었을 가능성은 충분하다고 해야 할 것이다.

37) 진흥왕대에 신라에서 확보하고 있던 백제의 사서가 근초고왕대에 편찬된 『서기』 바로 그것이라고 단정지을 수는 없다. 어떤 사서들이 전해졌는지도 전혀 확인할 수 없기 때문이다. 만약 신라에서 「국사」가 편찬되기 직전에 백제의 사서가 전달되었다면, 6세기 전반까지의 상황을 기록한 사서가 당연히 포함되었을 것인바, 『서기』만으로는 설명이 적절하지 않게 된다. 그렇지만, 『서기』가 백제로서는 최초의 역사 기록이니 만큼, 그 초반부 역사를 기술하는데 있어서는 일종의 전범(典範)이 되었을 것이 분명한바, 「국사」의 편찬자들이 백제의 사서를 참고할 때 『서기』가 직접적으로나 간접적으로나 영향을 끼쳤을 가능성은 유념해야 하겠다.

신라의 건국 연대를 결정하기 위해 양국의 사서에 나오는 두 나라의 건국 연대를 참작하였을 것은 당연한 이치이며, 당시의 신라의 대내외적 발전에 발맞추어 고양된 자존의식을 바탕으로 신라가 그들 나라보다 앞서 건국된 것처럼 연대를 설정하게 되었을 것이다.[38] 결국 신라인들은 삼국 가운데 가장 늦게 사서를 만든 덕분에, 또 그들만이 최후까지 남아 자신들의 역사서를 이후 왕조에 넘겨줄 수 있었기 때문에, 실상과는 거리가 먼 신라-고구려-백제 순의 건국연대를 후대에 남길 수 있었다고 할 것이다.[39]

4. 「국사」 편찬의 배경

지금까지 「국사」에 실렸을 내용에 대한 추론을 중심으로, 그와 관련되는 몇 가지 사항들을 검토해 보았는데, 이제부터는 위에서 얻은 이해를 바탕으로 삼아 「국사」가 진흥왕대에 편찬되게 된 배경을 생각해 보기로 하자.

---

38) 신라의 건국 연대가 굳이 기원전 57년으로 설정된 데에는 크게 두 가지의 이유가 있었던 것으로 판단된다. 그 첫째는 5세기경 신라에 전해진 고구려의 사서에서 그 건국 연대가 기원전 37년으로 나오고 있었기 때문에 국가적 경쟁의식이 발동한 「국사」의 편찬자들로서는 그보다 앞선 연대를 찾을 수밖에 없었으리라는 것이고, 둘째는 기원전 57년이 육십갑자의 첫 해인 갑자년에 해당하여 새로운 시대의 출발점으로서의 의미를 지닐 수 있다는 점이 크게 고려되었으리라는 것이다. 이 두 가지 이유 가운데 보다 결정적이고 우선적인 것은 역시 첫 번째의 것이라고 해야겠다.

39) 「국사」 편찬 단계에서 신라가 확보하고 있었던 고구려와 백제의 사서들은 아마도 통일신라시기를 거쳐 고려 초기까지 전해졌을 것으로 추측된다. 특히 고구려의 사서들은 「구삼국사」가 편찬될 때, 동명왕본기를 비롯한 고구려 역사의 초기 부분을 작성함에 있어 가장 중요한 자료로 이용되었을 가능성이 크다.

그간 이에 대해서는 몇 차례에 걸쳐 학계의 논의가 있었는데, 대체로 다음과 같이 의견이 모아지고 있는 듯하다. 우선 「국사」 편찬에 관여했던 이사부와 거칠부 등이 모두 내물왕계의 왕족후예(王族後裔)들이었고 당시 신라 왕족의 혈연의식이 유례 없이 고양되고 있었던 점을 들어 중고기 신라 왕통의 정통성을 천명하고 유교적 정치이상에 입각하여 왕자(王者)의 위엄을 과시할 목적으로 「국사」를 편찬했다는 주장이 있고,[40] 이 시기가 국가의 제도를 정비하고 대외적인 발전을 하기 시작할 무렵이었으므로 국가의 위신을 내외에 과시하고자 하는 의도에서 「국사」의 편찬이 이루어졌으리라고 추측하면서, 「국사」는 곧 중앙집권적 귀족국가(貴族國家) 건설의 문화적 기념탑이었다고 의미를 부여하고 있기도 하다.[41]

이러한 견해들은 대체로 온당한 것으로 보인다. 과연 이 시기에 '유교적인' 정치이념이라는 것이 어느 정도 신라사회에 받아들여지고 있었으며, 또 그것이 역사 서술에 구체적으로 어떻게 반영되었을지 의문의 여지가 있지만, 여하튼 국가의 공식적인 역사서가 특정한 시기에 편찬되는 것이 그 당시의 집권층의 정치적 목적과 무관할 수 없는 이상, 「국사」 역시 진흥왕대 신라 사회의 정치적 상황과 깊은 관련을 맺으면서 편찬이 이루어졌을 것은 확실하다.

주지하다시피 진흥왕대는 앞선 법흥왕대를 이어 국가적인 제도 정비가 가일층 이루어지고, 왕실의 권위 역시 갈수록 상승해가던 시기였다. 필자는 이러한 신라 사회의 변화에 주목하여, 「국사」는 신라 왕실의 신성한 출자와 내력을 밝힘으로써 현 국왕의 위상의 초월성을 강조하

---

40) 李基東, 1979 「古代國家의 歷史認識」 『韓國史論』 6, 國史編纂委員會, p.9. 조인성 역시 「국사」는 유교적 정치이념에 입각하여 왕실의 정통성과 위엄을 과시하려는 목적에서 편찬된 것으로 보고 있다(趙仁成, 1985 앞의 글, p.18).

41) 李基白, 1976 『韓國史新論』 개정판, 一潮閣, p.75.

기 위해 편찬되었다는 견해를 제시한 바 있다.[42] 신라에서는 6세기 전반까지 이른바 '부체제(部體制)'가 유지되다가 법흥왕대 불교의 공인을 고비로 하여 그것이 해체되고 대신 국왕을 정점으로 하는 집권적(集權的)인 지배체제가 구축되었는데, 그러한 정치적 변화의 결과로 국왕 중심의 정치체제를 이념적으로 정당화하고 역사적으로 뒷받침할 수 있는 사서의 편찬이 필요하였던 것으로 파악하는 것이다.[43]

요컨대 진흥왕대의 「국사」 편찬은 당시 신라사회 전반에 나타나고 있던 새로운 변화와 도약의 기운 위에서 이루어진 것이며, 궁극적으로는 왕실의 존엄성을 강조하고 왕권에 대한 도전을 이념적으로 차단하려는 정치적 목적에서 비롯된 것으로 볼 수 있겠다.

그런데, 「국사」의 편찬 배경을 이렇게 이해할 때, 앞서 살펴본 「국사」의 서술 체계와는 언뜻 들어맞지 않는 것이 있다. 그것은 당시 김씨 왕실의 왕위 독점이 굳어져 있던 상황이었음에도 불구하고, 「국사」에서는 여전히 박씨 족단의 시조인 혁거세를 신라의 건국 시조로 인정하고 아울러 삼성의 계기적 왕위 계승 사실을 드러내놓고 있다는 것이다. 이러한 서술 체계는 앞서도 지적하였지만, 이전 왕실의 역사를 완전히 은폐하고 있는 고구려 사서의 경우와는 크게 대비된다. 그렇다면, 현 왕실의 권위를 높이고 그 신성함을 강조하면서 그에 대한 도전을

---

42) 강종훈, 2000 「삼국 초기의 정치구조와 '部體制'」 『한국고대사연구』 17, 서경문화사, p.121.

한편으로 「국사」는 진흥왕의 뒤를 이어 왕위에 오를 후손들의 권위 또한 초월적인 것으로 분식해주는 기능을 하는 것이라 할 수 있다.

43) 바로 이러한 점 때문에 신라 초기의 정치체제로서의 '부체제'의 실상은 「국사」 단계에서부터 이미 은폐되고 왜곡되었을 가능성이 크다. 그간 왕권을 강하게 제약했던 부체제적 정치 운영에 관한 내용은 최대한 은폐되거나 축소되어 서술되었을 것이며, 대신 국왕이 단독 주체가 되어 정치를 운영한 것처럼 윤색되었을 것이다.

원천적으로 봉쇄할 목적으로 편찬된 「국사」에 이전 왕실의 역사가 고스란히 남아 있게 된 이유는 도대체 무엇일까?

물론 근본적으로는 그러한 사실이 실제로 있었기 때문이라고 보아야겠지만, 더욱 중요한 것은 그 사실을 섣불리 은폐할 수 없는 상황이었기 때문으로 보는 것이 옳겠다. 법흥왕대 이후 비록 부체제가 형해화되고 있었고, 대신 국왕 중심의 정치체제가 자리를 잡아가고 있었지만, 과거 부체제의 운영 주체였던 삼성 족단 자체가 문득 사라질 수는 없었던 것이고, 지배층 모두의 뇌리에 이전 시기 삼성 족단을 중심으로 한 정치사의 전개 과정이 또렷이 각인되어 있었을 것인바, 아무리 김씨 왕실의 권위를 높이려는 목적에서 사서를 편찬한다고 해도 그 같은 공지의 사실을 외면하고 김씨 왕실의 역사만을 기술하기는 어려웠을 것이다.

결국, 진흥왕대의 「국사」의 편찬은 이전의 부체제를 극복하고 새로운 정치체제를 정당화할 목적에서 비롯된 것이기는 하지만, 여전히 당시의 정치상황에 의해 제약을 받아 김씨 왕실만의 독자적인 역사 구성에까지는 나아가지 못하는 시대적 한계를 보이는 것이라 하겠다. 왕권은 점차 강화되는 추세를 보였고, 국왕 지위의 초월성을 확보하기 위해 다방면의 노력이 기울여졌으며, 그 과정에서 「국사」의 편찬도 추진된 것이지만, 역설적으로 그것은 아직도 왕권이 초월적인 위치로까지 성장하지 못하고 있었던 미숙한 상황을 반영하는 것이라고도 할 수 있다.44)

44) 4세기말 내지 5세기초에 신라에 전해진 것으로 추정되는 고구려의 사서는 소노부를 비롯한 고구려 초기의 부들이 완전히 그 존재 의미를 상실한 다음에 편찬되었기에 계루부 왕실만의 역사로 채워질 수 있었을 것이다. 신라의 경우도 만약 부가 존재 의미를 전혀 갖지 못하게 된 중대에 비로소 첫 공식 사서가 편찬되었다면, 아마도 지금 『삼국사기』에 전하는 것과는 사뭇 다른 형

지금까지 진흥왕대의 「국사」 편찬과 관련하여 여러 가지 문제들을 검토해 보았다. 이제 그 이후에 사서의 편찬은 어떻게 이루어졌을지의 문제를 다루어보도록 하자.

5. 「국사」 이후 사서 편찬의 추이

진흥왕대 이후 신라에서 어떤 사서들이 편찬되었는지를 알려주는 자료는 전무한 실정이다. 그렇지만, 일단 자국의 역사를 정리한 경험을 갖게 된 신라의 지배층들이 최초의 사서인 「국사」의 뒤를 잇는 사서를 계속 편찬해 갔을 것은 의심의 여지가 없다. 그것은 당장 『삼국사기』의 신라본기에 진흥왕대 이후의 기록들이 구비되어 있다는 사실을 통해서도 확인되는 바이다. 신라인들이 계속해서 자신들의 역사를 기록하지 않았다면, 진흥왕대 이후의 역사가 『삼국사기』에 실려서 전해지기란 원천적으로 불가능한 것이다.45)

그렇다면, 진흥왕대 이후 신라에서는 어떤 식으로 사서를 계속 편찬하였을까?

여기서 추측해 볼 수 있는 것은 두 가지의 경우이다. 하나는 새로운 왕이 즉위한 후 전왕대에 벌어진 중요한 일들을 정리하여 기록하는 것이다. 이를테면 조선시대의 실록 편찬과 유사한 방식으로 왕대(王代)마다 사서가 만들어졌을 가능성을 생각해 볼 수 있다는 것이다. 다음으

태로 그 초기사가 구성되었을 가능성을 배제하기 어렵다.

45) 『삼국사기』에 전하는 진흥왕대 이후의 기사들이 설혹 신라시대에 편찬된 사서에서 곧바로 전재된 것이 아니라 고려 초의 사서로부터 옮겨실은 것이라고 하더라도, 그 자료의 근원이 신라 당대에 만들어진 사서들에까지 올라갈 것은 자명한 것이다.

로는 그렇게 한 명의 왕의 재위 기간에 벌어진 일들을 실록의 형식으로 정리하는 것이 아니라, 몇 왕대의 사적을 한꺼번에 하나의 사서로 정리하는 방식이다. 즉 정기적이든 부정기적이든 간에, 마지막 사서 편찬이 이루어진 후 몇 왕대를 경과한 다음에 일괄적으로 그동안의 역사를 정리하여 기록하였을 가능성을 고려해 볼 수 있다는 말이다.

자료가 전혀 남아 있지 않으므로, 어느 쪽이 옳을 지는 쉽게 단정내리기 어렵다. 다만, 여러 가지 상황을 고려해 볼 때, 6세기 후반 이후 한 동안은 후자의 가능성이 더 높지 않을까 한다. 그것은 무엇보다도, 실록 형식의 사서 편찬이 이루어지기 위해서는 아무래도 국가의 공식 행정기구로서 사서의 편찬을 전담하는 기관과 그에 속한 관원이, 설혹 겸직이라 하더라도, 존재하는 것이 필요한데, 적어도 7세기 후반까지의 신라의 중앙 행정 조직의 정비 상황을 미루어 볼 때 그러했을 가능성은 커 보이지 않기 때문이다.46)

그런데, 7세기말 이후에는 실록의 형식을 띤 사서가 편찬되었을 가능성이 어느 정도 엿보인다. 신라말의 지식인 최치원이 작성한 글 속에 '실록(實錄)'의 용례가 확인되고 있기 때문이다.47) 그가 거론한 실

46) 참고로 이웃 일본의 경우를 살펴보면, 720년에 신대(神代)부터 지통천황(持統天皇)까지의 역사를 다룬 『일본서기(日本書紀)』가 완성된 후, 797년에 이르러 지통 이후의 문무(文武)에서 환무(桓武)에 걸친 아홉 왕대의 사적을 담은 『속일본기(續日本紀)』가 편찬되었고, 이어 840년에는 환무 이후 네 왕대의 사적을 일괄적으로 정리한 『일본후기(日本後紀)』가 만들어졌다.

47) "故昔遠祖政明 仰求禮記 玄宗聖帝 別賜孝經 灼見化成 著於實錄"(「謝恩表」 『崔文昌侯全集』, 大東文化硏究院, p.44)

여기서의 '원조(遠祖) 정명(政明)'은 신문왕(神文王)을 가리킨다. 위의 문장의 요지는, 예전에 신라의 신문왕이 당나라에 『예기(禮記)』를 구한 적이 있었고, 또 당의 현종은 『효경(孝經)』을 내려준 일이 있었는데, 그 사실이 '실록(實錄)'에 분명히 적혀 있다는 것이다. 신문왕과 현종은 재위 시기가 각각 7세기말(681~692)과 8세기 전반(712~756)으로 최소 20년의 차이를 보이기 때문에 두 가

록이 과연 신라의 실록을 의미하는지 아니면 당나라의 실록을 가리키는지 모호한 점이 있기는 하지만,[48] 만약 전자의 경우라면 7세기말에 이미 전왕대의 실록을 편찬하고 있었다는 이야기가 되어,[49] 주목할 가치가 있겠다.

여하튼 신라에서는 7세기 후반 삼국통일전쟁이 끝난 후 어느 시기부터인가 실록의 편찬이 시작되었을 가능성을 타진해 볼 수 있겠는데, 후대로 내려올수록 그 가능성이 더욱 커질 것은 당연한 이치이다. 특

지의 별개 사실이 한 문장에서 같이 언급되고 있다고 보아야겠는데, 이런 사실을 잘 모르고 문장을 해독하다 보면, 행여 "신문왕이 『예기』를 구하니 현종이 『효경』을 따로 내려주었다."고 오독할 우려도 있다. 그럴 경우, 최치원이 신라와 당의 역사를 제대로 모르고 쓴 게 아닌가 하는 의심까지도 할 수 있겠다. 그러나 그가 『제왕연대력』과 같은 역사 관련 저술을 남겼다는 사실을 감안하면, 그렇게 보기는 어려울 것 같다.

48) 신문왕이 당에 『예기』를 구한 사실은 『삼국사기』와 『구당서』 및 『신당서』에서 함께 나오고 있으나, 현종이 신라에 『효경』을 보내준 사실은 『삼국사기』 신라본기의 경덕왕 2년(743) 3월조 말미에만 나오고 신·구 『당서』에서는 보이지 않는다. 이를 근거로, 여기서의 '실록(實錄)'은 신라에서 편찬된 실록일 것으로 추정하는 견해가 있다(李康來, 1996 앞 책, pp.259~261). 그렇지만, 지금은 전해지지 않아도 당 대종(代宗) 연간에 영호환(令狐峘)이 지은 『현종실록(玄宗實錄)』 100권이 송대에 『신당서(新唐書)』가 편찬될 때까지 남아 있었음을 고려한다면(『新唐書』 권48 藝文志2), 최치원이 언급한 실록이 당의 실록이었을 가능성을 완전히 배제하기에는 어려운 면이 있다. 또 앞의 주 24)에서 살펴본 것처럼, 최치원은 「숭복사비」에서 신라의 역사를 기록한 책을 '향사(鄕史)'라고 지칭하며 자기비하적 표현을 마다하지 않았는데, 과연 중국에 보내는 표문에서, 중국인들이 접하였는지도 알 수 없는, 신라 역대 왕의 사적을 담은 책을 '실록(實錄)'이라고 표현했을지는 의문의 여지가 여전히 남는다.

49) 정명왕, 즉 신문왕대의 사실이 실록에 실려 있었다고 한다면, 실록의 편찬은 신문왕의 아들인 효소왕의 재위 시기(692~702)에는 이미 이루어지고 있었다는 이야기가 된다. 이 기록 등을 근거로 신문왕대 이후에는 신라에서 실록의 편찬이 이루어졌을 것으로 추측하는 견해가 이미 제기된 바 있다(吳恒寧, 1997 「史官制度 成立史의 제문제」 『泰東古典硏究』 14, pp.24~28).

히 당제(唐制)의 영향을 받아 한림대(翰林臺) 또는 서서원(瑞書院)·숭문대(崇文臺) 등의 문한기구(文翰機構)가 발달하였던 신라 하대의 경우에는 사관(史館) 및 사관(史官)의 제도도 함께 갖추어졌으리라고 추측되고 있는바,[50] 실록의 편찬 역시 관례화되었을 가능성이 크다고 여겨진다.[51]

한편, 통일신라시기의 어느 시점부터 실록의 형식을 취한 왕대별 사서 편찬이 이루어졌다면, 그 시점 이전의 여러 왕대의 사적을 종합적으로 정리하여 역사의 공백을 메우는 작업이 벌어졌을 것은 가히 필연적이다.[52] 그러한 작업은 진흥왕대의 「국사」 편찬이 있은 이후 몇 대의 왕을 지난 어느 시점에 이미 시작되었을 것이고, 실록의 편찬이 본격적으로 이루어질 때까지 몇 차례에 걸쳐 실행되었을 것으로 판단된다. 이는 달리 말하여 7세기대에도 국가적 편찬 사업으로서 역사 정리 작업은 계속 이어졌으리라는 것이다.[53]

---

50) 李基東, 1979 앞 논문, p.12.

51) 일본의 경우를 참고로 든다면, 『일본후기(日本後紀)』가 편찬된 후 15년이 흐른 855년에 『속일본후기(續日本後紀)』가 편찬되었는데, 이 책은 인명천황(仁明天皇) 1대의 사적을 정리한 책이고, 879년에 완성된 『일본문덕천황실록(日本文德天皇實錄)』은 인명(仁明)의 뒤를 이어 왕위에 오른 문덕천황(文德天皇) 1대의 역사를 기록한 책이다. 이는 9세기 중엽에 이르러 일본에서도 당나라에서와 마찬가지로 전왕대의 사적을 곧바로 정리하여 실록으로 만드는 것이 관행화되고 있었음을 의미하는 것으로, 일본보다 역사 편찬의 경험이 더 오랜 신라에서 같은 시기에 실록의 편찬이 이루어지고 있었을 가능성을 높여준다고 할 것이다.

52) 물론 실록이 편찬되던 시점에도 이전 시기의 신라 역사 전체를 정리하는 작업이 계속 이어졌을 가능성이 있다. 특히 국가의 공식적인 역사 편찬 작업이 아닌, 개인적인 차원에서의 신라사의 종합적인 정리 작업은, 실록 편찬 시점의 앞뒤를 불문하고, 꾸준히 이루어졌을 가능성이 높다고 사료된다.

53) 이 경우 서술 대상은 「국사」에서 다루어지지 않은 진흥왕대 이후의 역사였으리라 여겨지지만, 「국사」의 내용을 보충한다는 차원에서 신라 초기부터 당시까지의 역사를 일괄적으로 재정리했을 가능성도 전혀 배제할 수는 없다.

그간 학계에서는 7세기 후반 삼국통일전쟁이 끝난 이후 중대(中代) 왕실에 의해 새로운 관찬(官撰) 사서의 편찬이 있었으리라는 추측이 심심찮게 제기되어왔다.[54] 삼국통일에 의해 그 기반이 크게 강화된 중대 왕실의 입장에서는 통일을 합리화하고 왕권의 전제화를 뒷받침할 수 있는 새로운 역사서가 필요하였으리라는 것이 주된 논거이다. 특히 7세기말 신문왕대(神文王代)를 관찬 사서의 편찬 시기로 지목하는 견해에서는 648년에 김춘추가 당 태종으로부터 사여받은 『진서(晉書)』가 신라에서의 새로운 역사 편찬을 자극하였을 것으로 추측하면서, 신문왕 2년(682)의 국학(國學) 설치가 바로 사서의 편찬과 직접 관련이 있을 것으로 보고 있기도 하다.[55] 이러한 견해들은 모두 막연한 추측의 범주를 벗어나지 못하고 있고, 그 추측을 뒷받침할 만한 구체적인 근거의 제시가 이루어지지 않고 있기는 하지만, 「국사」 편찬 이후 신라 사회에서 새로운 사서가 만들어지게 되는 주요 계기들을 찾아보려고 했다는 점에서 주목할 필요가 있다고 생각된다.

한편, 7세기대에는 국가적 사업으로 편찬된 관찬 사서 이외에 개인 저술가의 손에 의해 찬술된 새로운 사서들이 등장했을 가능성도 점쳐진다.[56] 관찬 사서는 대체로 「국사」에서 다루어진 내용과의 중복을 피

---

54) 李基東, 1979 앞 논문, p.13 및 趙仁成, 1985 앞 논문, p.21.
申瀅植, 1987 「新羅人의 歷史認識과 그 編纂」 『白山學報』 34호.

55) 申瀅植, 윗 논문, p.131.

56) 7세기 후반에서 8세기초에 걸쳐 활약한 김대문(金大問)은, 서두에서도 언급한 바 있지만, 역사와 관련한 여러 저술들을 남긴 것을 볼 때, 당시로서는 신라 역사에 가장 해박한 지식을 갖고 있던 사람들 중 하나일 것이 분명하다. 그래서 그가 어떤 형태로든 사서의 편찬에 관여했을 가능성은 충분히 고려할 필요가 있겠다. 그가 신문왕대의 관찬 사서 편찬에 참여하였을 것이라는 추측이 이미 제기된 바 있는데(申瀅植, 윗 논문, p.132), 설혹 그렇지 않았다고 하더라도 그가 사찬 사서의 형식으로 당시까지의 신라의 역사를 새로이 정리하였을 가능성을 완전히 배제할 수는 없다.

하기 위해 진흥왕대 이후의 역사를 주로 기록했을 가능성이 크다고 여겨지지만,[57] 사찬 사서의 경우에는 저술가 자신의 관심사에 따라 서술의 대상 시기가 달랐을 가능성이 상정된다. 그 가운데는 신라의 건국 시점부터 당시까지의 역사를 종합적으로 재정리한 것도 아마 있었을 것이다.

이러한 논의와 관련되는 것으로서 한 가지 참고될 만한 예를 들어보자면, 이 장의 1절에서 잠시 거론한 바 있는, 『삼국사기』 신라본기에 보이는 신라 제1 관등의 표기 가운데 '이벌찬(伊伐湌)'의 경우가 있다.

『삼국사기』 신라본기에서 '이벌찬'은 그 사용례가 총 16건에 이르는데, 소지마립간 15년(493)조의 기사[58]를 마지막으로 더 이상 나타나지 않는다.[59] 모두 상고기에 관한 기록에만 등장하고 있는 셈이다. 반면 '각간(角干)'과 '서불한(舒弗邯)'은 상고로부터 하대에 이르기까지 신라 역사의 전기간에 걸쳐 용례가 확인되고 있다. 이 같은 상황은 금석문상에서도 대략 마찬가지로, 통일신라시기의 금석문에서 '각간'과 '서불한'(또는 서발한[舒發韓])은 나타나지만 아직 '이벌찬'의 사용례는 확인된 바 없다.[60] 이는 결국 신라의 제1 관등을 '이벌찬'으로 표기한 사료

---

57) 그렇지만, 삼국통일과 같은 정치적 격변을 맞이하여, 신라 역사 전체를 총정리하는 작업이 국가 주도로 진행되었을 가능성을 전적으로 배제하기는 어렵다.

58) "十五年 春三月 百濟王牟大 遣使請婚 王以伊伐湌比智女送之"

59) 해당 기사들은 대부분이 임명과 관련된 기사들이며, 소지마립간 즉위조의 한 예를 제외하면 독립적인 기사로 존재하는 특색을 보인다.

60) '角干'은 「无盡寺鐘銘」(745년 조성: '大角干'), 「聖德大王神鐘銘」(771년 조성: '大角干' 및 '角干'), 「仲和三年銘 金銅舍利器記」(883년 조성: '角干')에 그 용례가 확인된다. 舒弗邯은 '舒發韓'이라는 유사한 발음의 이표기(異表記)로 「聖住寺 朗慧和尙塔碑」(890년경 조성: 최치원 찬술)에 나오고 있는데, 『삼국사기』 권11 신라본기 문성왕(文聖王) 19년 추9월조에 보이는 왕의 유조(遺詔) 내용 속에도 '舒弗邯 誼靖'이 등장하는 것을 볼 때, 신라 하대에 실제로 사용되었음은 굳이 의심할 필요가 없다고 여겨진다.

의 작성 시기가 상대적으로 앞설 수 있으며, 그 작성 시기가 8·9세기로까지 내려가지는 않을 것임을 시사하는 것일 수 있다. 그리고 6세기대에 작성된 신라의 금석문에서 '이벌찬'의 용례가 여지껏 나타나지 않고 있음을 고려할 때,[61] 제1 관등을 '이벌찬'으로 표기한 것은 대체로 7세기를 전후한 시기일 가능성이 가장 높다고 해야겠다.[62]

요컨대, 현재 『삼국사기』 신라본기에 보이는 '이벌찬' 관련 기사를 통해, 정확히 어느 시점인지는 확정하기 어렵더라도, 7세기대에 새로운 사서의 편찬이 이루어졌을 가능성은 충분히 고려해 볼 수 있다고 판단된다.[63] 그 사서는 「국사」가 편찬된 이후 시기의 사적만을 정리한 것

---

61) 앞의 주 7)에서 언급하였듯이, 중고기의 금석문에서는 「창녕비」에 보이는 '一伐干'이 제1 관등의 유일한 표기례이다.

62) 역시 주 7)에서 거론한 것이지만, 신라의 제9 관등 이상의 관등 어미가 '찬(湌)'으로 나타나는 것은 7세기 이후임을 주목해야 하겠다. 아울러 『한원(翰苑)』에 인용된 『수동번풍속기(隋東蕃風俗記)』에 신라의 제1 관등을 '伊伐干'(『한원』에서는 '伊代于'로 잘못 기록하고 있음)으로 표기하였음을 고려한다면, 6세기 중엽 이후 제1 관등의 표기가 '一伐干', '伊伐干', '伊伐湌'으로 변화해가는 양상을 그려낼 수도 있다.

63) 앞서 『삼국사기』 신라본기의 초기기록이 「국사」를 직접 인용하여 작성되었을 가능성은 거의 없음을 지적한 바 있다. 『삼국사기』에는 7세기대에 편찬된 사서를 포함하여 신라말에 이르기까지 몇 세기에 걸쳐 만들어진 여러 종류의 사서들로부터 추출된 사료들이 혼입되어 있다고 할 수 있다. 앞으로 『삼국사기』 신라본기에 등장하는 관등명과 금석문상에 보이는 관등 표기의 사례들을 면밀히 비교 분석한다면, 원자료의 찬술 시기를 대략 추정해 볼 수도 있으리라는 생각이 든다. 다만 한 가지 분명히 밝혀두어야 할 것은, 그렇다고 해서 7세기대에 편찬된 사서나 신라말까지 만들어진 각종 사서들이 모두 『삼국사기』가 편찬되던 당시까지 남아 전해지고 있었다고 단정할 수는 없다는 것이다. 그 가운데 몇 가지는 남아 있었을 가능성이 있지만, 다수는 「국사」와 마찬가지로 거란의 침입과 같은 병화를 만나 인멸되어 전해지지 않았을 가능성도 크다는 말이다. 이것들이 『삼국사기』에 실릴 수 있었던 것은 직접적인 인용이라기보다는 혹시 간접적인 채록에 의해서였을지도 모른다. 보다 구체적으로 말하자면, 고려 초에 편찬된 「구삼국사」 단계에서 일차적으로 뽑혀서

은 아니므로, 어쩌면 국가의 공식적인 편찬 사업으로 만들어진 관찬 사서이기보다는 개인에 의해 만들어진 사찬 사서일 가능성이 크다고 여겨진다. 아마도 「국사」를 모델로 삼아 신라 초기의 역사를 새로이 요약하고 정리한 사서였을지도 모르겠다.

이처럼 「국사」가 편찬된 이후 신라에서는 7세기를 거쳐 하대에 이르기까지 다양한 형식으로, 그리고 여러 서술 주체들에 의해, 다종의 사서들이 줄곧 만들어졌다고 사료된다.

그런데, 여기서 잠시 이런 생각을 한 번 해볼 수 있다. 즉 신라말까지 그처럼 사서 편찬이 활발하게 이루어졌다면, 당연히 신라 중대와 하대에 관한 역사 기록이 풍부하게 고려에 전해졌을 것이고, 『삼국사기』에도 관련 내용이 제법 많은 양으로 소상하게 정리되어 있어야 할 것인데, 실상 『삼국사기』의 신라본기를 살펴보면 이 시기의 역사가 의외로 소략하게 정리되어 있다는 느낌을 받게 된다는 것이다. 도대체 왜 그런 현상이 발생한 것일까?

일차적으로는 『삼국사기』가 편찬될 무렵에 신라시대에 찬술된 사서로서 참고할 수 있는 것들이 별반 없었기 때문일 것이다. 신라 중심의 역사관을 갖고 있었고, 또 그것을 홍포할 목적으로 『삼국사기』의 편찬을 주도한 김부식 등이 신라시대에 만들어진 각종 자료들을 최대한 활용하려 했을 것은 의심의 여지가 없다. 그런데, 실제로 『삼국사기』의 신라본기에서 통일신라시기의 역사가 소략하게 다루어지고만 것은 결

정리된 자료들이 『삼국사기』의 편찬자들에 의해 전재된 것일 수도 있다는 것이다. 근래에 일본 학계의 일각에서, 진흥왕대의 「국사」를 요약 정리한 새로운 사서가 7세기에 편찬되었고, 그것이 곧 『삼국사기』 신라본기 초기기록의 기본 원전이 되었을 것으로 추측하는 견해가 제기된 바 있는데(高寬敏, 1996 앞 책, pp.50~58), 앞 부분의 추측은 받아들일 여지가 있지만, 뒷 부분의 추측은 곧바로 받아들이기에 어려움이 많다.

국 김부식 등이 입수하였던 자료들이 양적으로 매우 제한적이었기 때문으로 볼 수밖에 없겠다. 앞서 현종대 거란의 침략 등으로 인해 신라시대에 만들어진 각종 사서들이 소실되었을 가능성을 제기한 바 있는데, 그 혼란의 와중에서 통일신라시기에 편찬된 많은 사서들과 그 밖의 관련 자료들이 함께 없어졌을 가능성이 크다고 판단된다.

그렇지만, 한편으로 『삼국사기』가 주된 자료로 참고했을 「구삼국사」에서부터 신라사에 대한 서술이 축소되어 있었을 가능성도 생각해볼 필요가 있다. 만약 「구삼국사」에서 통일신라시기의 역사를 상세하게 다루고 있었다면, 『삼국사기』에서도 그러한 서술의 흐름은 유지되거나 더욱 강화되었을 것이다. 결국 『삼국사기』에 통일신라시기의 역사가 부실하게 정리되어 있는 것은 고려 초에 만들어진 「구삼국사」 단계에서 이미 그런 현상이 나타난 것으로부터 연유한 것일 수 있다는 말이다.

「구삼국사」가 고구려 계승의식이 지배층 내부에 강하게 자리잡고 있던 시기에 편찬된 사서임은 앞서 언급한 바와 같다. 당시에는 신라로부터 넘겨받은 많은 사서들이 존재하고 있었을 것이지만, 고구려를 내세우려는 입장에 서 있었을 「구삼국사」의 편찬자들이 신라의 역사를 고구려사에 비해 압도적인 분량으로 기술한다는 것은, 체재 면에서도 부적절했을 뿐만 아니라, 사서의 편찬 목적에도 맞지 않는 일이었으리라 사료된다. 이로 인해 고려 초기에는 비록 자료가 많이 확보되어 있었더라도, 신라사에 대한 서술은 분량 면에서 이미 강한 제약을 받아, 크게 축소되고 삭제될 수밖에 없었을 것이다.[64] 그리고 『삼국사기』는

64) 사실 「국사」도 이러한 이유 때문에 「구삼국사」 단계에서부터 그 내용이 대폭 축소되어 옮겨졌을 가능성이 크다고 생각된다. 『삼국사기』 신라본기의 초기 기록이 소략해진 근본적인 원인은 아마도 여기에 있지 않을까 한다.

중요한 관련 자료들이 거의 인멸되고 난 뒤에 「구삼국사」와 몇몇 보조 자료들만을 활용하여 편찬될 수밖에 없었을 터이므로, 지금 나타나고 있는 바와 같이 신라의 역사를 상세하게 서술하기가 원천적으로 힘들었을 것이라 하겠다.65)

지금까지 주로 신라시대에 자국의 역사를 어떻게 정리하고 기록하였는가의 문제를 살펴보았다. 마지막으로 한 가지 문제를 더 짚고, 논의

---

65) 이와 관련하여 『삼국사기』 신라본기에 통일전쟁시기와 관련된 기록이 비교적 풍부하게 남아 있고, 그 기사 내용의 구체성도 훨씬 높아진 모습을 보인다는 점이 주목된다. 예컨대 문무왕기(文武王紀)는 여타 왕대의 서술과는 달리 상·하 2권(권6과 권7)으로 나뉘어 서술됨으로써 분량 면에서 타의 추종을 불허하고 있으며, 아울러 당장(唐將) 설인귀(薛仁貴)와 주고받은 서신의 내용이 그대로 수록되어 있는 등 기사의 구체성 면에서도 다른 왕대에 비해 두드러진 양상을 보이고 있다. 그밖에 문무왕기의 앞뒤로 배치되어 있는 무열왕기(武烈王紀)와 신문왕기(神文王紀) 역시 비교적 내용이 풍부하고 구체적인 모습을 보이는데, 이것은 혹시 『삼국사기』의 편찬자들에 의해 새로이 내용이 추가되고 보강된 것에서 비롯된 것이 아닐까 의심이 간다. 다시 말하자면, 「구삼국사」 단계에서는 고구려의 멸망과 신라의 삼국통일에 관련된 기록이 몹시 축약되어 있었는데, 『삼국사기』의 편찬자들이 새로이 관련 자료를 확보하여 서술을 대폭 보완한 것이 아닐까 하는 것이다. 사실 고구려 계승을 표방했던 고려 초기의 편사자(編史者)들이 고구려의 멸망 과정과 신라의 삼국통일 과정을 일부러 부각시킬 이유는 없었을 것이기에, 「구삼국사」에서의 무열왕기, 문무왕기, 신문왕기의 서술 체계는 현재 『삼국사기』에서 확인할 수 있는 그것과는 크게 차이가 있었을 것이 분명하다. 반면 고려가 신라를 계승한 국가임을 내세우던 김부식 등의 입장에서는 과거 신라에 의한 삼국의 통일이 매우 중요한 의미를 지니는 것으로 판단했을 것이 확실하고, 구체적으로 어떤 성격의 자료를 새로이 확보하였는지는 알 수 없으나, 그 새로운 자료들을 통해 삼국통일을 전후한 시기의 역사를 집중적으로 부각시키는 쪽으로 서술의 방침을 정했을 가능성이 크다고 여겨진다. 참고로 『삼국사기』 신라본기에는 연월(年月)만 나오는 기사들과 연월일(年月日)을 모두 갖춘 기사들이 섞여 있는데, 후자는 특히 무열왕기와 문무왕기, 신문왕기에 집중적으로 나타나고 있다. 이것이 곧 『삼국사기』 편찬시 새로이 보입(補入)된 기사들을 반영하는 것이 아닐까 여겨지는데, 앞으로 좀 더 세밀한 검토를 해볼 필요가 있다고 생각된다.

를 마무리짓고자 한다. 그것은 신라가 삼국을 통일한 후 자국의 역사뿐만 아니라, 멸망한 다른 두 나라, 즉 백제와 고구려의 역사까지 포괄하는 사서를 과연 만들었을까의 문제이다. 이것은 『삼국사기』에서 드러나고 있는 삼국사의 종합적인 서술 체계가 고려 초를 넘어 신라시대에까지 거슬러 올라갈 수 있겠는가와 직결되는 문제로서, 『삼국사기』의 사료적 성격을 검토함에 있어 반드시 고려해야 할 사항 가운데 하나가 된다.

일단 7세기 후반부터 신라사회에서 나타난 '삼한일통의식(三韓一統意識)'을 염두에 두면,[66] 그 가능성을 배제하기는 어렵겠다. 특히 통일 후 지방제도를 정비함에 있어 옛 고구려의 영역과 백제의 영역을 9주(州) 체제 속에 편제한 것이라든지, 국왕 직속 부대인 9서당(誓幢)의 편성에 고구려와 백제계 병력을 그대로 수용하고 있는 것이라든지 하는 것들은, 이 시기에 새로운 사서의 편찬이 이루어졌다면 신라의 역사만이 아니라 고구려와 백제의 역사까지 포괄하는 형식을 취했을 가능성을 제고시켜준다.

그런데, 만약 이 시기에 국가적 사업으로서 삼국의 역사를 종합적으로 정리하는 작업이 실행되었다면, 고구려사와 백제사에 대한 서술은, 특히 그 후반부에 관련된 서술은, 상당히 풍부하였을 것을 예상할 수 있다. 설혹 양국에서 작성된 사서들을 입수하지 못했다고 하더라도, 그 유민들을 통해 많은 정보를 얻을 수 있었을 것이기 때문이다. 그리고 그때 새롭게 만들어진 사서는 고려 초에 「구삼국사」가 편찬되던 시점에서 최대한 활용되었을 것이며, 『삼국사기』에도 그 흔적이 고스란히 남아 있어야 할 것이다. 그렇지만, 앞에서도 지적한 바 있듯이, 『삼국

66) 盧泰敦, 1998 「삼한에 대한 인식의 변천」 『한국사를 통해 본 우리와 세계에 대한 인식』, 풀빛, pp.80~90.

사기』의 고구려본기와 백제본기는 내용이 매우 부실할 뿐 아니라, 후반부의 서술이 상대적으로 더욱 빈약한 모습을 보여주고 있다. 이것은 결국 삼국통일 이후 신라에서 하나의 사서를 통해 삼국의 역사를 종합적으로 정리하는 작업이 이루어졌을 가능성을 크게 떨어뜨리는 것이라 할 수 있다.

물론 통일신라시기에 개인 저술가의 손에 의해 고구려나 백제의 역사가 개별적으로 정리되었을 가능성은 여전히 남아 있다. 예컨대 김대문이 『한산기(漢山記)』를 편찬한 것은, 그 자체가 사서는 아니지만, 고구려와 백제의 역사에 대한 신라 지식인의 관심을 일정하게 반영하는 것이라 할 수 있다.[67] 그리고, 그들의 그러한 작업의 결과로 얻어진 것들은 고려시대에 들어와 삼국의 역사를 정리할 때 소중한 자료로 활용되었을 것이다. 그러나 사찬의 형태로 만들어진, 고구려나 백제의 역사를 정리한 사서들이 얼마나 제대로 된 체재를 갖추고, 양국의 역사를 일목요연하게, 그리고 어느 특정 시기에 편중됨이 없이 균형 있게 서술했을지는 장담하기 어렵다. 관찬 사서에서 다루어지지 못하는 공백을 일정하게 메워줄 수는 있었겠지만, 대대적인 자료의 발굴과 수집이 뒷받침되지 못했다면, 후대에 양국의 역사를 재정리하게 될 때 그것들이 가장 핵심적인 전범(典範)으로 취급받기는 대단히 어려웠을 것이다.

---

67) 김대문이 『한산기』를 찬술하게 된 것은 아마도 자신이 한산주 도독으로 재임하면서 얻은 각종의 전승들을 기록해두고자 하는 마음에서였을 것이지만, 실제로 당시 신라 조정에 보관되고 있었을, 그리고 이전 시기 「국사」의 편찬에 일정하게 영향을 끼쳤을, 고구려와 백제 초기의 역사를 담은 사서들이 많은 참고가 되었을 수 있다. 통일신라시기에 비록 관찬의 형식은 아니더라도, 호기심이나 그 밖의 다른 이유로 인해, 신라의 지배층이 고구려와 백제의 사서를 참고하여 그들 나라의 역사를 개별적으로 정리하였을 가능성은 충분히 상정해 볼 수 있는 것이다.

요컨대, 신라인들에 의해 삼국의 역사가 종합적으로 정리되었을 가능성은 현재로서는 그다지 높아 보이지 않는다. 어쩌면, 신라의 역사와 고구려 및 백제의 역사가 같은 사서 속에서 다루어질 수 있다는 인식이 싹트기 위해서는 신라의 기득권이 부정되거나 포기되는 상황이 빚어지는 것이 필요했을지도 모르겠다. 다시 말해, 신라의 역사 이상으로 다른 두 나라의 역사가 비중 있게 취급될 수 있는 상황에 이르러서야 비로소 삼국의 역사는 하나의 사서 속에서 각각의 위치를 확보할 수 있었으리라는 것이다. 그러한 변화의 시발점이 곧 고려 초에 만들어진 이른바 「구삼국사」가 아닐까 싶다.

6. 소결

지금까지 신라시대의 사서 편찬과 관련된 여러 가지 문제들을 살펴보았다. 본고에서 논의한 바를 간략하게 요약하자면, 다음과 같다.

1) 6세기 중엽 진흥왕대에 신라 최초의 공식적인 역사 정리작업의 결과로 나타난 「국사」는 고려시대에 만들어져 현재 남아 전하는 『삼국사기』 신라본기의 법흥왕대 이전 기록에 직접적으로 인용되었을 가능성은 별로 없어 보인다. 그러나, 『삼국사기』 신라본기에 실려 있는 기록들은 그 근원을 따져 올라갈 경우 「국사」에까지 미치는 것으로 볼 수 있다.
2) 현재 『삼국사기』 신라본기의 초기기록에 보이는 왕실 계보와 기년 체계는 대체로 「국사」 단계에서 이미 확정된 것으로 보인다.
3) 「국사」를 편찬할 때, 고구려와 백제에서 먼저 편찬된 사서들이 입수되어 참고되었을 가능성이 크며, 특히 신라 초기의 기년을 설정함

에 있어 양국 사서의 영향이 컸을 것으로 보인다.

4) 진흥왕대에 「국사」의 편찬이 이루어진 것은 당시 부체제가 해체되고 국왕 중심의 집권적인 정치체제가 운영되던 시점에서, 왕실의 존엄성을 강조하고 왕권에 대한 도전을 이념적으로 차단하려는 정치적 목적에서 비롯된 것이다. 다만 계루부 왕실의 역사만을 수록한 고구려의 사서와는 달리, 김씨 왕실만의 역사를 담지 못하고 박씨와 석씨 왕실의 역사까지 모두 기록할 수밖에 없었던 것은 아직 왕권이 초월적인 위치로까지 성장하지 못하고 있었던 미숙한 상황을 반영하는 것이기도 하다.

5) 「국사」 이후 새로운 사서들이 계속 편찬되었을 것인데, 특히 통일신라시기에는 그 편찬이 활발했을 것이고, 시간이 흐를수록 직전 왕대에 벌어진 사적을 정리하는 실록(實錄)의 편찬이 관례화되었을 것이다. 아울러 국가에서 주도하는 공식적인 역사 편찬 사업 외에도 개인의 차원에서 신라의 역사를 정리하는 사서들이 다수 만들어졌을 것이다. 그렇지만, 통일신라시기에 신라인의 손에 의해 삼국의 역사가 한 사서 안에서 종합적으로 정리되지는 못한 것 같고, 그러한 작업은 고려 초의 「구삼국사」 단계에서 비로소 시작된 것이 아닐까 여겨진다.

▶ **본서에 실린 이 글의 원 게재지는 다음과 같다.**

「新羅時代의 史書 편찬」 『강좌 한국고대사』 제5권, 2002, 재단법인 가락국사적개발연구원.

보론2

김부식 평전

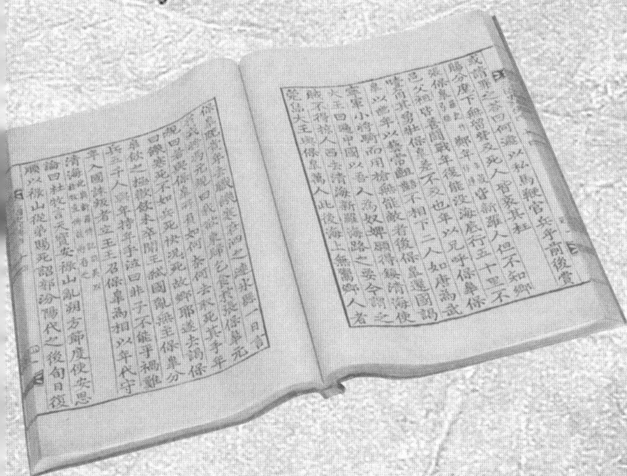

1. 김부식을 바라보는 시각

김부식(金富軾, 1075~1151)은 우리나라의 역사서 가운데 현존하는 최고(最古)의 책인 『삼국사기』를 편찬한 인물로 널리 알려져 있다. 그에 대해 조금 더 아는 사람이라면, 묘청(妙淸) 일파가 서경(西京)에서 일으킨 반란을 진압한 장본인이 바로 그라는 사실도 기억할 것이다.

고려 시대 문벌귀족을 대표하는 인물 가운데 한 사람인 김부식에 대한 후세 사람들의 평가는 크게 엇갈려 있다. 우리 고유의 전통 사상을 말살하는 데 앞장선 사대주의자라고 비난하는 사람도 있고, 합리적인 사고를 지닌 유학자로 우리 문화의 수준을 한 단계 끌어올린 인물이라고 찬사를 보내는 사람도 있다.

한 인물에 대한 후세의 평가가 상반되는 경우는 김부식말고도 많다. 그렇지만, 그만큼 사람들의 입에 자주 오르내리며 비난과 찬사를 한꺼번에 받은 인물을 찾기란 그다지 쉽지 않다. 과연 김부식은 어떤 인물인가? 오늘을 사는 우리는 그를 어떻게 평가해야 할까?

2. 김부식의 생애

김부식은 1075년(고려 문종 29)에 태어나 1151년(의종 5)에 사망했다. 본관은 경주이고, 자는 입지(立之),[1] 호는 뇌천(雷川)이라 한다. 사후에 내려진 시호는 문열(文烈)이다. 『고려사(高麗史)』 열전에는 그의 조상이 신라의 왕족이었다고 전하는데, 『동문선(東文選)』에 실린 그의 손자 김군수(金君綏)의 시 「동도객관(東都客館)」에 '무열왕손문열가'(武烈王孫文烈家)라는 구절이 나오는 것을 감안할 때, 무열왕계의 후손으로 여겨진다.

그의 증조부는 고려 태조가 경주를 설치할 때 '주장(州長)'으로 삼았던 김위영(金魏英)으로 알려져 있다. 이 시기는 김부식의 활동 시기와 물경 200여 년의 차이가 있어, 김위영이 곧 김부식의 '3대조'라는 전승(傳承)은 사뭇 납득하기 어려운 점이 있다. 그렇지만 김부식의 선대가 경주 지역에 뿌리를 둔 것까지 굳이 의심할 필요는 없을 것이다.

그의 아버지는 국자좨주(國子祭酒) 좌간의대부(左諫議大夫)를 지낸 김근(金覲)이라고 한다. 그의 생몰 연대는 확실치 않으나, 대체로 문종대와 선종대에 걸쳐 활약했다고 전한다. 『고려사』 박인량(朴寅亮) 열전에 보면, 1080년(문종 34)에 김근이 박인량 등과 함께 송나라에 사행(使行)을 가서 시문으로 명성을 떨쳤다는 기록이 있다. 그리고 같은 책의 선거지(選擧志)에는 그가 1086년(선종 3) 5월에 예부시랑(禮部侍郎)

---

1) '立之'를 김부식의 아들인 김돈중(金敦中)의 자(字)로 보는 견해가 있다(정구복, 2001 「김부식의 생애와 업적」 『정신문화연구』 24-1호, 한국정신문화연구원, p.6).

으로서 동지공거(同知貢擧)가 되어 진사(進士)를 선발했다는 기록이 있다. 이런 기록들로 미루어볼 때, 김근은 문장을 잘 짓기로 당대에 이름난 인물인 듯하고, 과거와 밀접하게 관련되어 있었다는 사실에서 그 자신 또한 과거를 통해 관직에 나아갔을 것이라고 추정할 수 있겠다.

김부식의 집안이 경주를 떠나 개경에 자리를 잡은 것은 아마도 아버지 김근대에 이르러서가 아니었나 싶다. 김부식의 조부에 관해서는 아무런 기록도 남아 있지 않는데, 이는 곧 그가 그다지 현달한 인물이 아니었음을 시사하는 것이다. 추측컨대 그는 경주 지역의 향리 정도가 아니었을까 여겨진다. 결국 김부식의 가문은 부친인 김근대에 와서야 비로소 중앙 정계에 진출한 신흥 가문이었다고 판단된다. 그의 경주 김씨 가문은 문종대에 이미 문벌을 형성한 경원(慶源) 이씨나 해주(海州) 최씨 가문 등에 비해 귀족 가문으로서의 출발이 늦었던 셈이다.

그의 가문은 아버지 김근대를 거쳐 김부식 당대에 이르러 크게 일어났다. 김부식을 포함해 맏형인 김부필(金富弼)과 둘째 형인 김부일(金富佾), 그리고 아우인 김부의(金富儀)까지 형제 4명이 모두 과거에 급제하여 명성을 떨쳤다.[2] 그의 아버지가 지공거(知貢擧)를 역임했다는 사실이 그들 형제의 과거 급제에 상당한 영향을 미쳤을 수도 있지만, 이미 문장으로 이름이 높은 아버지를 두고 좋은 환경에서 교육을 받으며 성장했을 이들 형제가 모두 과거에 급제했다는 것이 크게 의아한 일은 아닐 성싶다.

맏형인 김부필은 1093년(선종 5)에 문과에 급제하고 1107년(예종 2)에 병마판관(兵馬判官)으로 윤관(尹瓘)을 따라 여진 정벌에 참여하여 공을 세웠다고 하는데, 그 이후의 행적은 전하지 않는다.[3] 둘째 형 김

2) 이들 4형제 이외에 출가하여 승려가 된 맏형 '현담(玄湛)'이 있었다는 주장도 있다(鄭求福, 1999 「金富軾과 三國史記」 『韓國中世史學史』, 집문당, p.228).

부일은 대단한 문장가로 고려는 물론이고 송나라에까지 이름이 높았으며, 그의 전기가 『고려사』 열전에 실릴 만큼 정치적으로나 학문적으로 비중이 있는 인물이었다. 아우인 김부의 역시 형들과 함께 문장가로 명성을 날렸다. 김부의의 처음 이름은 '김부철(金富轍)'이었다고 하는데,[4] 형인 김부식과 더불어 송나라의 대문장가인 소식(蘇軾)과 소철(蘇轍) 형제에게서 그 이름을 딴 것이라고 한다. 자식들이 대문장가로 성장하기를 바라는 아버지 김근의 마음을 읽을 수 있다.

김부식이 태어난 곳은 흔히 경주로 알려져 있지만, 그가 출생한 1075년에서 불과 5년 뒤인 1180년에 그의 아버지 김근이 송나라에 사행을 간 사실을 고려할 때, 1075년 당시에 그의 가족은 이미 개경으로 이주했을 가능성이 높다. 따라서 김부식도 경주가 아닌 개경에서 태어났을 것으로 여겨진다.

문장가 집안에서 제대로 된 훈육을 받았을 김부식은 나이 22세가 되던 1096년(숙종 원년)에 과거에 합격했다. 안서대도호부(安西大都護府)의 사록참군사(司祿參軍事)를 시작으로 관직 생활에 몸을 담은 그는 곧이어 한림원(翰林院)에서 문한(文翰)의 직임을 맡아 이름을 떨쳤고, 나이 42세이던 1116년(예종 11)에는 문한관으로 송나라에 사행을 다녀왔다.[5] 그는 한림원에서 20여 년을 재직하는 동안 학문을 닦고 문장을 연마하는 데 매진했으며, 당시까지 유행하던 남북조풍의 사륙변려문체

3) 아마도 일찍 사망했을 가능성이 높다고 여겨진다(鄭求福, 1991 「金富軾」 『韓國史市民講座』 9, 一潮閣, p.123).

4) 인종 연간에 태자(후의 의종)의 이름 '철(徹)'에 저촉되어 '부의(富儀)'로 개명했다고 한다(鄭求福, 1994 「高麗朝의 避諱法에 관한 硏究」 『李基白先生古稀紀念 韓國史學論叢』 上, 一潮閣, pp.663~664).

5) 이때 사마광(司馬光)이 지은 『자치통감』을 한 질 얻어왔다고 추측된다(權重達, 1980 「資治通鑑의 東傳에 대하여」 『中央大 文理大學報』 38). 『자치통감』은 훗날 김부식이 『삼국사기』를 편찬할 때 중요한 자료로 이용되었다.

(四六騈儷文體) 대신 당·송의 고문체(古文體) 사용을 제창하던 김황원(金黃元), 이궤(李櫃) 등과 교유하면서 고문의 대가가 되었다.[6)]

그는 또 유교 경전에도 해박했고, 중국의 역사도 종횡으로 꿰뚫고 있었다. 『고려사』에 실린 그의 열전을 보면, 인종이 즉위하면서 권력이 왕의 외조부인 이자겸(李資謙)에게 쏠렸을 때, 그에 아부하려는 몇몇 신하들이 인종에게 이자겸에 대한 특별 대우를 청하자, 김부식은 중국 역사에 보이는 여러 사례들과 『의례(儀禮)』의 조항을 조목조목 들어가면서 그 부당함을 설파했다고 한다.

그의 학식은 국내뿐만 아니라 해외에까지 널리 알려졌는데, 1123년(인종 원년)에 송나라 사신단의 일원으로 고려를 방문했던 서긍(徐兢)은 자신이 지은 『고려도경(高麗圖經)』에서 김부식을 소개하면서 "박학강식(博學强識)하여 글을 잘 짓고 고금의 일에 밝아 학사(學士)들이 신복(信服)하고 있으며, 그를 능가하는 자가 없다"고 기록했을 정도이다. 문장에 능하고 중국의 역사에 해박했던 그는 인종 초에 『예종실록』을 만들 때 직접 참여하여 사서 편찬의 경험을 쌓았고, 1125년(인종 3)에는 왕명을 받고서 「영통사(靈通寺) 대각국사비문(大覺國師碑文)」을 찬술하기도 했다.

김부식은 이자겸에 대한 조정의 특별 대우를 여러 차례 반대했지만, 정작 이자겸에게 배척을 받았던 것 같지는 않다. 이자겸이 정적들을 숙청하고 궁궐을 불태우는 등 전횡이 극에 달했던 1126년(인종 4) 4월에 그는 어사대부(御史大夫) 추밀원부사(樞密院副使)에 임명되기도 했다. 그가 이자겸 일파를 축출하기 위해 적극적인 행동을 했다는 기록은 보이지 않는다.

---

6) 『삼국사기』에 실린 사론과 열전은 이러한 고문체로 쓰인 대표적인 작품이다(鄭求福, 1996 「三國史記 解題」 『譯註 三國史記』 1, 韓國精神文化硏究院, p.496).

이자겸의 난이 진압된 후, 그는 정사(正使)가 되어 두 번째로 송나라 사행길에 올랐지만 길이 막혀 도중에 돌아왔다. 1128년(인종 6)에는 송나라에서 사절이 와 금(金)나라로 들어가는 길을 안내해줄 것을 고려 조정에 요구했는데, 김부식은 형 김부일과 함께 송나라 사신들에게 그 요구의 부당함을 설득하여 그들이 아무런 소득 없이 돌아가게 만들었다. 이듬해 11월에는 금나라에게 고려가 신하의 나라가 될 것을 약속하는 「상금국서표(上金國誓表)」를 그의 손으로 짓기도 했다. 그는 애초부터 고려가 금에 대해 사대를 하는 것이 불가피하다고 인식했던 것 같은데, 3년 전 이자겸과 척준경(拓俊京) 등이 주동이 되어 금(金)에 대한 사대를 서둘러 결정할 때도 그가 나서서 반대를 했다는 기록은 전하지 않는다.

이자겸의 난 이후 고위 관직에 공백이 생기자 그의 승진은 순조롭게 이루어져, 지추밀원사(知樞密院事), 호부상서(戶部尙書), 한림학사승지(翰林學士承旨), 판삼사사(判三司事), 정당문학(政堂文學) 수국사(修國史), 검교사공(檢校司空) 참지정사(參知政事), 수사공(守司空) 중서시랑(中書侍郞) 동중서문하평장사(同中書門下平章事), 판병부사(判兵部事) 등의 요직을 두루 거쳤다.

1134년(인종 12) 가을에는 묘청(妙淸)과 백수한(白壽翰), 정지상(鄭知常), 김안(金安) 등이 주동이 되어 추진하던 왕의 서경 행차를 반대하여 결국 중지시켰다. 이것이 곧 이듬해 정월 초에 묘청과 조광(趙匡), 유참(柳旵) 등이 서경에서 반란을 일으키도록 만든 계기가 되었다. 묘청의 난이 일어나자 김부식은 토벌군의 원수(元帥)에 임명되어, 아우인 김부의, 윤언이(尹彦頤) 등과 함께 출정했는데, 서경으로 향하기에 앞서 개경에 남아 있던 정지상과 백수한, 김안 등을 먼저 붙잡아 인종의 재가도 받지 않고 처참(處斬)했다. 그러나 그는 정작 서경을 공략할 때는 회유와 지공(遲攻) 작전을 택했다. 서경에서 내분이 일어나 조광이 묘청과 유참 등을 죽이고 항복을 청했다가, 조정의 강경 진압 입장을 간파하고 다시 반란을 일으키자 서경 함락은 매우 어려워졌다. 여러 차례의 공격이 무산된 후, 해를 넘겨 2월이 되어서야 서경의 반란은 겨우 진압되었다.

반란 평정의 공로로 김부식은 '수충정난정국공신(輸忠定難靖國功臣)'에 봉해지고, '검교태보(檢校太保) 수태위(守太尉) 문하시중(門下侍中) 판상서이부사(判尙書吏部事) 감수국사(監修國史) 상주국(上柱國) 겸태자태보(兼太子太保)'에 임명되었다. 가히 '일인지하(一人之下) 만인지상(萬人之上)'이라 일컬을 수 있는 최고 권력을 차지하게 되었다. 그는 곧바로 그의 부장(副將)으로 반란 진압에 공을 세운 윤언이를 탄핵하여 양주방어사(梁州防禦使)로 좌천시켰다. 탄핵의 사유는 윤언이가 일찍이 정지상과 더불어 생명을 함께하기로 한 사이이며, 지난날 금나라의 비위를 건드려 나라를 위험에 빠뜨릴 목적으로 칭제건원(稱帝建元)을 주장하는 등 불궤(不軌)를 저질렀다는 것이다. 윤언이는 숙종 말·예종 초 여진 정벌로 유명한 윤관의 아들로, 이전부터 김부식과 불목(不睦)하던 사이였고,[7] 반란의 진압 과정에서도 시일을 끌지 말고 조속히 평정할 것을 주장하여 김부식과 마찰을 빚었던 터였다.

김부식은 1142년(인종 20) 3월에 68세로 관직에서 물러났다. 그 해

---

7) 인종 초 김부식이 왕명으로 「대각국사비문」을 짓게 되었을 때, 윤언이는 이미 자신의 아버지인 윤관이 지은 「대각국사비문」이 폐기되는 것을 탐탁치 않게 여기고 있었다. 그런데, 김부식이 아무런 사양도 하지 않고 비문을 고쳐 짓는 것을 보고 그에 대해 불쾌한 마음을 품게 되었다고 한다. 그 후 김부식이 인종에게 『주역』을 강(講)하는 자리에 윤언이가 참석하게 되었는데, 여기서 그는 어려운 질문으로 김부식을 궁지에 몰아넣었다고 한다. 『고려사』에는 이 일로 말미암아 두 사람의 갈등이 더욱 커졌다고 적고 있다.

정월에 자신의 오른팔 역할을 하던 정습명(鄭襲明)이 대간(臺諫)의 탄핵을 받아 간관직(諫官職)에서 면직되었고, 조만간 윤언이가 중앙 정계에 복귀할 조짐이 보이던 상황이었다. 윤언이가 돌아오면 곧 자신에게 보복하리라는 것을 간파했는지 그는 사직 상소에 "부귀에 연연하여 물러가지 않으면 낚시밥을 탐내다가 결국 반드시 죽게 되는 것이니, 마땅히 늙은 몸을 수습하여 어진 이가 진출할 수 있는 길을 열어주어야겠다"고 썼다고 한다. 그가 세 차례에 걸쳐 사직 상소를 올리자, 인종은 그에게 동덕찬화공신(同德贊化功臣)이라는 칭호를 더해주고 사직을 허락했다.

정계에서 은퇴한 김부식은 곧바로 자신의 집에서 『삼국사기』의 편찬을 시작했던 것 같다. 비록 그는 퇴직한 관리의 신분이었지만, 『삼국사기』는 왕명을 받아 편찬된 책으로 국가의 공식적인 역사서의 성격을 띤다. 『삼국사기』의 편찬에는 최산보(崔山甫)를 비롯한 8명의 하급 관료들이 참고직(參考職)으로 참여했고, 행정 지원을 담당하는 관리들도 관구직(管句職)과 동관구직(同管句職)이라는 직함을 띠고 배치되었다. 참고직들은 자료의 발췌, 대조, 감교(勘校) 등을 맡았을 것으로 추정되며, 편찬 범례의 작성이나 사론(史論)과 열전(列傳), 그리고 지(志)의 서문 등의 집필은 김부식이 직접 했을 것으로 여겨진다. 본기(本紀)의 내용도 물론 그의 검토를 거쳤을 것이다.

『삼국사기』는 1145년(인종 23) 12월 22일(음력)에 완성되어 왕에게 바쳐졌다.[8] 이듬해 인종이 죽고 의종이 즉위하자 김부식은 『인종실록』의 편찬을 주재했으며, 1148년(의종 2)에 수태보(守太保) 낙랑군개국후(樂浪郡開國侯)에 봉해지고, 식읍 1,000호 식실봉(食實封) 400호를 하사받았다. 그리고 마침내 나이 77세가 되던 1151년(의종 5) 2월에 세상을

8) 양력으로 따진다면, 1146년 2월 4일에 해당한다.

뜨니, 그에게는 '문열(文烈)'이라는 시호가 수여되었고, 중서령(中書令)이라는 직책이 추증되었으며, 선왕인 인종의 묘정(廟庭)에 배향하는 조치가 내려졌다.

3. 김부식의 활동 및 업적

김부식의 활동과 업적은 크게 네 부문으로 나누어 볼 수 있다.

첫째로, 김부식은 문장가로 일가를 이룬 인물이다. 그의 작품을 수록한 책으로 『김문열공집(金文烈公集)』 20권이 있었다는데, 지금은 전하지 않는다. 그렇지만 고려 후기의 문인 최자(崔滋)가 지은 『보한집(補閑集)』과 최해(崔瀣)의 『동인지문사륙(東人之文四六)』 등에 그의 시문이 일부 전하고 있고, 조선 시대에 들어와 1478년(성종 9)에 서거정(徐居正) 등이 편찬한 『동문선』에도 105편에 이르는 그의 시문이 채록되어 있다. 현재 전하는 그의 시문 가운데에는 고문체의 산문이 압도적으로 많아, 그가 고문의 대가였음을 여실히 보여준다. 그의 문장은 고려에서는 물론이고 송에서까지 탁월함을 인정받을 정도였으니, 그를 일러 고려 문화의 수준을 한층 높이고 국제적으로 고려의 위상을 제고하는 데 커다란 역할을 한 인물이라고 말하는 것도 결코 지나친 표현은 아닐 것이다.

두번째로, 그는 고려 시대를 대표하는 유학자 가운데 한 사람이다. 그의 유학자로서의 면모는 『동문선』에 실려 있는 「중니봉부(仲尼鳳賦)」[9] 등의 글에도 잘 드러나 있지만, 무엇보다도 『삼국사기』에 실린 그의

---

9) 공자(孔子)를 봉황에 비기며, 그의 높은 덕의(德義)와 깨끗한 위의(威儀)에 대해 흠모하는 마음을 표현한 글이다.

사론에서 두드러지게 나타난다. 조선 시대의 성리학자들에 비할 바는 아니지만, 그도 불교에 대해 비판적인 입장을 취했으니, 『삼국사기』 신라본기 말미에 실은 사론에서 신라의 쇠퇴와 멸망의 원인을 "불법(佛法)을 신봉하여 그 폐단을 알지 못한 탓"으로 돌리고 있는 것이 그 한 예이다.[10] 『삼국사기』 열전에 원효(元曉)나 의상(義湘) 같은 불교 승려의 행적은 전혀 수록하지 않은 대신 강수(强首)나 설총(薛聰) 등의 유학자를 부각시킨 것도 결국 유학을 드높이고자 하는 그의 의중과 맞물린 것이다.[11]

물론 김부식은 당시 고려의 문벌귀족 대부분이 그랬던 것처럼 불교와 밀접한 관련을 맺고 살았다. 승려인 대각국사의 비문을 지은 것이라든지, 말년에 '관란사(觀瀾寺)'라는 가문의 원찰(願刹)을 세운 것이라든지 등이 그가 불교가 지배하던 고려 사회의 일원이었음을 보여준다. 그렇지만 그는 유교 경전에 밝았고 스스로 공자의 뒤를 따르고자 하는 열망을 품었던 유학자였음은 분명하다.

세번째로, 그는 문벌귀족을 대표하는 보수 정치가였다. 그는 이자겸의 난 이후 개경에 기반을 둔 귀족세력의 대표격으로 등장하면서, 현실의 개혁이나 변화보다는 현상 유지와 지속에 더 큰 가치를 두는 보수적 성향을 보였다. 이자겸 일파가 반란의 와중에서 여진족의 금나라에 사대를 하기로 결정했을 때 그는 아무런 반대도 하지 않았고, 이후 금에 사대를 서약하는 국서를 자신의 손으로 작성했으며, 『삼국사기』

10) "불법을 신봉하여 그 폐단을 알지 못했다. 마을마다 탑과 절이 즐비하게 되도록 하니, 백성들은 도망하여 승려가 되었다. 병사와 농민이 점차 적어져 나라가 날로 쇠퇴하게 된 것이니, 이렇게 어지럽게 되고서 망하지 않기를 어찌 바라겠는가!"

11) 고려 후기 승려 일연(一然)의 『삼국유사(三國遺事)』 편찬은 바로 『삼국사기』에서 보이는 이러한 한계를 극복하려는 의도에서 비롯되었다고 할 수 있다.

곳곳에 사대의 당위성을 강조하는 사론을 남겼다. 그는 외침으로 인한 고려 사회의 혼란이 곧 자신들이 애써 닦아놓은 문벌귀족사회의 토대를 붕괴시킬 수 있다는 인식을 분명히 했기에 그러한 혼란을 부채질하는 세력들에게 적대 의식을 갖고 대립했고, 결국 자신의 의도대로 그들을 제압했다. 유학자임을 자처하던 그의 입장에서 볼 때, 풍수도참설(風水圖讖說)을 들먹이며 서경 천도를 추진하던 정지상과 묘청 등의 세력은 황당무계한 요설로 혹세무민하는 악의 무리였고, 정치가로서 볼 때도 칭제건원(稱帝建元)과 금국(金國) 정벌 같은 비현실적 슬로건을 내걸고 왕에게 아부하며 그의 권력에 도전하는 현실파괴주의자들로도 비쳤을 것이다.[12)]

흔히 묘청의 난을 문벌귀족 대 신진 관료 세력의 대립, 개경파 대 서경파의 대립, 유교 대 불교 및 풍수도참설을 포괄하는 고유 사상의 대립, 보수파 대 개혁파의 대립, 사대노선 대 자주노선의 대립으로 도식화시키고 있다. 이것이 반드시 정확한 파악이라고 말할 수는 없겠지만, 김부식이 이러한 대립 구도에서 확실히 전자의 입장을 견지한 대표적인 인물이었음은 의심의 여지가 없다.

마지막으로, 김부식은 이전 왕조의 역사를 체계적으로 정리한 역사가임을 주목하지 않을 수 없다. 그는 『예종실록』과 『인종실록』 등을 편찬한 장본인이기도 하지만, 그의 이름이 우리에게 익숙한 것은 그가

12) 김부식이 묘청의 난을 진압하는 과정에서 서경파의 정지상 등을 선참후계(先斬後啓)한 것을 두고 정지상이 그보다 시를 더 잘 짓는 것에 대한 시기심과 콤플렉스가 작용했다고 보는 설이 널리 퍼져 있다. 물론 그러한 경쟁의식이 그의 심리의 저변에 흐르고 있었을 가능성을 전적으로 부인할 수는 없다. 그러나 서경파에 대한 그의 적개심은 그들이 자신이 속한 개경 중심의 문벌귀족사회의 기반을 뒤흔들려고 하는 데서 크게 기인했으리라고 보는 편이 더 타당하며, 정지상에 대한 경쟁의식은 오히려 부차적이었다고 해야 할 것이다.

다름 아닌 『삼국사기』를 편찬한 인물이기 때문이다. 『삼국사기』는 신라와 고구려, 백제 삼국의 본기와 연표, 지, 열전 등으로 이루어진 기전체(紀傳體) 사서로, 삼국 역사를 기록한 책 가운데 현존한 것으로는 가장 오래되었다. 만약 『삼국사기』가 전해지지 않았다면 우리 고대사는 오리무중 정도가 아니라 거의 암흑 속에 빠져 있을지도 모른다.

『삼국사기』는 많은 사람들이 지적한 것처럼, 내용이 충실한 사서는 아니다. 그 내용 가운데는 쉽게 납득이 가지 않는 불합리한 요소들도 쉽게 찾아볼 수 있다. 그리고 편찬자인 김부식의 역사관에 대해서도 많은 논란이 있어 왔다. 그렇지만 그보다 앞서 편찬된 역사서가 전하지 않고 있는 현 상황에서 김부식의 손에 의해 완성된 『삼국사기』는 가히 독보적이라고 할 수 있을 만큼 고대사 연구에 귀중한 자료이다. 김부식 개인을 어떻게 평가할 것인가의 문제를 떠나, 그가 만든 『삼국사기』가 남아 전한다는 그 사실만으로도 김부식은 오늘을 살고 있는 우리들에게 심대한 영향을 끼치는 중요한 인물이라 말할 수 있다.

4. 김부식에 대한 평가

김부식에 대한 후세 사람들의 평가는 다양하다. 고려 후기와 조선시대에는 주로 그가 쓴 시문과 사론에 대해 찬사를 보내거나 비판을 가한 것들이 주류를 이루었고, 『삼국사기』의 부실함에 대한 지적도 꾸준히 제기되었다.[13] 그가 본격적으로 비판의 도마 위에 오른 것은 일

13) 조선 후기의 실학자 유득공(柳得恭)이 「발해고(渤海考)」에서 김부식으로 대표되는 고려의 사가(史家)들이 삼국사를 편찬하면서도 발해 역사를 함께 다루지 않았음을 비판한 것 등이 그 대표적인 사례이다.

제 식민지 시기 이후인데, 특히 민족주의 사학을 창도한 신채호(申采浩)가 김부식을 비판한 대표적인 인물이다. 그는 자신의 논설 「조선역사상 일천년래 제일대사건」에서 김부식을 진취적인 고유 사상을 말살시킨 흉악한 사대주의자로 비난하면서, 그가 묘청의 난을 진압한 것이 이후 조선의 온갖 병폐를 가져온 근원이었다고 주장했다. 또한 『삼국사기』는 사대주의에 물든 대표적인 역사서로 차라리 없느니만 못한 책이라고 단언했다. 민족의 자주의식을 고취해 일제로부터의 독립·해방운동의 동력을 얻고자 한 그의 입장에서 보면, 사대를 정당화한 김부식은 민족의 진취적이고 자주적인 기상을 거세시킨 장본인으로 배척받아야 마땅한 인물인 것이다.

해방 이후에도 그에 대한 비판은 계속 이어졌다. 김철준(金哲埈)은 김부식에 대해 "신라 경주 김씨의 후손이라는 특징을 가졌던 까닭으로 고려 사회가 가지는 전통문화의 체질을 부인하는 동시에 한국의 삼국시대가 가진 고대문화에 대한 가치평가를 낮추고, 사료의 고대적 성격을 말살하든가 애매하게 할 목적으로 『구삼국사기』를 제쳐놓고 『삼국사기』를 중찬(重纂)했다"고 부정적인 평가를 내렸다. 오늘날 우리 학계에 널리 퍼져 있는 김부식에 대한 부정적인 인식은 이러한 선학들의 평가에서 기인한 바가 크다.

김부식에 대한 부정적인 평가는 남한 학계에서만 이어져온 것이 아니고, 북한 학계에서 더욱 심하게 나타난다. 1980년에 발간된 『조선전사』 제6권에는 김부식을 비롯한 개경의 집권 세력을 "인민들에 대한 가혹한 착취자였을 뿐 아니라 금나라에 대한 사대를 저들의 반인민적인 계급적 지배의 방패로 삼으려는 비굴한 자들"로 규정했다. 주체사상에 입각하여 인민 대중의 자주성을 위한 투쟁을 역사 발전의 원동력으로 보는 북한 학계의 입장에서는, 김부식이 취한 정치적 행보와 그가 쓴 『삼국사기』에서 강렬하게 드러나는 사대주의적 역사관이 긍정적으로 받아들여질 여지는 없다고 보아야 할 것이다.

한편 이와 같은 부정적 평가와는 달리, 김부식을 긍정적인 시각에서 재평가해야 한다는 논의도 학계 일각에서 꾸준히 제기되어왔다. 고병익(高柄翊)은 『삼국사기』의 서술 내용과 체재를 분석한 글에서, 『삼국사기』는 여러 가지 면에서 조선 전기의 역사서에 비해서는 덜 사대적이라고 하며 김부식에게 씌워진 사대주의자로서의 굴레를 일정 부분 벗겨내려는 시도를 했다. 이기백(李基白)도 『삼국사기』는 합리적인 유교사관에 입각하여 쓰인 사서로 이전의 신이적(神異的)인 고대사학에서 한 단계 발전한 사서임을 강조하여, 김부식의 유학자로서의 합리성에 주목했다. 이러한 견해는 그 뒤 신형식(申瀅植), 정구복(鄭求福) 등에 의해 이어지고 있는데, 특히 이들은 사대의 문제를 오늘날의 관점에서 바라볼 것이 아니라 당시의 시대상황 속에서 이해해야 하며, 그것이 우리 중세 사회의 발전에 기여한 점도 있음을 인정해야 한다는 적극적인 평가를 내리고 있다.

5. 김부식의 평가를 위한 논점들

앞에서 거론한 학자들 이외에도 김부식에 대해 나름의 평가를 내린 사람들은 수없이 많다. 그들 대부분은 김부식을 부정적이거나 긍정적인 견지에서 바라보고 있는데, 현재의 우리 사회의 분위기로는 긍정적인 평가보다 부정적인 평가가 우세하지 않나 싶다.

그러면 김부식은 과연 어떤 평가를 받아야 합당한 인물인가?

먼저, 그가 우리에게 널리 알려진 것이 주로 『삼국사기』라는 역사서의 편찬자라는 것이므로 그에 관한 문제부터 생각해보는 것이 좋을 듯하다.

앞서도 거론했듯이 『삼국사기』는 국가의 공식 사서로는 매우 부실한 면이 있다. 삼국의 본기만을 기준으로 삼을 때 신라본기가 가장 많은 분량을 차지하고, 고구려본기와 백제본기는 몹시 소략하다. 특히 백제본기는 그 정도가 더욱 심하다. 그렇다고 신라본기에 실린 내용들이 양적으로나 질적으로 만족할 만한 것도 아니다. 이처럼 『삼국사기』의 내용이 부실한 것은 김부식이 자료 수집을 소홀히 했거나 남아 있던 자료들을 제대로 이용하지 않아서일까? 그런 면이 전혀 없다고는 할 수 없지만 그렇다고 김부식에게 모든 책임을 돌리는 것은 그다지 온당하지 않다.

그는 고려 초에 편찬된 이른바 『구삼국사』를 포함하여 예전부터 전해지던 고기류(古記類)와 중국 사서, 그리고 비문과 같은 금석문(金石文) 등에서 편찬의 자료를 얻었다. 그가 의도적으로 삭제하거나 등한시한 부분도 당연히 있었겠지만 수차례의 전란을 거치면서 편찬에 긴요하게 이용될 자료들이 이미 상당수 소실되거나 산일(散佚)된 상태였다. 따라서 『삼국사기』는 애초부터 자료의 빈곤을 태생적 한계로 남길 수밖에 없었다고 할 수 있으며, 이는 또한 내용의 부실을 단지 그의 책임으로만 돌릴 수는 없다는 이야기가 된다. 다만 그렇다고 해도 그가 『삼국사기』의 서술에 있어 신라에 대해 상대적으로 더 우호적이었고, 고구려와 백제에 대해서는 비판적이었다는 것은 분명한 사실이며, 그러한 선입견과 편견으로 말미암아 고구려나 백제의 역사와 관련된 많은 귀중한 자료들이 빛을 보지 못했을 가능성 자체를 부정하기는 어렵다. 그것이 곧 『삼국사기』의 한계이자 김부식 자신의 역사가로서의 한계라는 지적은 타당하다.

두번째로 그를 평가함에 있어 고려해야 할 문제는 그가 우리 고유의 전통 사상을 말살한 장본인이라는 비난과 관련된 것이다. 이것은 곧 유학자로서의 그를 어떻게 평가할 것인가의 문제와도 직결된다.

이런 문제들을 상고할 때, 먼저 생각해볼 점은 고유의 전통 사상이라는 것과 유교를 대립적인 위치에 놓고 그 우열을 가리는 것이 과연 타당한 이해 방식인가 하는 것이다. 예컨대 고유의 전통 사상은 훌륭하고 좋은 것인데 외래 사상으로서의 유교가 침습해 들어와 그것이 훼손되었다고 본다든지, 아니면 전통 사상은 비루하고 저급한 것인데 합리성과 보편성을 띤 유교가 들어와 그러한 폐습을 극복할 수 있었다고 본다든지 하는 이해 방식이 누구에게나 받아들여질 수 있는가 하는 것이다. 물론 그럴 수는 없다. 그것은 시대에 따라, 사람에 따라 달리 받아들여질 수밖에 없다. 따라서 어느 하나의 입장만을 고수하면서 다른 입장을 무시하거나 잘못되었다고 배격하는 태도는 올바르다고 하기 어렵다.

서경파가 내세운 풍수도참설보다 김부식이 견지하고 있던 유학적 사유체계가 보다 합리적인 면을 지니는 것은 사실이다. 풍수도참설을 포함하여 고유의 전통 사상에 주술적이고 신비적인 요소, 다시 말해 비합리적인 면들이 많다는 것 또한 부인할 수 없다. 그러므로 합리적인 사고를 기준으로 볼 때는 분명히 유교를 사상적 바탕으로 삼고 있던 김부식이 서경파보다는 한 단계 진전된 모습을 보인다고 할 수 있을 것이다.

그러나 그렇다고 해서 전통 사상이 무의미하다는 식의 인식은 용납될 수 없다. 비록 주술적이고 신비적인 면을 띠면서 비합리적인 면모를 지녔다고 하더라도, 당시 고려 사회에 뿌리내리고 있던 전통 사상은 그 나름의 사회적 역할을 갖고 있었다. 아울러 전통 사상에 바탕을 둔 전통 문화의 체질을 무시하고는 외래 사상이 아무리 합리적이더라도 사회 전체의 문화 능력의 상승을 견인하지 못하고, 단지 일부 계층의 지적 장식물로 머물 수밖에 없다. 김철준이 유학자로서의 김부식의 한계를 그렇게 지적한 것은 그 나름의 의미를 지닌다고 하겠다. 요컨대 유학자로서의 김부식에 대한 평가는 보는 사람의 입장에 따라 늘 가변적일 수밖에 없다. 어떤 입장을 취하더라도 자신의 견해만이 정당하다는 독단적 사고는 허용될 수 없으며, 두 측면 모두를 고려하면서 그의 유학이 지니는 의의와 한계를 저울질하는 자세가 필요하다고 사료된다.

김부식의 평가와 관련하여 다음으로 생각해볼 것은 그가 철저한 사대주의자로 우리 민족의 자존심에 큰 상처를 입히고 후세에 큰 해악을 끼친 인물이라는 비난에 관한 것이다. 앞에서도 계속 강조했지만 그는 분명히 골수 사대주의자였다. 그가 사대주의자가 아니었다는 주장은 손바닥으로 하늘을 가리려고 하는 것만큼 헛된 것이다. 그는 『삼국사기』의 고구려본기와 백제본기의 말미의 사론에서, 작은 나라로서 큰 나라의 뜻을 따르지 않고 사대의 예를 소홀히 한 것이 멸망의 원인이 되었다고 적었고, 신라본기의 말미에서는 신라가 중국에 지극한 정성으로 사대를 잘하였음을 칭찬했다. 그는 『고려사』 인종세가(仁宗世家)의 말미에 실린 찬(贊)에서도 금에 대한 인종의 사대를 칭송하고, 그로 인해 변경의 근심이 없었다고 적고 있다.

그렇다면 논의의 초점은 그가 사대주의자였느냐 그렇지 않았느냐가 아니라, 그에게 있어 사대란 어떤 의미를 지녔는가일 것이다. 사대는 힘이 약한 나라가 강대한 나라가 주도하는 국제 질서에 하위 국가로 참여하는 것을 뜻한다. 그리고 그로 인해 전쟁과 같은 국가 사이의 갈등 양상을 최대한 억제하고 상호 평화적인 관계를 유지하겠다는 것이 그 근본 목적이라 할 수 있다.

물론 사대는 스스로 약자임을 인정하고 굴복해 들어간다는 점에서 해당 국가의 자존심에 상처를 주는 일임에 틀림없다. 특히 다른 나라의 강압적인 지배를 받게 된 상황에서는 과거 역사에서 보이는, 타국에 대한 자국의 사대를 긍정적으로 바라보기는 몹시 어려울 것이다. 민족주의 사학자로서 신채호가 사대를 부정적으로 인식하고, 사대를 정당화하는 논리를 편 김부식을 비난한 것은 그런 점에서 당연하다고 말할 수 있다.

그러나 한편으로, 금의 압박이 가중되던 1120년대에 김부식을 비롯한 고려의 집권층이 금에 대한 사대를 결정하고 추진한 것은 당시로는 불가피한 선택이었다는 설명도 전혀 근거가 없는 것은 아니다. 북방의 여진족은 불과 수십 년 전만 하더라도 고려를 부모의 나라로 받들면서 필요한 물자를 받아가던 미개한 세력이었으나, 12세기에 들어와 지금의 하얼빈[哈爾濱] 방면에 있던 완안부(完顔部) 여진에서 아구다[阿骨打]라는 영웅이 나타나 점차 여러 부족들을 통합하기 시작해 1110년대에는 이미 강력한 세력을 구축했다. 1115년 아구다는 금이라는 나라를 세웠고, 이후 서쪽의 거란족의 나라 요(遼)를 집요하게 공격하여 큰 곤경에 빠뜨렸다. 이자겸의 난이 일어나기 1년 전인 1125년에 금은 요를 완전히 멸망시켰으며, 그 여세를 몰아 화북지역에 진출해 송을 군사적으로 크게 압박했다. 질풍노도와 같이 진격하는 금의 위세를 보고 고려의 지배층이 긴장을 넘어 두려움을 갖게 되었을 것은 불을 보듯 뻔하다. 1126년에 금이 고려에 사신을 보내어 군신(君臣) 관계를 요구했을 때, 고려 조정에서는 그것을 수용하는 것이 현실적이라고 생각하는 사람들이 생겨났을 것은 당연한 이치이니 김부식은 바로 그런 사람들 가운데 하나였던 것이다.

물론 제대로 싸워보지도 않고 미리 굴복해 들어간 것이 반드시 현명한 일이냐에 대해서는 이견이 있을 수 있다. 당시에도 고려 조정에서는 금에 대한 사대를 반대하는 목소리가 높았으며, 오히려 칭제건원과 금국 정벌을 외치는 부류들도 있었다. 서경 천도를 추진한 세력도 바로 그러한 부류에 속한다. 사실 고려는 백여 년 전 거란족의 요나라가 침략해왔을 때 굴복하지 않고 맞서 싸워 이긴 경험도 있었다. 그래서 금에 대한 사대를 서둘러 결정한 것은 아무래도 성급했다는 비판을 해볼 수도 있다. 그렇지만 어쨌든 김부식을 비롯한 집권층에서는 금에 대한 사대가 실리적이라는 생각을 해, 사대를 선택했다. 이 선택이 과연 잘 된 것인지 그렇지 않은지 하는 판단은 결국 보는 사람의 입장에 따라 달라질 수밖에 없다.

역사에서 가정이라는 것이 별 의미가 없다고 하지만, 만일 당시에 김부식을 비롯한 집권층이 사대를 결정하지 않고 금국과의 무력 대결을 불사하는 쪽으로 결론을 냈다면, 결과는 어땠을까? 아마도 고려는 조만간 금의 군사적 침략을 받았을 가능성이 크고, 당시 금의 기세로 보아 고려가 이겨내기 어려웠을 수도 있다. 다시 말해 17세기 전반 병자호란 직전에, 조선이 청(淸)에 대해 변변한 대책도 없이 군신 관계의 수용을 거부하며 적대 정책을 취하다가, 그들의 침략을 자초하고 끝내 굴욕을 당한 것과 비슷한 상황이 벌어졌을 수도 있다는 것이다. 그렇다면 김부식을 비롯한 고려의 문벌귀족들이 당시 내린 결정은 미래를 내다본 훨씬 실리적이고 현실적인 선택이었다고도 말할 수 있다. 다만 여기서 한 가지 유념해야 할 점은 '그들이 금에 대한 사대를 통해 얻고자 한 것이 궁극적으로 무엇이었나' 하는 점이다. 그들이 고려 사회 구성원 전체의 안위를 걱정하여 사대를 결정했다면 그 사대는 나름대로 역사적인 의의를 지닐 수 있다. 그러나 과연 그렇다고 장담할 수 있을까?

이보다 백여 년 후 최씨 무신정권의 집정자 최우(崔瑀)는 고려에 군사적·정치적 압박을 가하던 몽골에 대해 항전을 결심하고 조정을 강화도로 옮겨갔다. 그 결과 육지에 남은 고려 민중들은 거의 무방비 상태에서 몽골군의 침략에 저항해야 해 많은 희생을 치러야 했다. 이는 조정이 외부의 압박에 굴복하느냐 항전하느냐의 선택에 있어, 일반 민중의 희생은 일차적인 고려 대상이 아니었음을 극명하게 보여주는 사례이다. 이자겸이나 김부식 등이 금의 사대 요구를 수용함에 있어서도 그와 크게 달랐을 것이라고 생각되지는 않는다. 그들에게는 자신들이 쌓아올린 문벌귀족사회의 현상 유지가 더욱 중요했고, 전쟁으로 인해 야기될 수 있는 자신들의 기득권 상실이 가장 우려되는 것이었다는 말이다. 그렇다면 그들이 내린 금나라에 대한 사대의 결정은 아무리 전쟁을 피하기 위한 현실적인 선택이었다는 점을 강조한다고 해도, 비판의 대상에서 벗어날 수가 없다.

고려가 금이 강요한 군신 관계에 입각한 상하 질서를 받아들인 것은 당시 국제 사회에서 고려의 위상을 크게 실추시킨 것이기도 했지만, 한 세기 가량 유지되어온 동북아 삼국 사이의 세력 균형을 파괴하는 결과를 초래했다. 백여 년 전 고려는 세 차례에 걸친 요나라의 침략을 스스로의 힘으로 격퇴하면서 자주국으로서의 입지를 구축할 수 있었고, 요는 자신들의 배후에 있는 고려를 완전히 제압하지 못함으로써 중원 진출의 야망을 실현할 수가 없었다. 고려는 중국의 송과 북방의 요 사이의 세력 경쟁에서 균형추 역할을 하면서 나름의 실리를 챙길 수 있었다.

그런데 12세기 초 여진족이 흥기하면서 동북아의 국제 정세에는 근본적인 변동이 야기되었고, 당시 이자겸과 김부식을 비롯한 고려의 문벌귀족은 그러한 정세 변동의 함의를 제대로 간파하지 못한 채, 급한 불부터 끄고 보자는 식의 고식적인 대처에 급급함으로써 후세의 비난을 살 만한 굴욕적인 사대 관계를 수용하고 말았다. 부질없는 가정일 수 있지만, 만약 당시의 고려 지배층이 금의 침략을 예견하고 백여 년 전의 그들의 조상들이 그랬던 것처럼 당당히 맞섰더라면, 금이 배후를 염려하지 않고 중원을 마음대로 도모하기는 어려웠을 수 있고, 동북아 삼국의 세력 균형이 급격히 무너지는 일도 쉽게 일어나지는 않았을지도 모른다.

그러나 어쨌든 고려가 스스로 금에 굴복하는 형세를 취함으로써 금은 요가 성취하지 못한 중원 장악의 꿈을 이룰 수 있었고, 고려는 그 대가로 금과의 전쟁 없이 당분간 평화의 시기를 구가할 수 있었으며 문벌귀족사회의 틀을 계속 유지할 수 있었다. 김부식이 『삼국사기』의 사론에서 그토록 강조한 사대의 당위성을 어떻게 받아들이느냐는 결국 각자의 가치관에 따라 달라지겠지만, 이 시기 김부식 등이 선택한 금에 대한 사대를 역사적으로 어떻게 평가할 것인가의 문제는 두고두고 논란거리로 남을 수밖에 없을 것이다.

김부식에 대한 평가와 관련하여 우리가 마지막으로 주목해야 할 점은 바로 그의 역사 인식에 관한 것이다. 『삼국사기』에서 드러나는 그의 역사 인식을 한마디로 표현하자면 '신라 중심'이라고 말할 수 있다. 그는 고려 이전의 왕조 가운데 신라를 으뜸에 놓고 역사를 바라보았으며, 그러한 인식을 세상에 널리 퍼뜨리기 위해 노력했다. 『삼국사기』의 편찬은 결국 그러한 노력의 산물인 셈이다.

앞에서도 언급했지만, 『삼국사기』 이전에도 삼국의 역사를 정리한 책은 존재했다. 지금은 전하지 않지만 고려 초에 편찬되었으리라 추정되는 세칭 『구삼국사』가 그 대표적인 책이다. 김부식은 그러한 책들이 이미 있었음에도 불구하고 새롭게 『삼국사기』를 편찬했다. 그가 굳이 이러한 시도를 한 동기는 무엇일까?

고려 초에는 '고려'라는 국호 자체에서도 확실히 드러나듯이 과거 왕조로서의 삼국 가운데 고구려를 계승하겠다는 의식이 지배층 사이에 광범위하게 퍼져 있었다. 그 시기에 만들어진 『구삼국사』가 고구려 중심의 역사 인식과 서술 체계를 보여주었을 것임은 의심의 여지가 없다. 11세기 전반에 거란과의 전쟁이 끝난 후 북진정책이 퇴색하면서 고구려 계승 의식은 점차 수그러들었겠지만, 12세기까지도 상당수의 지배층 인사들에게 고구려에 대한 향수가 여전히 존재했음은 분명하다. 당시 금의 압력에 시달리던 고려의 지배층에게 수백 년 전 중국의 압박에도 굴하지 않고 당당하게 맞서 싸웠던 고구려는 자긍심과 투쟁 의지의 원천이었을 것이다. 칭제건원과 금국 정벌을 주장하던 자들은 대부분 고구려 계승 의식을 고수하고 있었을 것이며, 서경 천도를 꾀하던 묘청 일파 역시 예외가 아니었을 것이다.

이러한 지배층 일각의 강한 고구려 계승 의식을 김부식은 도저히 용납하기 어려웠으리라 여겨진다. 그 자신이 신라 왕실의 피를 이어받았다는 점에서도 그러했겠지만, 금에 대한 사대를 정당화하고 문벌귀족사회의 현상 유지를 추구하던 자신에게 정치적으로 걸림돌이 되는 세력들이 대부분 고구려 계승 의식을 표방하고 있는 이상, 어떻게 해서라도 그러한 의식을 타파하지 않으면 안 되겠다는 생각을 하였을 것이다. 아울러 고려는 실제로 고구려가 아니라 신라를 이어받은 나라임을 강조할 필요성을 절감했으리라 생각된다. 그것이 곧 묘청의 난을 진압한 후 그로 하여금 『구삼국사』를 대신할 새로운 삼국의 역사서를 편찬하도록 결심하게 한 동기였을 것이다. 김부식은 『삼국사기』의 서술 체재에서도 철저히 신라를 중심으로 하고,[14] 신라본기의 말미에 붙인 사론에서도 현재의 고려 왕실이 과거 신라 왕실의 피를 이어받았음을 강조했다. 『삼국사기』 편찬의 근본 의도는 바로 이런 데서 적나라하게 드러난다고 할 수 있다.

김부식이 신라 계승의식을 확산시킬 목적으로 『삼국사기』를 편찬했다는 것이 꼭 비판거리가 되어야 한다고는 말할 수 없다. 고구려 계승 의식과 신라 계승 의식 가운데 어느 쪽이 옳고 더 긍정적인 평가를 받아야 하는가라는 논의는 개인에 따라 답이 다르게 나올 수 있고, 또 가치 판단이 적용될 수 있기에 그 자체가 역사학에서는 적절성을 상실한 논의일 수 있기 때문이다. 그렇지만 신라 중심의 역사 인식을 갖고 있던 김부식은 오늘날 우리의 시각에서 볼 때, 그리고 민족사 전체의 흐름에서 볼 때 분명히 큰 아쉬움을 자아내는 인물이다. 그것은 바로 그의 관심 영역이 삼국에만 머물러 있었지 그 이전의 왕조, 다시 말해 고조선에까지 올라가지는 못했다는 이유에서이다. 오늘날 우리 민족의 시원을 따질 때 누구나 주목하는 고조선과 그 시조 단군에 대해 김부식은 시야를 돌리지 못했던 것이다.

사실 김부식 자신은 분명히 고조선과 단군에 대해 일정한 지식을 갖고 있었다. 『삼국사기』 신라본기의 초두에서 혁거세를 왕으로 추대한 육촌의 우두머리들을 '조선(朝鮮)'의 유민이라고 적었고, 고구려본기의 말미에서도 고구려 영역과 기자(箕子)가 세운 '조선' 사이의 연관성을 지적했다. 그리고 고구려본기 동천왕 21년조에서는 평양성을 '선인왕검(仙人王儉)'이 머물던 곳이라고 설명하고 있는데, 이는 단군왕검에 관한 지식의 일단을 보여주는 것이다.

---

14) 삼국의 본기를 배열하는 순서를 신라, 고구려, 백제의 순으로 한 것, 신라의 삼국통일과 관련되는 부분의 서술을 크게 늘린 것, 그리고 대부분 신라의 인물들로 열전을 구성한 것 등이 『삼국사기』가 서술 체재상 철저히 신라 중심임을 보여준다.

이처럼 김부식은 삼국 이전의 왕조로서 고조선에 대해 알고 있었지만, 그것이 그의 관심을 끌지는 못했다. 그에게는 오직 신라가 고구려보다 우월한 나라임을 강조하고, 고려가 신라를 계승했다는 사실을 널리 알리는 것만이 목표였다. 삼국은 애초부터 서로 다른 세 개의 나라라는 인식이 있었을 뿐, 원래 하나의 나라에서 세 나라가 배태되었다는 인식은 없었다. 자연히 고려 사회는 서로 다른 세 부류가 어정쩡한 동거를 하고 있는 꼴이었다. 이러한 구별 의식은 자칫 내부적 갈등과 분열을 불러올 수 있는데, 실제로 김부식이 죽은 지 50여 년이 채 되지 않아 고려 영역 내의 각지에서 과거 왕조의 회복을 기치로 내건 농민 반란이 터지기도 했다. 그리고 그러한 내부 분열은 그 뒤 30여 년에 걸친 몽골과의 항쟁을 통해 고려인들 스스로가 삼국 이전의 왕조로서 고조선을 재인식하고, 삼국은 바로 그 고조선에서 갈라져 나온 같은 핏줄의 나라들이라는 인식이 확산되면서 그 해결의 실마리를 찾을 수 있었다.

김부식이 이러한 '통합적' 역사 인식을 미처 갖지 못한 것은 시대적 한계에 기인한 것이라고 말할 수도 있다. 그러나 어쨌든 그에게는 '분립적' 계승의식이 잔존하고 있었으며, 그것은 오늘날 남북 분단과 동서 갈등의 현실을 살아가는 우리로 하여금 그와 그가 쓴 『삼국사기』에 대해 큰 아쉬움을 갖게 하는 이유가 된다.

6. 인간으로서의 김부식

김부식이 살았던 70여 년의 세월은 고려 문벌귀족사회의 전성기였다. 그는 그 문벌귀족사회를 대표하는 인물 가운데 하나였고, 여러 가지 측면에서 큰 족적을 남긴 인물이었다.

그는 비록 정지상, 윤언이 등과의 불목에서 볼 수 있듯이, 협량한 인물이라는 인간적인 면에서의 흠을 덜어낼 수는 없더라도, 뛰어난 지식인이었음을 부정할 수는 없다. 그에 대한 평가는 가치관과 역사관에 따라 개인마다 다를 수 있고, 시대마다 다를 수 있다. 그렇지만 한 가지 분명한 사실은 그의 행적 가운데 어느 한 면만을 강조하고 다른 측면을 도외시해서는 그에 대해 합당한 평가를 내릴 수 없으리라는 것이다. 정치가로서의 김부식, 역사가로서의 김부식에 대한 평가는 앞으로도 논란거리가 될 것이고, 또 그렇게 논란거리가 되는 것이 당연하다.

▶ **본서에 실린 이 글의 원 게재지는 다음과 같다.**

「김부식」『63인의 역사학자가 쓴 한국사인물열전』 1, 2003, 돌베개.

결 론

지금까지 『삼국사기』를 대상으로 하여 다양한 각도에서의 사료 비판을 시도해 보았다. 먼저 본론에서 다룬 내용을 간략하게 요약하자면 다음과 같다.

먼저 제1장에서는 『삼국사기』 초기 기록의 사료적 가치를 둘러싸고 그간 학계에서 벌어진 여러 논의들을 살펴보았다. 일제 식민지 시기부터 강하게 제기되었던 불신론의 내용을 먼저 살펴보았고, 그와는 정반대로 사료적 가치를 적극적으로 인정하려는 해방 이후 우리 학계 일각에서의 긍정론도 살펴보았다. 그리고 두 입장에서의 극단적인 해석의 문제점을 지적하고 기년을 포함하여 곧장 신뢰하기 어려운 기사들을 합리적인 이해가 가능한 방향으로 재해석하여 사료로서의 가치를 살리려 한 수정론의 입장을 검토하였다. 본서는 기본적으로 마지막 입장, 즉 수정론에 입각하여 논의를 전개하였는데, 제1장에서 그러한 논의의 타당성을 미리 짚고 간 것이다.

제2장에서는 『삼국사기』 초기 기록에 보이는 '낙랑(樂浪)'의 실체에

관해 새로운 논의를 시도하였다. 『삼국사기』 신라본기와 백제본기의 초기 기록에는 '낙랑'이 여러 차례 등장하는데, 이것을 한반도 서북부에 자리잡고 있던 중국 군현으로서의 '낙랑군'으로 보기에는 많은 모순점이 발견되었다. 이에 관련 기사들에 대한 면밀한 검토를 바탕으로, 초기 기록의 '낙랑'은 대부분 실제의 낙랑군을 가리키는 것이 아니라, 원사료에는 '진한(辰韓)'으로 표기되어 있던 것이 후대의 사서 편찬자에 의해 '낙랑'으로 일괄 개칭된 것일 가능성이 매우 높음을 지적하였다. '진한=신라'로만 알고 있던 후대 사가들이 '진한'이 신라를 공격해온 것으로 나오는 기사들을 접하고, 중국 측 사서 등에서 얻은 나름의 지식을 기반으로 이 '진한'을 한반도 서북부에 위치했던 '낙랑'을 가리키는 것으로 오해하여 이러한 변개가 이루어진 것으로 파악하였다. 제2장의 논의는 『삼국사기』 초기 기록에 보이는 여러 모순점들도 새로운 시각에서 접근하면 얼마든지 합리적인 해명이 가능하다는 사실을 보여주기 위한 것이었다.

제3장에서는 『삼국사기』 백제본기의 사료 계통과 그 성격에 관해 살펴보았다. 여기서의 논의로 얻은 결론은, 백제본기는 『삼국사기』 편찬 당시 백제에서 만들어진 사서를 직접 이용할 수 없던 상태에서 빈약한 국내 자료와 중국 사서의 관련 기록들을 결합하여 만들어진 것으로, 이전의 『구삼국사』에 실린 백제 관련 기록들을 상당 부분 답습하였으며, 『한산기』 등의 새로운 자료를 활용하여 몇몇 구체성이 높은 기사들을 보입하였으나, 고구려 관계 기사를 비롯한 대부분의 대외관계 기사에 있어서는 『구삼국사』 단계에서 일어난 편년상의 오류를 시정하지 못하고 모순된 기록을 그대로 남겨 놓았다는 것이다. 이 장에서는 기존의 학계 논의와 뚜렷이 구별되는 새로운 견해를 제시하였는데, 475년 백제의 한강 유역 상실 이후에도 한강 이북 지역의 성들에서 고구

려와 백제 사이의 공방전이 벌여졌다고 나오는 백제본기의 기사들은 후대에 사서를 편찬할 때 연대 불명 상태로 불완전하게 전해지던 백제 관련 기사들을 찬자가 자기 나름의 이해에 따라 자의적으로 배치함으로써 발생한 오류일 뿐 역사적 사실성을 지니는 것은 아니라는 것이다.

제4장에서는 『삼국사기』 신라본기와 백제본기 등에 보이는 '왜(倭)'의 성격에 대해 살펴보았다. 기존의 연구는 주로 일본 측 학자들에 의해 이루어진 것이 많고, 남북한의 몇몇 학자들이 가끔씩 자신의 견해를 드러낸 정도였는데, 일본 측의 연구에서 두드러지는 것은 4세기 일본의 정치적 주도 세력인 야마토 조정의 한반도 출병을 기정사실화하고, 그것이 곧 한반도 남부의 가야를 비롯한 여러 나라들에 대한 군사적, 정치적 영향력 행사를 위한 것이었다는 것을 전제로 하고 있다는 것이다. 이 장에서는 그와 같은 시각의 접근이 잘못된 것임을 지적하고, 4세기 당시에 신라를 집중적으로 침탈하던 왜는 생활 물자의 조달을 위해 위험을 무릅쓰고 바다를 건너온 해적적 성격의 집단이 주류를 이루고 있었고, 설사 야마도 조정이 군사 파견의 주체였다고 하더라도 그것은 신라를 위시한 한반도 남부의 여러 나라들을 군사적으로 지배할 목적에서가 아니라 선진 문물에 대한 갈증을 해소하기 위해 단발적인 침탈을 자행한 것으로 보아야 함을 주장하였다.

제5장에서는 『삼국사기』 지리지를 대상으로 하여 사료 비판을 행하였다. 특히 고구려 영역이 5세기 후반에 지금의 경상북도 동부 내륙 지역과 동해안의 포항 일대까지 내려와 있었다는 기존의 설이 타당한지를 중점적으로 검토하였는데, 그러한 주장은 바로 『삼국사기』 지리지에 보이는 '본래 고구려의 ○○군(현)이었다'는 기사에 근거했던 것이기 때문이다. 검토의 결과, 그와 같은 주장은 『삼국사기』 지리지 편찬자가 가졌던 오해를 무비판적으로 받아들인 것으로서, 당시의 실제

상황과는 동떨어진 것임을 확인하였다. 5세기 상황을 보여주는 「광개토왕릉비문」이나 「중원고구려비」 등의 금석문 자료에서도 전혀 뒷받침을 받을 수 없을 뿐만 아니라, 근래 발굴 조사된 고고학적 유물·유적 역시 그럴 가능성을 보여주지 않음을 강조하였다. 아울러 5세기 후반 당시 고구려와 신라 사이의 실제 국경선은 소백산맥과 동해안의 강릉 일대였음을 새롭게 주장하였다.

제6장에서는 『삼국사기』 권 45와 권 48에 실린 신라 인물들에 대한 열전의 내용을 검토하였다. 특히 4~5세기에 활동한 것으로 전해지는 석우로와 박제상, 물계자, 백결선생을 주 대상으로 삼아 열전의 내용을 분석하였는데, 석우로 및 박제상의 경우에는 『삼국유사』와 『일본서기』 등에 보이는 관련 기사들과의 면밀한 비교를 통해 합리적인 역사상을 구축해 보고자 했다. 흔히 『삼국사기』보다 『삼국유사』에 실린 전승이 사료적 가치가 더 높다고 보아왔지만, 오히려 후자가 후대의 윤색을 더 많이 받았음을 밝힐 수 있었다. 반면, 『일본서기』의 관련 기사들은 그간 대체로 그 사료적 가치를 부정하려는 경향이 많았지만, 『삼국사기』의 기사와 비교할 때 전승의 기본 뼈대가 부합하기 때문에 엄격한 비판을 거쳐 적절하게 사료로 활용해야 함을 주장하였다.

본론의 마지막 장에 해당하는 제7장에서는 『삼국사기』 권 47에 실려 있는 신라의 순국 인물들에 대한 열전의 내용을 분석하였다. 열전 7의 구성과 그 성격에 대해 먼저 살펴보고, 이어서 거기에 수록된 인물들을 활약 시기와 출신·신분 등을 기준으로 재분류하여 과연 어떤 특징들을 추출할 수 있는지 알아본 뒤, 마지막으로 그들의 의식세계에 대해 고찰하였다. 『삼국사기』의 열전 7에서 보이는 특징 가운데 하나는 백제와의 전쟁 과정에서 순국한 신라 인물들이 대거 입전되어 있음에 반해 나당 전쟁기의 전쟁 영웅은 제대로 부각되어 있지 않다는 점인데, 이는 열전 전체의 성격을 이해하는 데에도 일정한 시사점을 던져준다고 할 수 있다.

보론으로 들어간 글 두 편에서는 신라시대 사서 편찬의 추이와 『삼국사기』 편찬의 책임자인 김부식의 생애 및 역사관을 고찰하였다.

첫 번째 글에서 얻은 결론을 요약하자면, 6세기 중엽 진흥왕대에 신라 최초의 공식적인 역사 정리 작업의 결과로 나타난 「국사(國史)」는 고려시대에 만들어져 현재 남아 전하는 『삼국사기』 신라본기의 법흥왕대 이전 기록에 직접적으로 인용되었을 가능성은 별로 없지만, 『삼국사기』 신라본기에 실려 있는 기록들은 그 근원을 따져 올라갈 경우 「국사」에까지 미치는 것으로 볼 수 있다는 것, 현재 『삼국사기』 신라본기의 초기 기록에 보이는 왕실 계보와 기년 체계는 대체로 「국사」 단계에서 이미 확정된 것으로 볼 수 있다는 것, 「국사」를 편찬할 때 고구려와 백제에서 먼저 편찬된 사서들이 입수되어 참고되었을 가능성이 크며, 특히 신라 초기의 기년을 설정함에 있어 양국 사서의 영향이 컸을 것이라는 것, 진흥왕대에 「국사」 편찬이 이루어진 것은 당시 부체제가 해체되고 국왕 중심의 집권적인 정치체제가 운영되던 시점에서, 왕실의 존엄성을 강조하고 왕권에 대한 도전을 이념적으로 차단하려는 정치적 목적에서 비롯된 것이라는 것, 「국사」 이후 새로운 사서들이 계속 편찬되었을 것인데, 특히 통일신라 시기에는 그 편찬이 활발했을 것이고, 시간이 흐를수록 직전 왕대에 벌어진 사적을 정리하는 실록(實錄)의 편찬이 관례화되었으리라는 것, 아울러 국가에서 주도하는 공식적인 역사 편찬 사업 말고도 개인 차원에서 신라 역사를 정리하는 사서들이 다수 만들어졌을 것이지만, 통일신라 시기에 신라인의 손으로 삼국의 역사가 한 사서 안에서 종합적으로 정리되지는 못한 것 같고, 그러한 작업은 고려 초의 「구삼국사」 단계에서 비로소 시작된 것으로 보인다는 것 등이다.

두 번째 글에서는 김부식의 생애를 정리하고, 그가 갖고 있던 현실 인식과 역사관 등을 검토하여 『삼국사기』 편찬이 지니는 의미를 살펴보았다. 김부식의 신라 계승의식과 사대주의가 철저하게 반영된 『삼국사기』는 그동안 비단 사료 비판의 측면에서만이 아니라 사관의 측면에서도 논란의 중심에 서 있었던 책이다. 편찬자의 사관에서 드러나는 문제점이 사료 자체의 신빙성과 직접적인 관계가 있다고 말하기는 어렵지만, 편찬자의 사관은 흔히 사서 편찬 과정에서 사료의 취사선택에 큰 영향을 미치기 때문에 이를 전혀 별개의 것이라고 말할 수도 없다. 이 글에서는 『삼국사기』를 전체적으로 조망하면서 비판적으로 바라볼 수 있는 안목을 제시하고자 한 것이다.

마지막으로 본서의 한계와 향후의 연구 방향을 거론하는 것으로 글을 마무리하고자 한다.

우선 앞에서도 밝혔듯이 본서는 『삼국사기』에 실린 기사 전체를 대상으로 일일이 사료 비판을 행한 책은 아니다. 사실 이러한 작업을 먼저 거친 뒤에 본서와 같은 책을 내는 것이 순서에 맞을 수도 있다. 그렇지만 그 작업은 한 권의 책으로는 도저히 성과를 거두기 어렵고, 엄청난 시간과 노력이 투여되어야 할 방대한 작업이라 할 수 있다. 앞으로 틈나는 대로 이 책에서 거론한 내용을 바탕으로, 『삼국사기』의 기사 하나하나에 대한 사료적 가치의 판별 작업을 시도해 볼 생각이다. 지난한 작업이라 하더라도 그와 같은 기초 작업이 제대로 이루어지지 않는다면, 『삼국사기』의 사료적 가치를 둘러싼 지금까지와 같은 불필요한 논쟁이 쉽게 종식되기 어렵고, 『삼국사기』를 통한 새로운 한국사 이해 체계의 수립도 요원하다고 판단하고 있다. 많은 동학들이 이러한 문제의식에 동의하고, 함께 힘을 모아주기를 기대한다.

참고 문헌

▶ 사료

『三國史記』, 『三國遺事』, 『高麗史』, 『與猶堂全書』

『後漢書』, 『三國志』, 『晉書』, 『梁書』, 『魏書』, 『周書』, 『隋書』, 『北史』, 『舊唐書』, 『新唐書』, 『資治通鑑』, 『冊府元龜』

『日本書紀』

▶ 자료집 및 보고서

한국고대사회연구소 편, 1992 『역주 한국고대금석문』 1~3권, 재단법인 가락국사적개발연구원.

忠北大學校博物館, 1991 『鎭川松斗里遺蹟發掘調査報告書』.

▶ 저서

震檀學會 編, 1959 『韓國史 -古代篇-』, 을유문화사.

三品彰英, 1959 『日本書紀朝鮮關係記事考證』 上, 吉川弘文館.

김석형, 1966 『초기조일관계연구』, 사회과학원출판사.

李丙燾, 1975 『韓國古代史研究』, 博英社.

李基白 外, 1976 『우리 歷史를 어떻게 볼 것인가』 三星文化財團.

李丙燾, 1977 『國譯 三國史記』, 乙酉文化社.

李鍾旭, 1980 『新羅上代王位繼承研究』, 嶺南大學校 民族文化研究所.

申瀅植, 1981 『三國史記研究』, 一潮閣.

李基白·李基東, 1982 『韓國史講座 -古代篇-』, 一潮閣.

千寬宇, 1989 『古朝鮮史·三韓史研究』, 一潮閣.

김태식, 1993 『가야연맹사』, 일조각.

이강래, 1993 『삼국사기 전거론』, 민족사.

高寬敏, 1996『三國史記の原典的研究』, 塙書房.
주보돈, 1998『신라 지방통치체제의 정비과정과 촌락』, 신서원.
강종훈, 2000『신라상고사연구』, 서울대출판부.
이인철, 2000『고구려의 대외정복연구』, 백산자료원.
김태식, 2002『미완의 문명 7백년 가야사』, 푸른역사.
김현구 외, 2002『일본서기 한국관계기사 연구』 I·II·III, 일지사.

▶ 논문

津田左右吉, 1912「新羅征討地理考」『朝鮮歷史地理』1.
津田左右吉, 1924「三國史記の新羅本紀について」『古事記及び日本書紀の研究』, 岩波書店.
前間恭作, 1925「新羅王の世次と其の名につきて」『東洋學報』15-2.
李丙燾, 1934~1937「三韓問題의 新考察」(1~7)『震檀學報』1, 3~8.
末松保和, 1938「新羅上古世系考」『史學論叢』7(京城帝大) ; 1954『新羅史の諸問題』에 재수록.
池內宏, 1941「新羅の骨品制と王統」『東洋學報』28-3 ; 1960『滿鮮史研究』上世 第2冊에 재수록.
任昌淳, 1959「辰韓位置攷」『史學研究』6.
井上秀雄, 1961「三國史記地理志の史料批判」『朝鮮學報』21·22합집.
金哲埈, 1962「新羅上古世系와 그 紀年」『歷史學報』17·18합집.
金元龍, 1967「三國時代의 開始에 關한 一考察」『東亞文化』7.
金貞培, 1968「三韓位置에 對한 從來說과 文化性格의 檢討」『史學研究』20.
井上秀雄, 1970「日本書紀の新羅傳說記事」『日本書紀研究』4.
金光洙, 1973「新羅 上古世系의 再構成 試圖」『東洋學』3.
旗田巍, 1975「三國史記新羅本紀にあらわれた倭」『日本文化と朝鮮』2.
盧泰敦, 1975「三國時代의 '部'에 關한 研究」『韓國史論』2.

千寬宇, 1975「三韓의 成立過程」『史學硏究』26.
千寬宇, 1976「三韓攷 第3部 -三韓의 國家形成-」『韓國學報』2~3, 일지사.
李基白, 1976「熊津時代 百濟의 支配勢力」『百濟硏究』9.
李鍾恒, 1977「三國史記에 보이는 倭의 實體에 대하여」『國民大學論文集』(인문과학편) 11.
鈴木英夫, 1977「三國史記新羅本紀倭人倭兵記事の檢討」『國史學』101.
坂元義種, 1978「三國史記 百濟本紀の史料批判」『百濟史の硏究』, 塙書房.
변태섭, 1979「중원고구려비의 내용과 연대에 대한 고찰」『사학지』13.
李基東, 1979「古代國家의 歷史認識」『韓國史論』6, 國史編纂委員會.
兪元載, 1979「三國史記 僞靺鞨考」『史學硏究』29.
김용선, 1979「박제상소고」『전해종박사 화갑기념 사학논총』, 일조각.
權重達, 1980「資治通鑑의 東傳에 대하여」,『中央大 文理大學報』38.
木下禮仁, 1982「五世紀以前の倭關係記事 -三國史記を中心として-」『倭人傳を讀む』.
田中俊明, 1982「三國史記 中國史書引用記事の再檢討」『朝鮮學報』104.
田中俊明, 1982 「三國史記にみえる倭關係記事について」 『歷史公論』1982-4월호.
홍순옥, 1982「삼국사기 우로전과 일본서기 신공기와의 비교 고찰」『日本學』2.
李康來, 1985「三國史記에 보이는 靺鞨의 軍事活動」『領土問題硏究』2.
이도학, 1985「한성말 웅진시대 백제왕위계승과 왕권의 성격」『한국사연구』50·51 합집.
趙仁成, 1985「三國 및 統一新羅時代의 歷史敍述」『韓國史學史의 硏究』, 乙酉文化社.
이기동, 1985「우로전설의 세계 -신라사상의 영웅시대」『한국 고대의 국가와 사회』, 역사학회.
李鍾旭, 1986「百濟 初期史 硏究史料의 性格」『百濟硏究』17.

李仁哲, 1986「新羅上古世系의 新解釋」『淸溪史學』4.

盧泰敦, 1987「三國史記 上代記事의 信憑性 問題」『아시아文化』2.

申瀅植, 1987「新羅人의 歷史認識과 그 編纂」『白山學報』34.

이도학, 1987「신라의 북진경략에 관한 신고찰」『慶州史學』6.

이도학, 1988「고구려의 낙동강유역 진출과 신라·가야 경영」『國學硏究』2.

김정배, 1988「고구려와 신라의 영역문제 -순흥지역의 고고학자료와 관련하여-」『한국사연구』61·62합집.

이현혜, 1988「4세기 가야사회의 교역체계의 변천」『한국고대사연구』1.

延敏洙, 1988·1989「5世紀 以前의 新羅의 對倭關係」『日本學』7, 8·9.

정운용, 1989「5세기 고구려 세력권의 南限」『史叢』35.

백승충, 1989「1~3세기 가야세력의 성격과 그 추이 -수로집단의 등장과 포상팔국의 난을 중심으로-」『釜大史學』13.

金澤均, 1990「三國史記 新羅의 對倭 關係 記事 分析」『江原史學』6.

姜鍾薰, 1991「新羅 上古紀年의 再檢討」『韓國史論』21, 서울대 국사학과.

金起燮, 1991「三國史記 百濟本紀에 보이는 靺鞨과 樂浪의 位置에 대한 再檢討」『淸溪史學』8.

서영일, 1991「5~6세기의 고구려 동남경 고찰」『史學志』24.

鄭求福, 1991「金富軾」『韓國史市民講座』9, 一潮閣.

姜鍾薰, 1992「백제 대륙진출설의 제문제」『韓國古代史論叢』4.

李鍾旭, 1992「廣開土王陵碑 및 三國史記에 보이는 '倭兵'의 正體」『韓國史市民講座』11.

姜鍾薰, 1993「神宮의 設置를 통해 본 麻立干時期의 新羅」『韓國古代史論叢』6.

이강래, 1993「삼국사기 본기간 공유기사의 검토」『삼국사기 전거론』, 민족사.

金賢淑, 1993「高句麗의 靺鞨支配에 관한 試論的 考察」『韓國古代史硏究』6.

鄭求福, 1993「高麗 初期의『三國史』編撰에 대한 一考」『國史館論叢』45.

鄭求福, 1994「高麗朝의 避諱法에 관한 硏究」『李基白先生古稀紀念 韓國史學論叢』上, 一潮閣.

정운용, 1994「5~6세기 신라·고구려 관계의 추이 -유적·유물의 해석과 관련하여-」『신라문화제학술논문집』15(신라의 대외관계사 연구).

高寬敏, 1994「三國史記新羅本紀の國內原典」『古代文化』46-9·10.

崔海龍, 1994「辰韓聯盟의 形成과 變遷」, 계명대 대학원 석사학위 논문.

申東河, 1995「三國史記 高句麗本紀의 引用資料에 관한 一考」『三國史記의 原典 檢討』韓國精神文化硏究院.

鄭求福, 1996「三國史記 解題」『譯註 三國史記』1, 韓國精神文化硏究院.

李康來, 1996「新羅奈己郡考」『新羅文化』13.

高寬敏, 1996「百濟本紀の國內原典」『三國史記の原典的硏究』, 雄山閣.

吳恒寧, 1997「史官制度 成立史의 제문제」『泰東古典硏究』14.

李鍾書, 1997「羅末麗初 姓氏 사용의 擴大와 그 背景」『韓國史論』37, 서울대 국사학과.

선석열, 1997「박제상의 출자와 관등 나마」『경대사론』10.

주보돈, 1998「박제상과 5세기 초 신라의 정치 동향」『경북사학』21.

백승충, 1998「문헌에서 본 가야·삼국과 왜」『한국민족문화』12.

盧泰敦, 1998「삼한에 대한 인식의 변천」『한국사를 통해 본 우리와 세계에 대한 인식』, 풀빛.

노태돈, 1999「금석문에 보이는 고구려인의 천하관」『고구려사 연구』, 사계절.

鄭求福, 1999「金富軾과 三國史記」『韓國中世史學史』, 집문당.

정운용, 1999「순흥 읍내리벽화고분의 신라사적 의의」『백산학보』52.

강종훈, 2000「삼국 초기의 정치구조와 部體制」『韓國古代史硏究』17.

이종욱, 2000「한국고대의 부와 그 성격-소위 부체제설 비판을 중심으로-」『한국고대사연구』17.

河日植, 2000 「신라 京位 관련 사료와 경위의 기원 문제」 『한국 고대의 신분제와 관등제』, 아카넷.

강종훈, 2001 「4세기 백제-왜 관계의 성립과 그 배경」 『역사와 현실』 40.

정구복, 2001 「김부식의 생애와 업적」 『정신문화연구』 24-1호, 한국정신문화연구원.

권영호, 2001 「삼국사기 삼국유사 비교 소론 -박제상전과 내물왕 김제상을 중심으로-」 『신라학연구』 5.

이명식, 2002 「5세기 신라의 대고구려관계」 『대구사학』 69.

김현숙, 2002 「4~6세기경 소백산맥 이동지역의 영역 향방 -삼국사기 지리지의 경북지역 '고구려군현'을 중심으로-」 『한국고대사연구』 26.

이한상, 2003 「읍내리분묘군의 편년을 통해 본 5세기대 순흥지역의 위상」 『역사문화연구』 19, 한국외국어대학교 역사문화연구소.

이한상, 2003 「동해안지역의 5~6세기대 신라분묘 확산양상」 『영남고고학』 32, 영남고고학회.

강종훈, 2004 「대구·경북 지역 삼국시대 신라 성지의 조사 및 연구」 『대구사학』 77.

장창은, 2004 「신라 자비~소지왕대 축성·교전지역의 검토와 그 의미 -소백산맥 일대 신라·고구려의 영역향방과 관련하여-」 『신라사학보』 2.

신현웅, 2006 「박제상의 출자와 신분 문제」 『신라문화』 27, 28.

강종훈, 2007, 「신라 상대」 『한국 고대사 연구의 새 동향』, 서경문화사.

강종훈, 2009 「백제왕실교체설의 재검토」 『한국고대사 연구의 현단계』 (석문이기동교수정년기념사학논총), 주류성.

전덕재, 2010 「물계자의 피은과 그에 대한 평가」 『신라문화제학술논문집』 31.

<ABSTRACT>

A Critical Approach on the Records in *Samguk-sagi*

KANG JONGHOON

There have been lots of disputes concerning the historical records in Samguk-sagi. In this book, I tried to review the recent arguments and show my opinion about the trustworthiness of Samguk-sagi.

In the first chapter, I examined the grounds of the arguments raised by some Japanese historians, who asserted that Samguk-sagi was filled with historically fabricated materials and could not be relied on. Through the close examination, I found that Samguk-sagi has some defects but they cannot be the reason that we should neglect the whole text of Samguk-sagi. And I also looked over the recent arguments of a few Korean historians, who have the standpoint that we should trust on the records in Samguk-sagi without question. I mentioned that it is a very dangerous thinking and we should try to eliminate the defects of Samguk-sagi in prior to putting trust in it.

In the second chapter, I dealt with an old dispute around the identity of 'Lo-lang(樂浪)' frequently appearing in the preceding pages of Silla Bon-gi and Paekche Bon-gi. As is generally known, Lo-lang was a Chinese territory located on the northwestern part of the Korean peninsula, very far from Silla at that time. So a lot of scholars have thought that the records containing 'Lo-lang' were incredible and perhaps the results of the fabrication by the editors of Samguk-sagi. But I found that 'Lo-lang' in the front pages of Silla Bon-gi and Paekche Bon-gi is a substitution of 'Chinhan(辰韓)' confederation which Silla belonged to at the early stage of its history.

In the third chapter, I investigated the origin of the historical records in Paekche Bon-gi of Samguk-sagi. And I reached the conclusion that the editors of Samguk-sagi quoted most of the records concerning Paekche's history from Ku-samguksa(Old Samguk-sagi), which is thought to have been published in the latter part of the 10th century, almost 200 years before the publication of Samguk-sagi.

In the fourth chapter, I dealt with the identity of the Wa(倭) appearing in Samguk-sagi. There are a total of 72 articles related to the Wa(倭) in Samguk-sagi. Specifically, the Wa appears chronologically in the period before the 5th century and geographically in relation to the Silla kingdom. Although in these articles, the Wa enjoyed amicable relations with Silla at times, in general they were considered enemy forces who were attacking Silla's borders and capital.

In the past, scholars in both Korea and Japan preoccupied

themselves with determining the characteristics of the Wa and proposed numerous theories. A variety of ideas were presented such as the explanation that they were simply a group of pirates to the explanation that they were an army affiliated with Yamato's rule over the southern region of the Korean peninsula. There is even the argument that cleverly repackages the theory of Mimana-nihonfu(任那日本府) while claiming that it was unrelated to the Yamato regime, proposing that the Gaya region was the foundation of the Wa people.

In this chapter, I carefully examined the individual issues regarding the existing theories. And so, regardless of any relations between the Yamato regime, the Wa army mentioned in the Silla records of the Samguk-sagi could not have been an army dispatched to carry out military rule over the southern part of the Korean peninsula including the Silla kingdom.

In the fifth chapter, I tried to add a critical investigation on the geographical part of Samguk-sagi. Its purpose was to solve a mystery about the border line between Koguryo and Silla on the latter part of the 5th century. In recent years, on the basis of the geographical part in Samguk-sagi, many scholars have shown their opinion that Koguryo occupied the northern part of Gyoungsangbuk-do province such as Youngju, Bongwha, Chungsong, and also possessed the eastern coastal area such as Uljin, Youngduk, Pohang. The newly discovered monument, Jungwon Koguryobi and two mural tombs at

Sunheung, Youngju, which are supposed to have their origin in Koguryo, have been used as supplementary material for their opinion.

But the geographical part in Samguk-sagi has many ploblems waiting solution. So we need to examine the historical records more critically. I have investigated them and reached the conclusion that they were a kind of fabrication that had derived from the misunderstanding of the editor. And I realized that more careful approach is also needed on the archaeological material. My final conclusion is that Koguryo did not extend its territory to the south of the Sobaek mountains nor occupied Gangneung and its southern area on the eastern coast.

In the sixth chapter, I dealt with 'yeoljeon', the last parts of Samguk-sagi. Samguk-sagi has the bibliography part called 'yeoljeon' in its last ten chapters. There are 4 persons mentioned in yeoljeon that lived in Silla during the 4th~5th century. They are Seok Uro, Park Jesang, Mulgyeja and Baek-keol. Seok and Park were the members of the ruling class and both were killed by the Japanese in the process of troubles between Silla and the ancient Japan. Mulgyeja and Baek-keol were praised by the later generations in that they raised above the ordinary ways of the world neglecting the wealth and the fame.

In the seventh chapter, I analyzed the contents of Vol. 47 of Samguk-sagi, which are related with biographs of some war heroes of the three kingdoms. Especially I focused my point on Silla's martyrs who died in the course of the war for unifying the Korean peninsula during the 7th century. I found that most of them were the heros in the war against Paeche, but no one is introduced in relation with the war against the Chinese dynasty, Tang.

In the last two chapters, which are supplementary parts to the main subjects of this book, I examined how the compilation of history was developed in Silla and how we should historically estimate Kim Pusik, the chief editor of Samguk-sagi.

찾아보기

ㅁ

ㅊ